알아두면 쓸모있는 신박한
조직생활 가이드

알아두면 쓸모있는 신박한
조직생활 가이드

초판 1쇄 펴낸 날 | 2020년 6월 15일
초판 2쇄 펴낸 날 | 2020년 7월 1일
초판 3쇄 펴낸 날 | 2021년 1월 30일

지은이 | 전충렬
펴낸이 | 이금석
마케팅 · 경영지원 | 박지원
펴낸곳 | 도서출판 무한
등록일 | 1993년 4월 2일
등록번호 | 제3-468호
주소 | 서울시 마포구 잔다리로9길 10
전화 | 02)322-6144
팩스 | 02)325-6143
홈페이지 | www.muhan-book.co.kr
e-mail | muhanbook7@naver.com

가격 16,000원
ISBN 978-89-5601-756-3

잘못된 책은 교환해 드립니다.

알아두면 쓸모있는 신박한 조직생활 가이드

전충렬 지음

무한

머 리 말

사람은 조직을 만들고 조직은 사람을 만든다.
'조직에서 크는 인간'이다.

이 책은 조직생활 지침서이며 경험적 인사관리론에 관한 것이다. 조직과 개인의 생존, 인사의 진면목과 허상, 리더십의 비판과 가치, 조직 내 소통과 의리, 상·하 간 직무와 행사, 제도 환경과 혁신 등 주제별 사례와 원리에 관한 단편집(短篇集)이다.

필자는 잠깐의 민간기업 직장생활 후 34년간 중앙·지방의 공공기관에서 조직생활을 했다. 중앙정부의 구총무처와 행정자치부(행정안전부의 전신)에서 주로 인사 업무를 했다. 또 대통령비서실·국무총리실 등 종합조정기관과 지방자치단체 부단체장, 구외교통상부와 재외(미국) 주재관에도 재직했다. 공무원 퇴직 후에는 대학 강의, 국회와 대한체육회 조직에 몸담았다.

이 책의 주제별 논의는 대부분 이들 현장에서 겪은 '체험' 스토리를 토대로 정리되었고 필요한 부분은 이론과 역사·고전 등이 뒷받침되었다.

그 경력 중 20년 이상이 인사와 관련된 분야이기에 이 책의 구성도 그 4할가량이 인사와 리더십의 본질, 조직 내 개인의 처신과 관리자의 관리방식 등에 관한 내용들이다. 본래 이런 내용으로 약 2년 반 동안 지방 일간지(경북신문)에 기고해왔던 칼럼 110여 개를 모아 편집하고 그 외 일부 주제 내용을 추가 또는 보완한 것이다.

이렇게 하여 이 책은 총 7개의 장으로 구성되어 있다. 첫째는 조직 또는 조직인의 생존·발전에 관한 사례와 분석이고, 둘째는 이 책의 가장 많은 부분을 차지하는 인사의 근본명제와 요령 등에 관한 내용이며, 셋째는 리더십에 관한 비판과 찬탄 등이다. 넷째는 조직인으로서 필요한 소통과 소신·의리 등에 관한 가치 기준들이고, 다섯째는 직무 관리와 행사 등에 관한 사건 위주의 회고와 반성들이며, 여섯째는 정치행정 현실에서 생긴 제도나 환경의 특이한 이야기들이다. 마지막 일곱째는 변화와 혁신에 관한 비판적·이념적 제안들이다.

이 책은 중앙·지방·해외 등지에서 경험했던 이야기들이 주된 소재가 되어 주제별로 묶여졌으나 회고록은 아니다. 그리고 인사·조직 관리 또는 행사 의전 등 분야별 이론서에는 거의 없는 내용들이다.

다만 이 일종의 종합적인 조직 경험록이 실제 다양한 조직생활을 하는 데 보편적으로 참고 지침이 될 수 있도록 이론적·가치적인 가미를 하였다.

부족한 이 글이 중앙이나 지방 공공부문의 공직자에게 미약하게나마 도움이 되기를 바란다. 나아가 민간부문에서 조직을 경영하는 리더십이나 인사 업무를 수행하는 데 또는 개인들이 조직생활을 하는 데 타산지석이라도 될 수 있다면 더 이상 고마울 일이 없을 것이다.

끝으로, 졸고임에도 출판을 맡아주신 도서출판 무한 이금석 사장님과 관계자 여러분께 깊이 감사드린다. 또 이쁘게 삽화를 그려준 딸 해원이도 고맙다.

저자 전 충 렬

추 천 사

사물인터넷과 인공지능의 시대에 웬 조직생활 전문서이냐고 묻는 사람들이 틀림없이 있을 것이다. 1970년대의 고루한 처세술을 이야기할 때가 아니라고 우기는 이들도 있을 것이다. 그러나 4차 산업혁명 시대를 지나 인터넷과 인공지능이 신의 자리까지 올라간다고 하더라도, 사회적 동물인 인간에게 조직은 필요불가분의 요소다. 그리고 온라인이든 오프라인이든 상관없이, 한 조직 안에서 자신의 기량과 재능을 발휘할 뿐 아니라 다른 사람들의 장점을 끌어내어 사람과 조직이 모두 성장하게 하는 존재는 앞으로도 더욱 절실해질 것이다. 그 한 사람의 존재가 때로는 대형 사고를, 인재를 막고 위기 가운데서 기적을 이끌어낸다.

저자는 이 책 안에서 조직생활에도 장인정신이 필요하며. 당신이 바로 그런 장인이 될 수 있는 길을 제시하고 있다. 그리고 나의 행복과 내가 몸담은 조직의 발전은, 나의 이익을 우선으로 조직을 이용하는 근시안적인 태도가 아니라 조직과 구성원의 유익을 추구하며 더불어 나의 성장을 도모하는 대인 같은 마음과 인내, 장인 같은 의지와 일관된 신념에서 시작된다고 귀띔한다.

때론 아침 클래식 음악 방송 같은 상쾌함으로, 때론 지친 퇴근길을 함께해주는 〈배철수의 음악캠프〉같은 친근함으로 바삐 달려가는 우리를 잠시 멈추게 한다. 유쾌한 화법과 풍부한 인문학적, 역사적 지식을 바탕으로 미련을 버리지 못해 전전긍긍할 때 훌훌 털어버리라고 말해주고, 손해를 보고도 당당해질 수 있는 지혜를 전해준다. 또 내일 한 발 나아가기 위해 오늘 한 발 뒤로 물러서며 웃음을 짓는 여유를 누리게 해준다. 그래서 수처작주, 즉 어딜 가든, 어떤 상황에서든 내가 주인이 되는 삶을 살라고 말해준다.

저자의 조직생활 이야기는 고루한 처세술에 관한 이야기가 아니다. 인공지능, 사물인터넷 시대에도 당당히 내 자리를 지키고 성장할 수 있게 하는 공감자기경영, 관계자기경영의 행복 병법이다.

이 소 윤(스토리 윤 대표/역사다큐멘터리 작가·제작자)

차 례

제1장 · 조직과 개인의 생존

제2장 · 인사(人事)의 근본 명제

제3장 • 리더십 이야기

제4장 • 소통과 소신, 그리고 의리

제5장 · 직무와 행사 관리

제6장 · 현장의 제도개선 스토리

제7장 · 변화와 혁신

제1장
조직과 개인의 생존

**"조직을 망하게 하는 자는 앞에서 반대하는 자가 아니라,
앞에서 아첨하고 뒤에서는 침묵하는 자,
앞에서 침묵하고 뒤에서는 반대하는 자이다."**

[03. 강한 조직 : 직언거사가 있다]

01 생존의 법칙 [1] : 모리셔스, 도도(Dodo)새 이야기

절해고도 모리셔스(Mauritius)는 새들의 땅이었다. 인도양 서남쪽 해역의 작은 섬나라 모리셔스 공화국의 호텔 식당에는 새들이 사람보다 먼저 와서 식사한다.

이 섬은 아프리카 남동쪽의 거대한 섬나라 마다가스카르(한반도의 약 2.7배)에서 다시 동쪽으로 약 800킬로미터 떨어진 곳에 위치해 있다. 제주도보다 약간 크고 인구는 100만이 조금 넘으며 국제회의차 출장 갔던 2014년 10월 당시에는 한식당도 한 군데 있었다.

기후는 10월에도 한여름처럼 덥고 습하지만 깨끗한 자연 풍광 때문인지 근래 한국에도 꽤 각광받는 신혼여행지로도 알려져 있다. 한국에서는 비행기로 두바이까지 9시간쯤 가서 갈아타고 다시 약 6시간을 남쪽으로 내려가야 했다.

신혼여행지 이야기를 하려는 것이 아니다. 이 인도양의 아득한 섬 모리셔스는 과거에 무인도였다. 그곳에 한때 토종새인 '도도새'(Dodo bird)가 살았다.

도도(Dodo)새는 칠면조보다 약간 크고 몸무게가 약 23~25킬로그램 정도로 그 섬의 먹이사슬에서 맨 상층부에 있었다. 섬에 포유류나 천적도 없이 편하게 살다보니 날개가 있었지만 애써 날아다닐 필요도 없었다.

큰 몸집에 비해 날개는 점점 작아지고 퇴화해 갔으며 그에 따라 나는 능력은 점점 상실되어 갔다.

그러던 중 16세기에 포르투갈 선원들이 오고 그들과 함께 포유류도 왔다. 이어서 네덜란드 사람들도 와서 그 식민지가 된 적이 있다.

그때 도도(Dodo)새들은 처음 보는 인간들이 오자 신기한 손님들에게 다가가 멀뚱멀뚱 쳐다보기도 했을 것이다. 오랜 항해에 지친 사람들에게 도도(Dodo)새들은 좋은 식재료가 되었다. 육중한 몸에다 기능이 거의 상실된 날개로 제대로 날지도 못한 채 잡아먹혀 갔다. 또한 도도(Dodo)새들의 알은 같이 배를 타고 온 쥐들의 밥이 되었다. 그러다가 도도(Dodo)새는 17세기 말경에 멸종되었다. 도도(Dodo)란 말은 포르투갈어로 '어리석다'는 뜻이라 하며 영어로는 '바보' · '얼간이'란 뜻으로 쓰인다고 한다.

새의 생명은 나는 데 있다. 그러나 도도(Dodo)새들은 작은 고립된 세계의 최상위자로서 안주하다 보니 주 무기인 날개를 포기하게 되어버렸다.

여기에 인간과 포유류라는 더 강한 새로운 포식자가 나타나자 그 환경 변화에 대처하지 못하고 속수무책으로 당하다가 결국 생존의 장에서 사라지고 만 것이다.

오늘날 모리셔스에는 박물관이나 기념품 등에 옛 도도(Dodo)새의 모형이나 그림만이 전해져 오고 있을 뿐이다.

생존의 법칙, 오래전부터 소위 '미꾸라지론'에 의하면, 가물치 사는 논의 미꾸라지들이 가물치 없는 논의 미꾸라지들보다 더 크다고 한다. 생장 발전에는 적당한 자극기제(刺戟機制)가 필요하다는 이야기이다.

그리고 세상과 격리되어도 뒤처지기 마련이다. 고립된 갈라파고스의 거북이 생태에서 유래된 갈라파고스 신드롬[1]이라는 것도 이런 거다. 마

1] 동태평양의 갈라파고스 섬(Galapagos Islands)에 고립되어 살던 생명체가 외부 종의 유입으로 멸종되거나 멸종 위기에 처한 현상에 빗대어 경제·기술 등에서도 세계 변화에 대처하지 못하고 고립되거나 도태되는 현상을 의미한다.

찬가지로 인간사회 조직도 자극과 변화라는 긴장이 없으면 쇠퇴하기 쉬운 반면에 강성해지기는 어려운 법이다.

다소 비약일지 모르나, 생태계의 상위 포식자처럼 우리 사회에도 감시자 · 비판자 · 견제자가 꼭 필요하다. 이 감시자 등은 집행부에게 입법부나 의회가 되고, 정치인에게 유권자 또는 민심, 그리고 종교인에게 계율이 될 것이다. 이러한 먹이사슬 구조는 개체들이 서로 얽혀 작용하며 돌아가게 되어 있다.

그럼에도 외딴섬 모리셔스의 도도(Dodo)새처럼 고립된 환경에서 도전도 스트레스도 없이 절대적 지위를 누리기만 하다가는 갑자기 닥쳐올 변화에 절대적으로 대응하지 못한다.

옛날이나 지금이나 견제 없는 권력은 길지 못하며 독단적인 지위는 언젠가 때가 되면 사정없이 무너지게 되어 있다. 그러므로 우리 사회 조직도 지속 가능하고 생산적인 실체가 되려면 비판 기능을 담당하는 이른바 '악마의 변호인'(devil's advocate)[2] 이 있어야 한다.

당(唐)의 태평강국 '정관의 치'(貞觀之治)[3] 는 비판과 직언(直言)을 도맡아 하는 악마의 재상 위징(魏徵)[4] 과 동시

2] 어떤 사안에 대한 반대자 또는 비판자 역할을 하는 사람을 말한다. 교황청 성인(聖人) 추대 과정에서 후보자에 대해 부정적 측면의 반대검증을 담당하는 가톨릭 율사(律士)에서 유래되었다고 한다.

3] 중국 당나라의 태종 이세민의 융성하던 치세 기간(A.D. 627~649)을 그 연호(貞觀)를 따서 붙인 말이다.

4] 당 태종이 발탁하여 재상의 직위에까지 오른 인물로서 탁월한 경륜으로 황제에게 직언을 잘 했던 것으로 알려져 왔다.

에 그 위징을 중용한 당 태종(唐 太宗)의 포용적 내공이 있었기 때문에 가능했다.

자극 없는 생명체는 퇴화하며 견제 없는 조직은 퇴보한다. 소위 그들만의 조직, 순혈조직은 소수 의견을 불허하는 '집단사고'(集團思考:group think)[5] 의 덫에 걸리기 십상이며, 독선적 리더십은 조직 생명을 필연적으로 시들게 한다.

언제나 비판자를 키워야 하고 바깥세상도 내다봐야 한다. 그래서 때에 따라 다른 원리 주장도 담아 보고 외부와 교류도 해보자.

머나먼 모리셔스 섬의 '도도(Dodo)새' 같은 가련한 신세가 되지 않으려면 조직의 숲 속에 맹금류 한두 마리쯤은 키울 줄도 알아야 한다.

5] 집단 의사결정을 할 때 획일성에 젖어 소수 또는 다른 의견은 원천적으로 배척해버리는 현상이다. 이는 외형적으로 응집력이 있어 보이지만 엘리트적 폐쇄성이 심한 조직에서 주로 발견되며, 중지(衆智)를 의미하는 '집단지성'(collective intelligence)과 대조되는 개념이다.

02 생존의 법칙 [2] : 승자의 저주(Winner's Curse)는 과욕에서 온다

"너무 많은 것을 알려고 하지 마라. 다친다!" 흔히 쓰는 농담이자 진담이다.

경제학이나 협상론에서 쓰기 시작한 '승자의 저주'(winner's curse)는 '이겼거나 얻었는데도 손해인 것'을 말한다. 승자의 딜레마(winner's dilemma)라고도 하나 딜레마보다 저주에 가깝다. 1950년대 미국 석유기업들이 맥시코만 시추건 입찰에서 매장량 가치를 잘못 판단하여 실제보다 높은 가격으로 낙찰된 일이 있었다. 이로써 비록 경쟁에서 이겼지만 결과적으로 심한 손해를 본 데서 유래되었다고 한다.

이 '승자의 저주'는 협상이나 경쟁 등에서 정보의 부족이나 과욕 또는 과열경쟁 때문에 발생한다. 그리스 피로스의 승리(Pyrrhic Victory)라고 하는 것도, 영화의 제목처럼 '상처뿐인 영광'이라는 것도 바로 이런 것이다.

오늘날 기업의 인수 합병에서 종종 발생하고, 올림픽 같은 대형 국제행사를 치른 후 치명적인 빚더미를 짊어지는 일도 여기에 해당한다. 경매장은 이 '승자의 저주'가 자주 발생하는 전쟁터라고 하며, 각종 선거에서도 이런 현상이 눈에 띄고 있다.

과연 완전한 점수 100점이란 있는가? 자연과학 영역에서는 있을 수 있지만 인문사회 분야에서는 없다. 공무원 5급 공채(구고등고시) 본 시험에 평균 60점 정도면 합격이요, 65점을 넘으면 고득점, 70점 대이면 이른바 신(神)의 점수이다.

엄밀히 보자면 자연계도 밖으로 만상의 천체가 끝없이 팽창되고 있고 안으로 소립자 · 중성미자들로 무한히 수렴된다고 한다. 이 세상은 영원한 미완성의 과정(ongoing process)만이 있을 뿐이다.

이처럼 자연 분야든 인문사회 분야든 우주 질서의 '불완전성'은 본질적인 것이다. 이에따라 인위적인 잣대에 의한 사상(事象)의 평가에 '오차(e)'라는 것이 항존한다. 그러므로 자연이나 사회 현상에 있어 '오차'의 존재도 본질적인 것이다.

'승자의 저주'는 협상이나 경매, 국제행사, 선거 등에만 있는 것이 아니다. 모든 일에 이 '본질적인 것'의 수용선을 넘으면 발생할 수 있다.

2016년 9월 28일 '청탁금지법'(김영란법)이 시행되었다. 이를 계기로 우리 사회는 청렴 · 공정한 사회를 향한 또 한 번의 아픈 걸음을 내딛었다. 일종의 문화 충격적 변혁의 시대에 접어든 것이다. 아픔 없이 태어나는 생명이 어디 있겠는가!

그런데 그 법이 시행된 그날 한 대학생이 강의실에서 교수의 목마름을 생각하여 캔 커피 한 개를 갖다 줬는데 다른 학생이 신고를 했다고 한다. 제자가 스승에게 사심 없이 그냥 음료를 주는 행위도 위반이 될 수 있는 시대이다. 이렇게 깡그리 몰아쳐지는 상황이 '본질적인 것'에 부합되는 것일까?

그 입법 진행과정에서 법 시행에 따른 내수 위축과 문화적 · 정서적 손실을 경고한 분석이 있었다. 또 그에 대한 반론이 제기되는 등 다양한 논의도 있었다.

어떻든 법에 의해 강요되긴 했지만 청렴세상을 향한 여정은 이미 시작되었다. 중요한 것은 제도의 근본정신을 얼마나 맵시 있게 살리고 유지해

나가느냐 하는 점이다. 문화 개혁적 집단사고 패러다임으로 결벽증적 완벽주의의 길을 가서는 안 될 것이다.

아주 깨끗한 흙에는 싹이 트지 아니하고, 너무 맑은 물에는 물고기가 살지 못한다. 조금은 탁하게 살자는 얘기가 결코 아니다. 처음부터 완벽하게만 시행하려다가 전통적인 '정(情:emotion) 문화'뿐만 아니라 능동성·유연성·창의성마저도 손상될까 심히 걱정된다.

제도의 도입이라는 성취에 '승자의 저주'가 스밀까 두렵다. 굳이 넘을 필요가 없는 경계는 넘지 말자는 것이다. 세상의 본질적인 부분까지도 정리하려는 과욕은 부리지 말자는 말이다.

'승자의 저주'를 당하지 않기 위해서는 당해 사안에 대한 정보역량을 키우는 것이 필요하다. 하지만 '승리의 과욕'을 버리는 것이 더 근본적이다. 현실 세계에서 제로 섬(zero sum)으로 완승하기를 바라지 말아야 한다.

병법에 육참골단(肉斬骨斷)이라 했다. 즉 나의 살을 내어주고 상대의 뼈를 취하면 이긴 것이다. 조금씩 지면서 살아야 하고, 어느 정도 남겨두어 보기도 하는 것이다.

인생사 과유불급(過猶不及)이었다. 그래서 의기(欹器)[6] 라는 것도 계영배(戒盈杯)라는 것도 있었다. 피천득의 수필처럼 청자연적의 꽃무늬 중 한 잎 꼬부라진 여유와 파격도 필요하다.

너무 많은 것을 취하려 하지 말자. '불완전'과 '오차'의 본질을 인정하자. 70점이면 신의 점수이다.

6] 고대 주(周)나라 때의 쇠그릇으로 비면 기울고 적당히 차면 반듯해지며 가득 차면 엎어진다고 했다.

03 강한 조직 : 직언거사(直言居士)가 있다

강한 조직이 살아남는다. 강한 조직이란 환경 변화에 탄력적으로 적응하며 목표를 잘 달성해가는 조직이다. 환경 변화에 잘 적응하려면 무릇 생명체가 면역력이 강해야 하듯이 사회 조직도 평소에 건강해야 한다.

평소 건강한 조직이 되려면 우선 '좋은 리더십'이 필수적이지만 이에 못지않게 중요한 것이 바로 건강한 '팔로우어십'(followership)이다. 이 리더십과 팔로우어십 상호 간에 포용적인 조화를 잘 이루는 것이 기본이다.

그리고 항구적으로 건강한 조직은 무엇보다 '반듯한 부하'들이 있는 조직이다. 왜냐하면 조직 리더는 자주 또는 불시에 바뀔 수 있지만 팔로우어는 길게 30년을 넘게 가기 때문이다.

강한 조직은 건강하고 반듯하여 '원칙'에 충실한 구성원들이 있는 조직이다. 고지식하거나 경직된 행태를 의미하는 게 아니다. 바른말 할 줄 아는 직원들이 있는 조직을 말한다.

나아가 리더의 일사불란한 진행에 제동을 걸 줄 아는 참모가 있는 조직이다. 그 제동이나 반대에 부수하여 항상 대안을 제시하는 간부가 있는 조직이다.

이에 반해 "○○님 지시사항이다!" 식으로만 주로 일하는 조직은 일면 강해 보이긴 하나 실제는 약한 조직이다. 소신 있는 부하가 없는 조직은 결국 망한다. 그리고 소신 있는 부하를 배척하는 조직도 반드시 망한다.

그리고

〈조직을 망하게 하는 자는 앞에서 반대하는 자가 아니라,
앞에서 아첨하고 뒤에서는 침묵하는 자, 앞에서 침묵하고
뒤에서는 반대하는 자이다.〉

2008년 세계적인 투자은행이던 리먼 브라더스(Lehman Brothers Holdings Inc.)가 망한 원인이 서브프라임 모기지(subprime mortgage) 사태[7] 때문이라고 한다. 또 당시 최고 경영자(CEO) 리처드 펄드(Richard Fuld)의 독선적이고 호전적인 투자 방침에 제동을 거는 충직한 임직원이 없었기 때문에 파산했다는 분석도 있다.

한(漢)나라 문제(文帝)와 경제(景帝)의 태평성대인 '문경지치'(文景之治) 시절에는 유명한 '직언거사(直言居士) 원앙(袁盎)'[8] 이 있었다.

그는 문제(文帝)가 승상인 주발(周勃)에게 지나치게 경의를 표하자 주군의 품위를 지키라고 간언했다. 주군의 애첩 신부인(愼夫人)의 오만한 태도에 대해서도 거침없이 충언했다. 그 외에도 그는 조정에서 숱한 충언과 반대를 했으나 좌천되거나 면직되지 않았다.

7] 서브프라임 모기지는 미국의 신용등급이 낮은 저소득층 대상의 주택담보 대출상품으로, 2000년대 초 미국 경기부양책의 일환으로 금리가 낮아지자 부동산 가격이 상승했다. 이에 따라 이 모기지 상품은 증권화되어 거래가 폭증했으나, 다시 금리가 오르면서 부동산 거품이 꺼지고 저소득 대출자들의 대출상환과 원리금 회수불능이 이어져 여기에 투자했던 금융회사들이 부실화 또는 파산된 사건이다. 그 대표적인 회사가 리먼 브라더스이다. 이로써 세계 금융위기로까지 이어지게 되었다.

8] 요코야마 미쓰데루(채영호 옮김). (2002). 『사기(19)』.

멀리 중국에까지 눈 돌리지 않더라도 우리의 조선조 태평성대 세종대왕 시절에도 소신 충만한 공직자들이 있었다.

명재상 '황희'(黃喜)는 태종 때 양녕대군을 옹호하고 후일 세종대왕이 된 충녕대군의 세자 책봉을 반대해 귀양을 갔던 인물이다. 그러나 세종은 즉위하자마자 자신에 반기를 들었던 황희를 불러들여 24년간 정승으로 두고 국사를 논의했다.

세종의 곁에는 또 회의나 토론 때마다 단골로 소수 반대 의견을 제시하는 이조판서 '허조'(許稠)가 있었다. 그는 나라에 인재를 충원하는, 오늘날로 보면 정부 인사의 총책임자로서 철저히 의심하고 검증하여 문제를 제기했다. 세종은 거침없이 직언하고 따지는 그를 10년간 곁에 두고 좌의정에까지 승진을 시켰다.

세종에게는 정승 '신개'(申槩)도 있었다. 그는 왕이 사초(史草)와 실록을 열람하지 못하도록 하는 규율을 확립한 인물이다. 왕이 실록을 읽어보겠다고 할 때마다 반대해서 무산을 시켰다. 세종은 그런 그가 마음에 들지 않았으나 그의 전문성을 인정하여 오랫동안 조정에 중용했다.

조직이 강해지기 위해서는 리더가 강해야 하지만 그 구성원도 강해야 한다. 관리자의 방침에 원칙론으로 접근하고 바른말 하는 '직언거사'가 있어야 한다.

'문경지치'의 원앙뿐만 아니라 '정관지치'(貞觀之治)의 '위징'(魏徵)[9] 이나, 황희 · 허조 · 신개 등도 다 불멸의 '직언거사'들이다.

9] 본서 "01. 생존의 법칙(1) : 모리셔스, 도도(Dodo)새 이야기" 참조.

'악마의 변호인'(devil's advocate)[10] 은 제도적으로 설정된 '직언거사'이다. 공 · 사 조직에는 이에 해당하는 역할을 하는 직책이나 사람이 꼭 필요하다. 이 직책은 조직이 '일반화의 오류(fallacy of generalization)'[11] 나 '집단사고'(group think)[12] 의 늪에 빠지는 것을 방지하여 강한 조직이 되도록 하는 중요한 역할을 한다.

직언거사가 되는데 직위의 높고 낮음이 문제가 아니다. 그런데 어찌 된 일인지 오늘날 한국의 공 · 사 조직에 직언거사들이 잘 보이지 않는다.

10] 본서 "01. 생존의 법칙(1) : 모리셔스, 도도(Dodo)새 이야기" 참조.

11] 논리학 개념으로 한 단면 또는 일부 현상이나 제한된 증거로써 전체가 그렇다고 판단해버리는 것이며, '하나를 보면 열을 안다'는 것도 경우에 따라 이와 유사한 말이 될 것이다.

12] 본서 "01. 생존의 법칙(1) : 모리셔스, 도도(Dodo)새 이야기" 참조.

04 조직 응집력 : 순기능과 역기능

조직 '응집력'이란 무엇인가? '응집력' 있는 조직은 어떤 조직인가, 그 빛과 그늘 즉 순기능과 역기능은 무엇인가?

조직 '응집력'의 개념은 조직 구성원들의 단결력 또는 요새 말로 내부 협업체계쯤으로 이해될 수 있을 것이다.

이론적으로 검증된 것은 아니지만 경험으로 볼 때 이 '응집력'이 개방적 조직보다 폐쇄적 조직에 더 강할 것으로 생각되기 쉬우나 그렇지 않다. 응집성과 폐쇄성은 얼핏 비슷해 보이지만 서로 친한 속성이 될 수 없다. 이 둘은 대체로 조직 내 계서적(階序的) 질서를 기초로 하는 점은 유사하다. 하지만 전자는 주로 경쟁 환경 속에서 단련되는 것인 반면에, 후자는 그 구성원 신분의 특수성이나 업무영역의 독자성이 뚜렷한 경우에 나타나기 때문이다.

이 특수적 · 독자적인 영역의 조직은 개별법을 근거로 형성된 공공기구들 중에서 많이 발견된다. 전문성과는 좀 다른, 그 기능의 대체 곤란성 때문에 정권 · 정부의 교체 등 각종 행정환경 변동에도 생존걱정이 거의 없고 안정적이다. 따라서 대외적으로 폐쇄성을 띠거나 일종의 안일성(安逸性)마저도 비칠 수 있다.

또 그들만의 세계에 안주하거나 모종의 폐쇄적 엘리트 의식도 생길 때가 있다. 그러나 이런 엘리트 의식은 조직문화 측면에서 상당히 연약하여 일단 유사시에 조직 '응집력'으로서 크게 작용하지 못한다.

즉 어쩌다 심한 충격이나 위기가 발생하면 단합된 대처를 잘 못하고 속수무책으로 이기적인 속성이나 권력에 취약한 경향마저도 보일 수 있다.

그럼에도 이런 조직이 쉽게 소멸되지 않는 이유는 그 본래 기능의 유일성 때문이다. 이에 따라 환경으로부터 도전이나 대외적인 교호 작용도 상대적으로 적은 편이다.

그러다보니 스스로 정체성을 확인할 기회도 많지 않다. 그 결과 실제적인 '응집력'이 낮으며 외부의 세상에도 눈이 어두울 수 있다.

그래서 이런 폐쇄적 조직은 사내(社內)결혼도 잦은 경향을 보인다. 밖을 잘 보지 않기 때문에 세상에 숱한 배우자감이 있는데도 쉽게 보이는 내부에서 찾는 결과일 것이다.

사내결혼이 너무 많으면 조직 생명력이 약해진다. 아무래도 내부 가족화 비율이 높아지면 조직 동력에 공식 · 비공식 장애가 늘어나는 까닭이다. 그러므로 일반 회사에서 사내 부부가 생기면 가급적 한 사람을 그룹 내 다른 데로 옮겨주는 것이 좋다. 그룹사가 많으면 그 이동 배치의 선택의 폭도 넓을 것이다.

그러나 소규모 조직에 사내 커플이 생기면 형편이 어렵게 된다. 사랑도 어쩔 수 없고 강제로 억제할 수도 없는 문제이다.

경험으로 보면, 폐쇄적 조직보다 개방적 조직의 '응집력'이 더 높다. 개방형 조직은 환경과의 끊임없는 상호작용으로 부단히 그 정체성이 점검되며, 생존을 위한 구성원의 단결도 필요하기 때문이다.

공 · 사 부문을 막론하고 어떤 조직의 기능이 유일성 · 독자성이 비교적 낮고 대체 가능성 · 경쟁성이 높으면 정치 · 사회적 환경이 변할 때마다 그 존립 자체도 유동적일 수 있다. 그래서 이런 조직은 보다 개방적이고 경쟁

적이며 바깥과 수시로 교류하다보니 사내 혼인도 비교적 적었을 것이다.

정부에서는 일반부처 중에서 이런 모습을 볼 수 있었고 전통적으로는 구내무부가 그러했다. 그 직원들은 지방 · 중앙을 오가며 치열한 경쟁과 협조 속에 살았기 때문이다. 경제부처 중에는 구경제기획원이 그 사례가 될 수 있다.

그러면 조직 '응집력'의 빛은 무엇인가?

조직 응집력의 '순기능'은 구성원 간 단결과 업무추진력을 좋게 하여 조직 성취도를 높인다는 점이다.

응집력 있는 조직은 조직원 상호 소통과 친밀도가 양호하여 과업 수행에도 빈틈이 없다. 또 사명감과 충성도가 높고 직무 몰입도도 뛰어나다. 경쟁 환경을 뚫고 지내 온 자존심도 상당한 편이다.

그러나 '응집력' 있는 조직에도 그늘이 있다. 즉 그 '역기능'은 응집력이 엘리트 의식과 결합될 경우 자칫 배타성이 강해지기 쉽다는 점이다.

이로써 다른 경쟁 조직과의 타협이 원만하지 않을 때가 있다. 또한 집단 자존심을 넘어 자만심이 싹틀 경우 일종의 조직 국수주의(國粹主義)로 변질될 우려도 있다. 그 정도가 지나치면 구성원들의 영혼이 썩어버릴 위험까지 있다.

그러므로 ***〈조직 '응집력'은 양면의 날이 있는 칼과도 같은 것〉***이다.

05 조직 생명력 : 순혈조직의 문제

생물학 영역의 개념인 순혈주의(純血主義)는 개체(個體)의 번식이나 집단의 구성을 같은 혈통끼리만 하는 것이다. 이는 동종교배(同種交配) 또는 동종번식(同種繁殖)을 통해 유지된다. 그 반대는 물론 혼혈주의(混血主義)로 이름할 수 있다.

이와 유사하게 우리 사회의 조직을 형성하거나 유지하는 데도 자의에 의하든 타의에 의하든 '순혈조직'(純血組織)이나 '혼혈조직'(混血組織)이 더러 존재한다.

주로 논의되어 온 것은 '순혈조직'의 문제이다. 조직이 채용시험 등 입직통로가 같은 출신으로만 구성되거나 같은 전공, 같은 학교, 같은 지역 출신 등으로 주로 구성된다면 '순혈조직'이라고 할 수 있다.

그러나 이들은 개념상의 구분이고 어떤 조직이 순전히 '순혈조직' 또는 '혼혈조직'으로 실재하기는 불가능에 가깝다. 다만 어느 쪽의 속성이 지배적이냐 하는 기준으로 특성 구분을 해야 할 것이다.

이렇게 볼 때 공·사 부문에서 순혈조직이라고 할 수 있는 조직이 이따금 발견되곤 했다.

그러면 순혈과 혼혈 중 어느 속성을 가진 조직의 생명력이 더 강한가?

동종번식은 우생학(優生學) 차원에서 천재성과 같은 우성인자(優性因子)를 계승 · 발전시킬 수 있다는 장점이 있다. 그러나 근친결혼을 많이 한 동 · 서양의 역대 왕조 가문 등에서 열성인자(劣性因子)가 발현되거나 기형아도 많이 출산되었다고 한다.

또 그동안 대학에서도 같은 학교 출신만 교수로 채용할 때 학문의 다양성이 저해되고 대학 간 서열화를 고착시킨다는 지적도 있어 왔다. 예부터 외부와의 교류가 적은 폐쇄적 지방에 '순혈주의' 경향이 더 강했고 규율이 완고했으며 문명도 다소 낙후된 양상을 보여주었다.

다만 학교 동문회나 같은 성(性)만으로 또는 종친회처럼 동일 성(姓)만으로 구성되는 조직은 그 자체가 조직의 목적에 해당되므로 별론으로 해야 할 것이다.

이러한 '순혈조직'은 조직의 개성을 살리고 의사결정이 신속할 수 있으나, 의사결정 과정에서 획일성과 집단사고(集團思考)의 위험에 빠질 우려가 있다. 또 조직 응집력도 강할 것으로 보이나 자칫 폐쇄성을 띠기 쉬워 응집력이 오히려 약해질 수도 있다. 그럴 경우 환경 대응성이 떨어져 조직 차원의 '생명력'은 상당히 취약해지는 것이다.

이러한 점에서 조직 생명력은 순혈조직보다는 혼혈조직이 더 강하다고 봐야 한다.

그렇다면 조직의 구성이 되도록 잡다하고 혼혈적일수록 더 바람직한가? 아니면 조직의 혼혈성 즉 구성원의 다양성은 어느 정도가 좋은가?

대체로 조직구성은 혼혈적이어야 한다 하더라도, 지나친 이종 혼합은 조직의 정체성과 개성을 손상하고 자존감을 저하시킬 수 있으며 정책이나 사업의 연속성을 저해할 수도 있다.

그러므로 일단 입직(入職)통로만을 기준으로 따지자면 조직 하부를 이루는 기존계층과 외부에서 새 바람으로 중층부에 입직하는 멤버 간의 전

통적인 최적 구성비는 대략 6대 4였다.

경우에 따라 7대 3도 될 수 있다. 또 이들과는 다른 전문성 · 경력 등의 경력채용(특채) 계층을 고려하면 6대 3대 1 또는 5.5대 3.5대 1의 구조도 적합하다.

그 외에 전공 · 출신학교 · 출신지역은 다양할수록 좋다고 하겠다. 다만, 전공은 조직별로 본래 목적에 따라 어떤 분야에 다소 집중될 수 있다. 또 성비도 균형적이면서도 조직 성격이나 임무에 따라 유동적일 수 있다.

사회 현상을 규명하고 행정을 지도하기 위한 이론 중 21세기 전후에 제시된 '신공공서비스'(NPS:New Public Service) 이론이라는 것이 있다.

이는 종래 '신공공관리'(NPM:New Public Management)[13] 이론에 입

13] 1980년대 전후 영 · 미권 중심으로 공공부문의 비효율성과 '큰 정부'에 대한 반성을 바탕으로 행정에 시장원리 · 경쟁원리 등 '기업가적 정부'를 강조하며 등장한 이론 조류이다. 그 이론적 배경에는 공공영역에 경영 및 경제학적 접근을 하는 기업식 '신관리주의'와 정치적 이념으로서 '신자유주의'가 있다. 한국에도 20세기를 전후해서 작은 정부 구현 등 정부혁신 추진의 이론적 기반이 되었다. 그러나 정부와 기업 간의 본질적 차이를 무시함으로써 행정의 정치성이나 민주성과 충돌하고 복지 편중 · 빈부격차 심화 등 사회적 문제를 해결하지 못함에 따라 퇴조하게 되었다.

각한 경제적 효율성 위주의 행정을 비판하고, 인간의 '가치'와 '민주성' 이념을 기본으로 대국민 '봉사'(service)에 역점을 둔다. 또한 다양한 사회 주체와의 '담론'(discourse)을 중시한다. 이에 따라 행정의 '다면적 책임성'을 강조한다.

한편 이보다 약간 앞서 1990년대 이후 활발히 논의된 '뉴거버넌스'(NG: New Governance) 이론이 있다. 이는 매우 다의적이어서 아직 개념에 대한 보편적 합의는 도출되지 못했으나 오늘날 널리 사용되고 있다.

이 역시 신공공서비스 이론과 마찬가지로 민주성 가치를 그 바탕으로 하고 있다. 그러나 정부 역할의 중점을 봉사보다는 '방향잡기'(steering)에 두고 사회 공동체는 정부 · 시장 · 시민사회가 '수평적 관계'에서 협력하는 '네트워크'(network) 체계라는 것이다. 이로써 행정의 '참여 협력적 책임'을 강조한다.

이 '신공공서비스'와 '뉴거버넌스' 두 이론에 의하면 우리 사회는 '다양성'과 '협력적 관계'를 지향해 가고 있음이 분명해 보인다. 각종 조직의 목적이나 형태도 더욱 세분화되고 유동성은 더해 갈 것이다.

이러한 환경 변화에 부응하여 조직 생명력을 잘 지속하려면 그 구성이 다양하고 혼혈적일 필요가 있다. 그런데 모든 조직의 구성에 적용될 일률적 기준이란 없다. 다만 어떤 경우이든 '순혈조직'은 안 된다는 점이다.

조직 환경은 끊임없이 변화한다. 그러므로 조직도 살아 움직여야 한다. 이를 위해 조직 구성비를 수시 점검하고 인사운용을 탄력적으로 해 나가는 것이 긴요하다.

06 조직인의 생활 5계 : 목 · 신 · 술 · 애 · 칭

극히 상식적인 이야기다. 그러나 조직생활에서 제대로 실천하기가 그리 쉬운 것은 아니었다. 학교를 졸업하고 사회에서 처음 직장생활을 시작할 무렵 선배들로부터 들은 내용이다.

조직인으로서 평상시의 좌우명쯤으로 삼을 만한 기초 덕목 5개가 있다. 30년 넘게 직장생활을 하면서 살아온 길을 돌아보며 그때 젊은 날에 들은 선배의 가르침을 기준으로 평가해보니 스스로 부끄럽다.

100세 시대 인생을 4분기로 나누어보면, 태어나서 부모에 의존해 학교를 졸업할 때까지가 1/4분기, 취업 등으로 본격적인 사회생활을 하는 기간이 2/4분기, 퇴직 후 제2의 인생기가 3/4분기, 그리고 노년에 삶을 정리하는 마지막 단계가 4/4분기에 해당된다고 할 수 있다.

조직인의 생활 5계!

이제 인생 3/4분기에 들어 새로운 조직생활을 하는 지금조차도 잘 되지 않는 것들이다.

첫째, '목에 힘을 주지 말 것'이다.

평소에나 일단 유사시에나 항상 거만해 보이지 말자. 특히 신입 직원이 건방져 보이면 소위 출세라는 것은 절대 못한다고 했다.

윗사람 앞에서 거만해 보이는 것은 더욱 금물이다. 직장 내 · 외 언제나 겸손이 제일의 덕목이다. 다만 비굴해지지 않도록 해야 한다.

선천적으로 인물평가의 전통적 기준인 신언서판(身言書判)[14] 중 아주 좋은 '신'(身)을 받아 태어난 것은 복이라 할 수 있다. 그러나 이 외모가 위엄까지 있어 보이면 복이 자칫 화로 작용할 수도 있다.

결국, 의젓하고 똑똑한 것은 좋으나 이를 넘어 거만해 보이면 안 된다. 정부에 '거물'이니 '장관급 사무관'이니 하는 평을 듣는 실무급 직원들이 있다. 하급자 치고 통 크다는 의미이지만 결코 좋은 평가는 아닌 것이다.

〈본인보다 똑똑해 보이는 부하를 키우는 상급자는 있어도 위대해 보이는 부하를 키우는 상급자는 없다!〉

조직인은 날마다 실질적인 겸손 연습을 사무치게 해야 한다.

둘째, '신용을 잘 지킬 것'이다.

이는 조직 내에서 금전 관계뿐만 아니라 말로 하는 약속까지 포함한 구성원 간의 의리관계를 잘 지키자는 이야기이다.

적어도 지난 세기 말까지는 직장 내 동료나 상 · 하 간에 대 · 소의 금전거래가 더러 있었다. 그 당시 빌린 돈을 제때에 안 갚는다든지 채권 · 채무관계가 너저분한 직장인은 조직에서 절대 인정받지 못했다.

오늘날은 개인과 금융기관 간의 신용이 일반화됨에 따라 직장 동료 간의 금전거래는 별로 없다. 그러나 넓은 의미의 거래관계는 지금도 이루어지고 있다고 봐야 한다. 요즘의 신용은 주로 무엇을 부담하는 데서 평가된다. 한번 받았으면 반드시 갚아야 하는 것이다.

우리 사회에 앞으로 '각자 내기'(Dutch pay) 문화가 정착될 때까지 주로 얻어먹기만 하다가는 조직에서 외톨이가 되기 마련이다. 같이 식사한

14] 전통적으로 인재를 판단하는 4가지 기준 즉 신(외모 · 자세), 언(말씨 · 언변), 서(글씨 · 문장력), 판(문제에 대한 판단 · 대처능력)으로, 과거(科擧)시험에서의 선발 기준이기도 했다.

경우에는 언제나 먼저 계산대 앞으로 가는 습관도 길러보자.

셋째, '술을 잘 마실 것'이다.

이는 술을 자주 또는 많이 마시자는 말이 아니다. 사교를 매력적으로 하라는 의미이다. 술 외에 여러 형태의 교제도 포함된다.

가장 중요한 것이 술자리 · 회식 자리 등에서 보이는 태도이다. 유머와 배려, 그리고 가끔은 파격적으로 소통하는 것도 친교에 좋다.

그러나 상 · 하 동료 간에 도를 넘는 행동은 곤란하다. 술버릇에 대한 평가는 10년이 간다고 했다. 술자리 문화는 시대와 지역에 따라 다양하지만 중앙보다 지방에 아직 더 엄격히 남아 있다.

넷째, '애사(哀事)를 피하지 말 것'이다.

인간관계의 기초는 어려움을 함께하는 데서 비롯되며 우정은 주로 힘든 상황에서 싹이 트는 법이다.

동료 간에 슬플 때 함께하지 않는 것은 비겁함에 다름 아니다. 직장 동료의 애사에 소홀하면 의리관계가 형성되지 않을 뿐더러 조직에서 도태된다. 길사(吉事)보다 애사에 적극 나서는 것이 중요하다.

다섯째, '칭찬을 자주 할 것'이다.

부하뿐만 아니라 상사나 동료에 대해서도 언제나 칭찬을 해주려는 자세와 노력이 필요하다. 칭찬은 '관찰'에 의해 발견된 '사실'에 입각한 표현이므로 없는 것을 말하는 아첨과는 근본적으로 다르다.

칭찬의 힘은 말라가는 생명도 되살리고 그 생명력은 다시 내게로 돌아오게 되어 있다. 언제나 진정성 있게 칭찬하는 습관을 길러보자.

07 난제(難題) 해결법(1) : 마상(馬上)에서 집중한다

문제는 풀리기 위해 존재한다. 공 · 사 영역을 막론하고 일상에서 어려운 일에 부딪혀 그의 해결을 위한 아이디어나 대처할 논리가 절실히 필요할 때가 있다.

그러나 이러한 '난제'(難題) 상황에서는 대부분 아이디어나 논리가 제때에 잘 떠오르지 않는 경우가 많다. 그런데 경험적으로 볼 때 문제가 어렵다는 것은 실제 해결책이 없다기보다 '찾기'가 어렵다는 것이다. 어떻게 하면 해결의 실마리 내지 아이디어를 잘 찾을 수 있을까?

주변에 대소의 문제 상황에 처했을 때 남다르게 아이디어를 잘 내는 사람이 있다. 그 사람은 분명히 언제나 문제의 '본질'을 통찰하는 데 능숙한 사람일 것이다. 그러나 이런 비범한 사람조차도 막힐 때가 있는 법이다.

이러한 사정은 정책이나 시책 등을 고안하는 제도적인 사안뿐만 아니라 일상 현장의 집행적인 사안을 처리할 때도 마찬가지이다.

어려운 일에 봉착했을 때 해결방안을 찾는 길은 크게 두 갈래로 정리될 수 있을 것이다. 하나는 스스로 찾는 '자력'(自力) 접근이고, 다른 하나는 전문가 · 선배 등의 자문이나 조력을 구하는 '차력'(借力) 접근이다. 후자의 방법은 평소 자문기구를 구성 · 운영하는 것이 가장 일반적이다. 개인적으로는 멘토(mentor)를 설정해두거나 종교적 활동을 하는 것도 포

함될 수 있다.[15]

여기서는 전자 즉 '자력 접근' 에 관해 구체적으로 고찰해보고자 한다.

이는 다시 두 요소(또는 단계)로 구분될 수 있다. 우선 아이디어를 탐색하는 자의 탐색 '방법'에 관한 것이다. 그 다음에는 아이디어 발굴이 잘 되는 탐색 '환경'에 관한 논의이다.

먼저, 어떤 문제의 해결을 위한 아이디어를 탐색하는 방법론 즉 내가 '어떻게 접근'할 것인가?

해결방안을 찾는 패턴은 또 일반적으로 두 가지로 대별될 수 있다. 생각했다 멈추었다 하는 즉 '단속적'(on-off)으로 탐색하는 방식과 생각하되 상당 기간 '지속적'(ongoing)으로 집중 탐색하는 방식이다. 많은 학자와 논자들에 의하면 전자보다 후자 즉 '지속적 탐색'이 더 효과적이라고 한다.

이는 마치 선승이 화두(話頭)를 들듯이 한번 화두를 붙잡으면 놓지 않고 계속 탐구에 몰두하는 것이다. 이렇게 하다보면 어느 순간 어떤 계기로 묘안이 떠오르는 수가 있다.

무엇을 기억하거나 암기하는 데는 전자 즉 단속적 방식이 유리할 수 있다. 하지만 어떤 새로운 방안을 찾아내고자 할 때는 후자 즉 지속적 탐색 방식이 절대적으로 효과적이다.

다음으로, 아이디어가 탐색되는 환경에 관한 문제 즉 '어떤 상황'에서 아이디어나 해결방안이 잘 떠오르는가?

15] 협업과 차력에 관해서는 본서 "67.협력조직원 관리 : 호모 루덴스는 장난을 즐긴다" 및 "80. 직무의 달인 : 맹금(猛禽)은 졸고 있다" 참조.

이에 관해 들은 바로는 전통적으로 3가지 경우가 제시되어 왔다. 즉 침상(枕上), 측상(厠上), 마상(馬上)이 그것들이다.

첫째, '침상'은 잠자리이다. 잠들기 직전에 묘안이 잘 떠오른다는 것이다. 그래서 과거 선배들은 머리맡에 필기도구를 갖다 놓고 취침했다. 요즘에도 그렇게 하는 사람들이 있다.

고민사항에 대한 아이디어가 잠이 오기 시작할 때 생각이 나면, 이때 즉시 일어나 그 내용의 요점(key word) 정도는 '반드시' 적어두고 자야 한다. 왜냐하면 잠들 때 떠오르던 것이 아침에 일어나면 잘 생각나지 않기 때문이다.

둘째, '측상'은 변소 즉 화장실이다. 예전부터 화장실에서 공부가 잘 된다는 말도 있듯이 생각도 잘 된다는 것이다. 그래서 화장실에 메모지를 비치해 둔 선배들도 있었다. 어찌 보면 화장실은 비교적 철저히 통제된 개인적인 사유 공간이 아니겠는가?

셋째, '마상'은 말을 타고 있을 때이다. 오늘날에는 '교통수단으로 이동중'일 때에 해당된다. 기차나 버스를 타고 어디론가 갈 때 아이디어가 잘 잡힌다는 것이다.

나폴레옹은 실제 마상에서 책도 읽고 작전 지휘도 하고 잠도 자는 등 그 자체가 하나의 생활공간이었다고 한다.

이 세 가지 중에서 필자는 '마상'을 주로 활용해왔다. 긴 여행에서나 짧은 이동에서나 항상 메모지 수첩을 휴대하는 것이다. 휴대폰이나 어떤 형태의 메모도 상관이 없다.

이제껏 난제를 만났을 때, 비록 그 수준은 다양했지만 아이디어를 얻지

못한 경우는 없었다. '마상에서 하는 집중'이 제일이었다. 요는, 이동 중에 잡상(雜想)을 좇아다니지 말고 문제에 집중하는 것이다.

세상에 해답 없는 문제는 없다. 문제라는 것은 풀리게 마련이다. 힘든 일에 결코 놀라지 말자. 어떤 일에든 아이디어는 반드시 있다.

잠자리도 좋고 화장실도 좋고 여행도 좋다.

언제나 ***〈연구하면 해결된다.〉***

08 난제(難題) 해결법(2) : 이스탄불 기상천외, '배가 산을 넘다'

〈사공이 많으면 배가 산으로 올라간다.〉 어느 초등학교 국어시험에서 이 말의 뜻이 무엇이냐는 문제에 대해 ***〈여러 사람이 힘을 합치면 안 되는 일이 없다.〉***는 답도 나왔다고 한다.

이에 선생이 교무실에서 그 답안지를 놓고 천장을 쳐다보기도 하며 눈만 껌벅이고 있더라는 얘기가 한때 있었다.

터키 '이스탄불'에서 배가 산을 넘었다.

1453년 5월 어느 날 여기(당시까지는 콘스탄티노플)에서 배가 산으로 올라가는 일이 발생했다. 그것도 한두 척도 아니고 70여 척의 전함(戰艦)이 야밤에 산을 넘어 정박지를 바꾼 것이다.

오스만 제국의 술탄 '메흐메드 2세'는 당시 21세의 약관이었다. 그가 이끄는 16만 대군은 비잔티움의 수도 콘스탄티노플의 정문에 해당하는 서쪽 '테오도시우스' 성벽을 집중 공격했다. 내성과 외성에다가 폭넓은 해자로 둘러싸인 그 테오도시우스 성은 그동안 난공불락을 자랑해왔다.

헝가리 출신 대포 전문가 우르반(Urban)이 개발했다는 우르반대포는 포신의 길이가 8미터에 포탄 무게만 600킬로그램에 달하며 소 90마리와 병사 400명이 끌어야 되는 거대한 대포였다.

이 가공할 위력의 우르반대포와 최정예 친위부대 예니체리[16] 전사들이 연일 공격을 가했다. 그러나 견고한 테오도시우스 성벽은 끄떡도 하지 않았다.

막강 오스만 대군도 지쳐가자 '정복자' 메흐메드 2세는 고민에 빠졌다. 그러던 중 아무도 상상조차 하지 못했던 작전을 구상했다. 작전은 콘스탄티노플 북쪽의 '골든 혼'(Golden Horn)만의 해안을 면한 취약한 성벽을 기습하는 것이었다. 이는 배로 군사를 이동시켜야만 가능했다.

배들은 산 너머 동쪽 '보스포루스'(Bosporus) 해협에 정박되어 있었다. 그러나 골든 혼 입구 바다에는 쇠줄이 설치되어 있어 배가 진입할 수 없었다. 배들을 골든 혼에 띄우려면 산을 넘기는 방법 외에는 없었다. 이것은 상식적으로 무모하기 짝이 없고 '기상천외'한 선택이었다.

한밤중에 기름칠한 통나무와 병사들과 소 떼를 이용해 배들을 산으로 밀어 올려 넘겨 띄우고 그 배로 북쪽 성벽에 접근해 공격했다.

비잔틴 방어군은 꿈에도 생각하지 않은 데서 공격받자 서쪽 테오도시우스 성벽의 병력을 대거 북쪽으로 이동 배치했다. 이 틈을 타서 북서 양쪽에 동시적인 총공격을 가하자 3일 만에 성벽은 뚫렸다.

천 년을 넘게 지켜 오면서 신도 뚫지 못한다는 테오도시우스 성벽이 무너진 것이다. 콘스탄티노플 포위작전 두 달 만에 전쟁은 끝이 났다.

콘스탄티누스 11세를 끝으로 기독교 천년의 동로마 비잔틴 제국이 멸망하고 이슬람의 오스만 제국에 넘어갔으며, 수도 콘스탄티노플의 이름도 이스탄불로 바뀌었다.

함락 후 무슬림 관습에 따라 3일간의 약탈이 허용되었다. 그 기간의 처절한 상처를 간직한 채 성 소피아 성당은 오늘날까지 위용과 자태를 유지

16] 술탄의 친위부대로서 기독교도 출신 소년들을 이슬람으로 개종시켜 구성한 징용군 부대이며 19세기 중엽까지 오스만 제국의 막강 전투력을 지닌 최정예 보병부대였다.

하고 있다. 보스포루스 해협의 푸른 물결도 변함이 없다. 해협 양안의 아름다운 풍광도 그대로이다.

그 메흐메드 2세는 현재 국민적 영웅으로 추앙받고 있다고 한다.

'여럿이 힘을 합치면 배를 산으로 올릴 수도 있다!'

문제는 해결되기 위해 생겨나는 것이다. 문제에는 답이 있다. 쉬운 문제에 쉬운 답이 있고 어려운 문제에 어려운 답이 있을 뿐이다. 그러나 알고 보면 답은 쉬운 데에 있다.

그러므로 난제로 보이면 거꾸로 생각하고 엉뚱한 접근도 해봐야 한다. 아무도 생각하지 않는 방안을 찾아봐야 한다.

매듭도 풀리기 위해 존재한다. 낯설거나 힘든 과제이더라도 절대로 놀라거나 포기할 일은 아니다. 지나고 보면 모두 쉬운 것이다.

예전에도 그랬고 앞으로도 그럴 것이다. 연습하면 숙달되고 연구하면 해결된다. 조직 생활 30여 년을 거치며 배운 것이 고민해서 풀리지 않는 일은 없다는 사실이다. 그리고 푸른 평원은 대부분 고지 너머에 펼쳐져 있다.

09 발상전환 : 에스키모 냉장고… 참여관찰과 의심

발상의 전환, 말은 쉽지만 실제상황에서 아무도 생각하지 못하는 방안을 아무나 생각해 내기란 결코 쉽지가 않다. 콜럼버스는 대단했고 코페르니쿠스는 천재였음이 틀림없다. 그들에 관한 이야기는 이제 할 필요조차 없다.

예전에 기업연수에서 영업의 '발상의 전환'에 관한 사례 교육을 받은 적이 있다. 에스키모 인들에게 냉장고 천 개를 팔아치운 전설의 세일즈맨이 있었다.

어떠한 발상으로 어떻게 팔 수 있었는지가 중요했다.

북극지방처럼 냉장고라는 것이 없는 세상에 냉장고 수요가 발생만 한다면 대박이다. 그러나 누가 에스키모 인들에게 냉장고를 팔아보자고 생각이나 해봤을까?

그런데 이러한 발상은 냉장고는 '냉장(冷藏) 보관'을 위한 기계라는 '기존관념'에 갇혀 있는 한 불가능하다.

생각을 뒤집어 영하의 환경에서는 역으로 '온장고'(溫藏庫)가 될 수 있다면 가능해진다. 즉 바깥에서 어는 물건이 냉(온)장고 속에서 얼지 않는다면 효용성이 있게 된다.

또한 에스키모 인들에게 냉장고를 팔기 위해서는 냉장고가 소용되도록 여건을 만들어야 한다. 그래서 일본인들이 가전제품이 필요한 환경을 설정하기 위해 먼저 전기를 보급해주었다는 이야기도 있다.

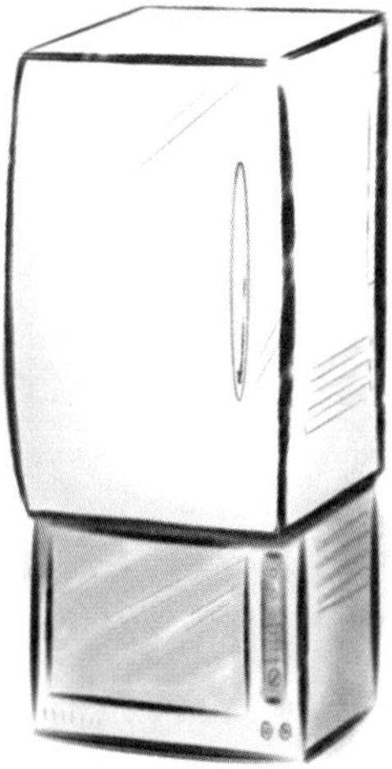

이 에스키모 냉장고 판매 이야기는 세일즈에서 '발상의 전환'으로 성공한 대표적인 사례의 하나로 알려져 있다. 듣고 보면 발상이 기발해보인다. 그러나 그런 것이 쉽다면 성공사례가 될 수도 없다.

어떻게 하면 다양한 사안에 따라 기발한 착안을 해낼 수 있을까?

아이디어를 찾으려고 애만 쓴다고 될 일이 아니다. 그런데 노력 없이 일순간에 떠오르는 것은 없다. 또 머리가 좋아야만 하는 것도 아닌 것 같다.

난국(難局)을 타개할 방안을 찾기 위해서는 '계속 집중'하여 탐구하되 그 환경은 마상(馬上) · 침상(枕上) · 측상(厠上)이 좋다.[17]

나아가 새로운 지평을 향한 '발상의 전환'을 위해서는 '참여관찰'과 '의심'이라는 두 가지 기본 행태가 필요하다.

첫째, '참여관찰'은 해결책을 찾기 위해 '현장'에 직접 참여하여 관찰하는 것이다.

위 에스키모 냉장고 장사건에 있어서도 에스키모 사람들의 일상생활에 대한 관찰이 그 바탕이 되었다. 그 결과 그들의 일반 환경보다 냉장고 안의 온도가 더 높다는 사실을 발견했다. 그리하여 냉장고가 얼지 않게 보

17] 본서 "07. 난제(難題) 해결법(1) : 마상(馬上)에서 집중한다" 참조.

관하는 온장고로 둔갑하게 된 것이다. 일본 소니가 아프리카에 텔레비전 판매에 나섰을 때는 독일 제품이 지역 시장을 장악하고 있었다.

제품의 성능이나 가격 등 제반 요소에서 소니가 우위였고 판매 전략을 총동원했는데도 독일의 아성을 뚫을 수가 없었다.

시장조사팀은 비장한 각오로 현지 주민의 삶 속에 들어가 관찰했다. 어느 날 방바닥에 놓인 텔레비전을 딛고 올라 선반에 얹힌 물건을 내리는 것을 목격했다.

텔레비전이 전혀 다른 용도인 디딤판으로 사용되고 있었다. 두 제품의 상판을 비교해보니 독일 것이 비교도 안 될 만큼 튼튼했다.

둘째, '의심'은 사실을 관찰하되 현상을 그대로 받아들이지만 말고 그 '까닭'을 생각하는 것이다. 그리고 역으로 뒤집어도 보는 것이다.

발상전환은 기존에 안주하지 않고 상황의 이치를 '종합적' · 입체적으로 참여 · 의심할 때 가능해진다. 위의 사례에서 소니팀은 원주민의 일상을 '종합적'으로 탐구하다가 엉뚱한 곳에서 해답을 찾았던 것이다.

조직 성과에도 의외의 요소가 영향을 미치는 수가 있다.

1930년대 메이오(E. Mayo)[18]가 공장 생산성에 영향을 주는 작업환경 요인을 조사하던 중 상사(上司)가 인간적으로 보기 싫은 스타일이라서 능률이 떨어진다는 사실도 발견했다. 여기에서 바로 그 유명한 '인간관계론'이 태어나게 되었다.

뉴턴은 아무도 의심하지 않던, 사과가 꼭지에서 떨어질 때 하필이면 '아래로' 떨어지는 까닭을 의심했다.

강한 부정은 때에 따라 강한 긍정을 낳듯이 건강한 의심은 창조적 발상의 기폭제가 되기도 하는 법이다. 그러나 아무도 생각하지 못했던 방법을 찾아 접근하기가 결코 쉽지는 않다. 쉬운 길이었다면 이미 누구나 시도했고 또 성취도 했을 것이다.

'발상의 전환'은 그냥 오지 않는다. '참여관찰'도 인내를 가지고 '의심'도 꾸준히 할 때 어느 순간 다가오게 되어 있다.

모든 과실은 먼저 '뿌림'이라는 수고가 있었을 때 수확되는 산물이다.

18] 하버드 경영대학원 교수로서 서부전기회사 호손(Hawthorne) 공장에서 작업환경과 생산성 간의 관계를 과학적 관리론 차원에서 연구하다가 생산성은 물리적 환경이나 경제적 능률보다 인간적인 요소나 감성적·사회적 요인이 영향을 미치는 점을 발견하여 경영(행정)에서의 인간관계론을 제창하게 되었다.

10 상황의 통제관리 : 입체적 사고를 어떻게 키우나?

상황은 언제나 쳐다보고 돌아보는 것이다.

오리엔티어링(orienteering 또는 OL) 훈련을 몇 번 받은 적이 있다. 지도와 나침반을 가지고 산과 들의 정해진 지점(post)들을 거치며 주어진 문제를 풀고 최종 목적지에 정확히 먼저 도착하는 승부를 겨루는 경기이다.

개인별 경기도 가능하나 공 · 사 조직에서 신규채용 직원의 적응훈련의 일환으로 상황판단 역량 · 협동심 등을 함양하기 위해 주로 분임 또는 조를 편성해서 실시되어 왔다. 종종 기간(基幹) 직원들의 워크숍에서 시행되기도 했고, 그 환경은 주간뿐만 아니라 야간에도 가능하다.

민간그룹의 신입직원으로서 처음 해본 팀별 오리엔티어링은 야간 게임이었다. 사전교육에서 안내하기를 독도법을 활용해서 각 포스트에 도착하면 훈련담당 교관이 배치되어 있으니 그로부터 과제를 받아 신속히 해결하고 이동해야 한다고 했다.

한겨울 밤 11시경, 어둡고 추운 야산의 숲 속에 위치한 포스트 3을 찾아 갔을 때였다. 포스트 근처에서 우리보다 먼저 갔던 분임을 만났다. 포스트에 교관이 없더라는 것이었다. 그래서 그냥 다음 포스트로 가는 길이니 우리도 돌아가는 것이 좋을 거라고 했다.

그래도 포스트에 도착하고 나서 그 다음 행동을 해야 하므로 포스트 3

지점에 가보니 역시 교관이 없었다. 한참을 찾다가 우리 분임도 그냥 포스트 4를 찾아 떠났다. 교관은 어딘가에 숨었을까 아니면 아예 교관 없는 포스트였을까?

나중에서야 알고 보니 포스트 3의 교관은 정확히 거기에 있었다. 다만 나무 위에 있었을 뿐이었다.

뒤통수를 몽둥이로 맞은 느낌이었다. 분임 몇 개가 그 포스트를 왔다 갔으나 오직 좌우 평면에서만 찾았지 아무도 '3차원 입체 공간'을 확인하지 못했다. 위로 한 번만 쳐다봐도 찾을 수 있었을 것을 그런 생각을 하지들 못했다.

세상 모든 일에 있어서도 이러한 것 같다.

기존 사고나 인식의 테두리 내에 있을 때 또는 시 · 공간적으로 제약된 환경하에서는 머릿속이 굳어져 입체적이고 다차원적인 발상이 잘 안 된다고 한다.

특히 급박한 상황에서는 더욱 그러하다고 한다. 예로서 보통 사람은 건물 내에서 화재 발생을 당하면 순간 지능은 평소의 약 10퍼센트 수준으로 떨어진다는 분석이 있었다. 지능지수가 130인 사람은 13이 된다는 이야기다.

초등학교 시절 학교에 큰 불이 났다.

대강당에 있던 300여 명의 학생들이 혼비백산하여 뒤쪽 출구에서 엉켰다. 학교 건물이 1층이라 바로 운동장에 뛰어내릴 수 있는 창문들을 놔두고 평소 출입하던 복도 쪽 문으로 몰린 것이다.

목조 학사(學舍)가 전소된 그 사고에서 다행히 인명사고는 없었으나 혼잡한 출구 대신 창문으로 가뿐하게 피신한 학생은 단 세 명뿐이었다.

1987년 5월 둘째 일요일 한국에 일광절약시간제(Summer Time)[19] 가 처음 실시되었다. 시행일이 가까워지면서 이를 위한 사전준비를 종합 점검해 나갈 때였다.

그때까지 점검의 중점이 국내 · 외의 교통 · 산업 · 교육 · 역사기록 등 분야별 시간 관리 체계와 국민 개인별 시계 조정 등에 집중되고 있었다.

그러던 어느 날 대책회의에서 일순간 역 광장 · 터미널 · 공원 등 공공시설의 시계탑과 같은 공용시계에도 생각이 미쳤다. 자칫 불특정 다수 국민들에게 가장 가까이 있는 편의 시설물들이 점검의 사각지대가 될 뻔했던 것을 차질 없이 통제할 수 있었던 기억이 있다.

'입체적 사고(思考)'는 일상뿐만 아니라 각종 조직 활동에 있어서 어떤 허점을 사전에 점검하고 최대한의 원활을 도모하기 위한 일종의 기본적인 기제(機制: mechanism)이다.

특히 '기획'과 '서무' 부문에 있어서는 더욱 긴요하며 모든 '행사'를 추진함에 있어서는 면밀하고 입체적인 사전 점검이 필수다.

더욱이 공적 영역에서는 언제나 다양한 측면의 이해관계와 입장이 있을 수 있으며, 하나의 일이 전혀 다른 사건에 관계되고 예상하지 못한 반향으로 이어질 속성이 있다.

문제는 이러한 입체적인 접근이 누구나 잘 되지는 않는데다 특히 급박한 사정일 때는 더욱 경직되기 쉽다는 점이다.

19] 한국의 서머타임은 1987년과 1988년 2년간 각각 5월 둘째 일요일 오전 2시를 기해 시간을 한 시간(2시를 3시로) 앞당기고 10월 둘째 일요일 오전 3시에 다시 2시로 환원하는 방식을 취했다. 이렇게 하여 표준시 기준이 평소 동경 135도 선이다가 서머타임 때는 동경 150도 선으로 호주와 같게 되었고, 이에 따라 88 올림픽 게임 방송 시간대가 세계적으로 한 시간씩 앞당겨지게 된 적이 있다.

그러므로 세상의 사안은 다양하지만 주로 공통되는 착안점에 대해 평소 기본적인 인식훈련을 해두면 크게 도움이 될 수 있다.

그것은 무엇보다,

〈제도 · 관행 등을 변경할 때는 항상 반대 입장과 기득권을 고려한다.〉

〈문제도 해답도 오히려 익숙하고 쉬운 곳 예컨대 이웃이나 가까운 데 있다.〉

〈웬만하면 주변과 의논하고 자문을 구한다.〉

등일 것이다.

배나무에 앉았던 까마귀가 나무 아래 뱀이 있다는 것을 미리 알았더라면 오비이락(烏飛梨落)이란 말도 생기지 않았을지도 모른다.

11 위기에는 정도(正道)가 기본 : 5일 만에 물러난 부총리 사례

조직인으로서 누구에게나 일신상 위기가 닥칠 수 있다. 이 개인적 위기의 조짐은 있는 것일까?

집단뿐만 아니라 개인에 있어서도 굳이 '하인리히 법칙'(Heinrich's Law)[20]을 거론하지 않더라도 전조(前兆) 없이 오는 위기나 위험은 없다. 다만 개인이 그 조짐을 감지하지 못하거나 그 시기를 잘 알지 못할 뿐이다.

구름이 몰리면 비가 올 것을 아는 것처럼 위기 자체의 일반적 · 경험적 징후나 그 도래를 알 수 있는 유용한 방법 또는 장치는 아직 찾지 못했다. 그러한 예지력을 배양하는 문제는 아직은 개개인의 몫이 아닐까 생각된다.

다만, 통상적으로 위기의 인자(因子)가 배태될 수 있는 주의해야 할 상황은 분명히 인지할 수 있다.

첫째, 뭔가 '성취했을 때'를 주의해야 한다. 그 성취로 인해 '행복할 때'가 특히 위험한 때이므로 기쁨에 도취되지 말아야 한다. 나폴레옹은 "전

20] 미국의 보험회사 산업재해 관리 담당자 하인리히(H.W.Heinrich)가 발견했다는 법칙으로 큰 사고가 발생하기 전에 그보다 경미한 관련 징후들이 미리 발생한다는 것이다. 큰 사고, 중간 사고 및 작은 사고의 비율이 1:29:300이라고 한 바 있다.

투에 승리했을 때가 가장 위험한 때"라고 했다. 격언 호사다마(好事多魔)의 가르침과 다름없다.

둘째, 조직에 '심복이 생겼을 때'를 조심해야 한다. 심복이 생기면 조직 내 · 외의 정보를 보고해주기도 하므로 편리하고 기분도 좋게 된다.

그러나 이때부터 위기가 싹틀 수 있음을 주의해야 한다. 심복이 생기면 타 구성원의 질투를 야기할 수 있고 이로써 음해 따위도 생기게 된다.

동시에 그 심복 자신의 탐욕도 자라나게 되어 언젠가는 '믿는 도끼'가 될 수 있다. 이것이 소위 '비선실세'의 폐해에 해당되는 것이다.

셋째, '기분의 침체'(depression)를 경계해야 한다. 기분이 늘 좋을 수만은 없으며 또 일시적인 침체는 무방하나 며칠간 지속되는 것은 위험하다.

인간사회는 관계성(關係性)에 의해 돌아가는 것이므로 표정이 어두우면 어두운 정(精)이 몰려오고 기분이 침체되면 심신의 면역력이 떨어져 집행의 아이디어조차 생기지 않는다. 이로써 바이러스처럼 지나갈 수 있는 위기도 쉬 깃들게 될 수 있다. 그러므로 스스로 수시 점검하여 밝고 힘찬 기분을 유지하는 것이 중요하다.

다음으로 위기에 대비한 평소 관리방안은 어떤 것이 있는가? 무엇보다 어떤 상황에도 효율적으로 대처할 수 있는 평상시의 인프라 구축이 중요하다.

첫째, 항상 '정도'(正道)를 지킨다! 어떠한 위기도 정도를 부수지는 못한다.

2000년대 초 참여정부 청와대에서 고위공직 인사검증 업무를 수행할 때 교육 부총리 '인사파동'이 일어났다. 신임 부총리가 몇 가지 문제 때문에 세상이 시끄러워져 임명된 지 5일 만에 물러나자 사전 검증이 부실했는지 여부도 조사되었다.

그때가 하나의 위기였다. 그런데 담당 행정관이던 필자는 당초 검증에서 상당히 부정적인 요소들이 발견되어 '부적합'으로 보고했다. 임용하기 곤란하다고 건의한 것이다. 그러나 최고 윗선(대통령)에서 임명을 강행한 것으로 드러났다.

그 후 대통령이 직접 '잘못은 본인에게 있다'고 대국민 사과를 했고 인사 · 민정 두 수석만 대신 면직하는 것으로 정리되었다. 그 때 만약 윗선 눈치를 살피다가 '적합'으로 보고했었더라면 필자를 포함한 실무진 전원이 온전치 못했을 것이다.

둘째, 매사에 '용의주도'하여 위기를 예방한다! 어떤 일을 할 때 항상 그 '난이도와 위험성 잠복 여부'를 간파하고 처리하는 습관을 기르는 것이 좋다.

난이도가 높다고 반드시 위험성도 높은 것은 아니다. 대체로 대외적 영향력이 큰 소위 '영양가 있는' 일에 위험이 많은 법이니 유의해야 한다.

그리고 초윤장산(礎潤張傘)이라는 말처럼 '주춧돌이 젖어 있으면 우산을 준비'하듯 징조가 보이면 미리 대처하는 것이다.

셋째, 평소에 한 명 이상의 '멘토'(mentor)를 둔다! 조직 내 · 외에 멘토를 두는 것이 더 바람직하다.

스승 없는 선수가 어디 있겠는가. 언제나 겸손한 자세로 무엇이든 수시로 상담하고 지도받을 수 있는 사부(師父)가 필요하다.

그러면 막상 위기가 닥쳤을 때는 어떻게 할 것인가? 다양한 대처 방안이 있겠으나 일단 총론은 간명하다.

첫째, '나를 보호해 줄 수 있는 자'에게 즉시 보고한다! 차분히 상의하고 바로 해결에 착수해야 한다. 보호해 줄 수 있는 자란 주로 '직근 상급자'와 '멘토'이다.

둘째, '선치유 후규명'(先治癒 後糾明)이다! 화살이 몸에 박혔을 때는 우선 치료부터 하는 것이며 누가, 왜 쐈는지 등 그 원인은 추후에 따지는 법이다.

셋째, 인정할 것은 '인정'한다! 잘못된 부분은 솔직히 시인해야 한다. 워터게이트의 닉슨도 도청 자체보다는 거짓말과 비도덕적 대처가 더 치명적이었다. 참여정부의 부총리 파동도 대통령의 솔직함이 사태를 안정시켰다. 정직은 언제나 보물이다.

끝으로 가장 중요한 것은 위기 시의 '마음자세'이다. 위기든 기회든 '모든 것은 지나간다.'는 생각이 요긴하다.

슬픔도 기쁨도 불행도 행복도 내 앞에 멈춰 서 있는 것은 없다. 솔로몬의 다윗을 위한 불멸의 경구도 '이 또한 지나가리라.' 아니던가.

12 손상(損傷) 치유 : 땅에서 넘어진 자 땅을 짚고 일어선다

누구라도 조직생활을 하면서 심신뿐만 아니라 명예에도 '손상'이 가는 일이 발생할 수 있다.

수십 년의 세월을 살다보면 일상에서 개인적으로 알게 모르게 크고 작은 위법을 저지를 수 있듯이, 조직생활에서도 소관 업무와 관련하여 고의는 아니더라도 각종 과실을 범할 수 있다.

더러는 본인이 직접 통제하기 어려운 관리감독의 책임 등을 져야 할 때도 있다. 이에 따라 징계에 처해지거나 인사상 불이익을 받기도 한다.

조직인이면 누구나 언제든 이런 잠재적 위험을 안고 있다. 그 위험 관리가 제대로 되지 못했을 때에는 여러 형태의 인적 · 물적 사고로 연결되어 상당한 벌칙을 받을 수 있다.

심지어 치명상을 입고 조직에서 퇴출되는 경우도 있다. 만약 퇴출을 당하는 경우에 진정 '억울'하거나 '가혹'한 수준이라면 당연히 항변하고 필요시에는 쟁송절차까지 추진해야 한다.

그러나 그럴 정도가 아니라면 결연히 손을 털고 새 출발을 하는 것이 현명하다. 직업의 '절대가치'는 차별이 없기 때문이다. 세상의 무슨 일에도 진정성의 절대가치는 차이가 없다.

그런데 조직에서 퇴출되는 지경까지 아니지만 징계나 좌천 등 대 · 소의 '손상'을 입은 경우에는 어떻게 잘 치유를 할 것인가?

힘든 상황을 딛고 재기하여 성공적으로 조직생활을 마무리한 선배 · 동료들의 내력을 살펴 정리해보면 다음과 같은 특징이 있다.

그것은 응관(應觀) · 망각(忘却) · 보임(保任)이다.

첫째, '응관'이다. 손상을 입은 뒤 취해야 할 정공법적인 자세는 그 손상의 현장에서 도피하지 않는 것이다.

전략적 후퇴는 있을 수 있으되 마땅히 그 사건의 전말(顚末)을 '관'(觀)하여야 한다. 이는 단순히 바라보는 것이 아니라 그 일의 본질적 과정을 관조하고 적극 껴안는 것을 말한다.

그리하여 그에 직 · 간접으로 영향을 주었거나 관련된 사람들과도 마치 어떤 사안(事案)을 총괄 평가를 하듯이 가능한 한 조속히 정리하고 결산해야 한다. 이 결산에는 본인의 성찰과 향후의 행동방침을 소명하는 것 등이 포함된다.

이때 조직 밖의 힘 등을 동원해서 정리하려는 시도는 행위의 정당성 차원에서 바람직하지 못하다.

예컨대, 근무 태만을 사유로 징계 또는 경고를 받았거나 좌천을 당했다고 하자. 그 원인이 실질적인 근무 태만일 수도 있고 아니면 부서 운영체계의 오인에서 비롯된 것일 수도 있다.

어떻든 소정의 절차가 종료된 마당에는 불평이나 변명 등을 하는 것은 구차해진다. 수용 태도를 분명히 한 뒤 향후 소신을 밝히는 것이 정도다. 감성적인 부분까지 포함하여 그간의 오해를 청산해야 한다.

여기서 상급 조직이나 외부의 도움으로 "잘 챙겨주라"는 식의 정리는 좋지 않다. 오직 스스로 관계자들과 담대하게 매듭지어야 한다. 재기에 성공한 선배 · 동료들은 이렇게 하였다.

둘째, '망각'이다. 징계나 인사 절차가 종결된 다음에 반성하여 정리되고 매듭지어진 후 잊어버려야 한다.

상처 부위를 자꾸만 되새기고 있으면 나아가지 못한다. 조직 내 어떤 위치에서 일하든 그 사건은 잊어버려야 본연의 현재 직무에 몰입할 수 있다.

잊기 위해서라도 지금 업무에 전념하고 눈앞의 인간관계에 집중해야 한다. 재기에 성공한 조직인들은 모두 이처럼 했다.

셋째, '보임'이다. 상처의 추억을 내면화 내지 체화(體化)하는 것이다.

그 손상을 망각하되 완전히 지워버리지는 않으며, 손상을 시련으로 여기고 단련의 계기로 삼아 안으로 사무쳐 흡수함으로써 내공을 쌓아 승화시켜야 한다.

그리하여 본인 경력관리의 미래 동력으로 재활용해 나가야 한다. '고통 없이 얻는 것도 없다'(no pain, no gain)고 하지 않았던가! 재기에 성공한 자들도 이렇게 하였음이 틀림없다.

이러한 손상에 대한 일련의 정리 · 재활용 과정을 관통하는 원리는 '자주'(自主)다. 곧 수처작주(隨處作主)[21] 이다.

근본적으로 오로지 스스로 대처하고 갈무리하는 것이다. 그리고 해결책도 바로 그 현장에서 찾아내는 것이다. 본시 '땅에서 넘어진 자는 땅을 짚고 일어서는 법이다.'

21] 임제록(臨濟錄)에 나오는 구절로, '어떠한 상황에서도 주인이 되라 즉 주체적으로 살아라(隨處作主), 그러면 처하는 곳마다 참된 자리가 된다(立處皆眞).'고 했다.

제2장
인사(人事)의 근본 명제

"조직에서… 가장 조심해야 할 인물은 '멍부'형이다…
이보다 더 경계해야 할 존재가 있다.
'아무도 욕하지 않는 사람'이다.
유사시에는 조직은 죽어도 자신은 살아남는 자이다."

[24. 인물검증 : 조직인 유형, 그리고 아무도 욕하지 않는 자]

13 인사(人事)의 시작 : 따뜻한 가슴

인사는 가슴으로 하는 것이다. 인사(personnel management)는 인사(salutation)에서 시작된다. 인사(salutation)는 상대에 대한 인식을 전달하는 첫걸음이자 첫 베풂이다. 이 베풂은 '따뜻한 가슴'에서 비롯된다.

20세기 초 영국의 원조(元祖) 경제학자 마샬(A. Marshall)이 언급한 '차가운 머리'와 '따뜻한 가슴'(warm hearts)은 경제학의 인간 학문적 측면을 강조하고 경제의 대중 복지적 사명을 천명한 것이다.

동양에서도 원래 경세(經世)와 제민(濟民)이던 것을 합쳐서 줄인 말이 경제(經濟)가 되었다 한다(신동준, 2015 : 44~48). 여기서 '제민'은 마샬의 '따뜻한 가슴'론과 상통해 보인다. 이 따뜻한 가슴에서 베푸는 마음이 돋아나게 된다.

인사(salutation)에서 시작되는 인사(personnel management)도 기본적으로 베풂이요, 이 역시 '따뜻한 가슴'이 그 시작이다.

한(漢) 나라 경제(景帝) 시절의 조조(晁錯)는 법가 출신으로서 경제가 태자 시절부터 태자 교육관으로 봉직하여 요새 말로 실세였다.

문제(文帝)의 뒤를 이어 경제가 등극하자 그는 감찰 책임자인 어사대부(御史大夫)가 되었다. 중앙 집권적 왕권 강화와 국법질서 확립을 위해 제후들의 비리 등을 조사하여 그 영토들을 삭감하는 등 엄격한 법 집행으로 유명했다.

악명이 워낙 높아 그의 아버지가 간곡히 말렸으나 말을 듣지 아니했고 급기야 아버지가 자살까지 했음에도 누그러지지 않았다.

이처럼 냉혹한 법 집행에 대한 불만이 누적되어 오(吳)·초(楚) 등 7개 제후국의 합동 반란[22]이 일어나 전국이 다시 분할될 위기를 맞았다. 이 때문에 결국 그는 출근 도중 끌려가 처형당했다.[23] '따뜻한 가슴'이 없이 지나치게 혁신적인 법 집행은 과유불급이었다.

2008년 상반기에 정부 조직을 관리하는 H부가 관료조직의 중간관리 계층인 과장급 자리 40개를 감축한 적이 있다. 정부 감량경영의 솔선 실천 차원에서 자체 과장 정원의 약 24퍼센트를 하향 조정한 것이다.

이에 따라 40명의 현직 과장들이 일반 직원(평서기관)으로 사실상 강등을 당했다. 큰 조직이지만 이 정도 규모의 강임 조치는 조직 인사에 상당한 주름살을 가져오는 수준이다.

부처 내 민심이 뒤숭숭했고 강임된 당사자들의 불만은 심했다. 술이라도 한잔 한 밤에는 통곡하는 자도 있었다. 근무 중인 낮에도 가끔씩 우는 자가 있었다.

그들이 중견 공직자라서 노조의 힘을 빌릴 수도 없었고 대놓고 반대도 못했지만 심리적 반발은 컸다.

또한 사기가 위축되어 생산성 저하는 물론 그때 그 리더십에 대한 원망이 사무치고 있음을 목도한 바 있다. 그 감축의 여파가 해소되는 데 5

22] 한나라 초기인 B.C. 154년에 일어난 "오초 7국의 난"이며 발생한 지 3개월 만에 평정되었다. 이로써 경제(景帝) 다음 제 7대 무제(武帝) 때에 이르러 강력한 중앙집권 체제가 완성될 수 있었다.

23] 오초 7국의 난을 다스리기 위한 전략으로, 당시 태상(太常)이던 원앙(袁盎)이 난의 원인 제공자를 처벌해야 한다고 건의하여 황제인 경제가 지시한 것이었다. 조조는 결국 그가 충성을 바치던, 그를 총애하던 주군에 의해 죽임을 당했다.

년도 더 걸렸다.

'따뜻한 가슴' 없이 머리로만 추진된, 그 감축조치는 분명히 진정한 의미의 인사(personnel management)라고 할 수 없는 것이었다.

혁신은 '문제의 것'과 '변화에 적응하지 못하는 것'을 '바꾸는 일'이다. 한때 혁신을 넘어 골신(骨身)이란 말까지도 있었으나 오직 급격하게만 추진될 경우 이 '바꾸는' 목표는 진정 달성되기 어렵다.

혁신에는 언제나 저항이 생기게 마련이지만 변화에 적응하려면 순간적으로 동반되는 아픔은 밟고 넘어가야 하는 속성이 있다.

그러나 아무리 혁신이라 하더라도 한나라 조조의 법 집행처럼 지나침은 아니함만 못하다. 또 정원 감축 등 구조조정은 잘못이 없는 현직 '자연인'의 불이익 문제를 고려하지 않으면 성공하지 못한다.

개인의 위법 · 부당한 행위에 대한 처벌과 같은 적법한 제재 절차조차도 본인 수용하에 집행되지 않으면 저항이 죽지 않는다. 이러면 결국 리더십의 실패로 귀착될 수가 있다.

혁신은 그 유형이 어떠한 것이든 대부분 인사적 조치와 함께 추진된다. 특히 조직의 구조조정은 필시 인사행위를 수반하게 된다.

비록 엄중한 혁신적 상황이더라도 인사 조치는 인간에 대한 '따뜻한 가슴'에서 우러난 베풂의 기조에 따라 진행되어야 한다. 그렇게 하지 않으면 차가운 칼끝으로 정리되어 그 혁신은 성공할 수 없다.

언제나 인사(personnel management)는 인사(salutation)이고 인사(salutation)는 예의이다. 그리하여 이 예의는 '인간의 가슴'으로 철저하게 고뇌하는 바탕 위에 성립되는 것이다.

14 인사의 본령(1) : '잘못된 임용'을 안 하는 것

인사의 본령(本領)은 '잘못된 임용'을 안 하는 것이다. 흔히 말하듯, 우수 인재를 뽑아 적재적소에 배치하고 교육 훈련과 같은 자기 발전 기회를 균등히 부여하며 승진도 순조롭게 운용하는 등 '잘된 인사'가 중요하다.

그러나 더 중요한 일은 '문제인력'을 충원하거나 '불공정·특혜 인사'를 하는 것과 같은 '잘못된 임용' 내지 '잘못된 인사'를 하지 않는 것이다. 이것이 인사의 근본 명제이다.

이미 기원전 3세기에 장자(莊子)가 '천하를 다스리는 일은 말을 먹이는 일과 다르지 않다. 말에게 해로운 것(害馬者)을 제거해주는 것일 뿐이다.'[24] 라고 했고, 후일에 유안세(劉安世)는 진언집(盡言集)에서 무리를 해치는 말 즉 '해군지마(害群之馬)를 결코 가벼이 다루어서는 안 된다.'[25] 라고 했다.

여기서 말에게 해로운 것 또는 말을 해치는 일이란 잘못된 인사를 비

24] 장자(莊子) 잡편 서무귀(徐無鬼) 장에 나오는 말이다(夫爲天下者 亦奚以異乎牧馬者哉 亦去其害馬者而已矣).

25] 유안세는 송나라 학자이면서 관리로서, 그의 진언집 응조언사(應詔言事) 편에서 '파당을 지어 비방과 칭찬을 함부로 하는 것은 해군지마와 같은 것이니 어찌 가벼이 다루겠는가'(朋黨恣其毁譽 如害群之馬 豈宜輕議哉)라고 했다.

유한 것이다. 무리를 해치는 해군지마는 조직에서의 문제인력에 해당된다고 할 수 있다.

한편 이 근본 명제는 미국에서도, 미합중국 수립을 위한 1787년 헌법제정회의(Constitutional Convention) 당시부터 주된 관심이었다.

연방헌법 제정 시의 공직자 임용체계에 관한 논의는 정부에 최양질의 인력(the best-qualified people)이 임용되도록 하는 것이 아니라 임용의 오남용이나 부적절한 임용(appointment of unfit characters)을 방지하고자 하는 데 그 초점이 있었다.

왜냐하면, 잘된 임용으로 인한 국가적 이익 즉 정(正)의 효과보다 잘못된 임용으로 인한 국가적 손실 즉 부(負)의 효과가 훨씬 크다고 보았기 때문이다. 열 명의 천재가 이루어 놓은 공적을 단 한 명의 문제아가 다 무너뜨릴 수 있다는 것이다.

이러한 취지에서 미국 연방헌법(제2조 제2절 제2항)은 대통령의 공직자 임명권 행사를 상원(Senate)의 '권고와 동의'(advice and consent)라고 하는 방법으로 견제하도록 규정하게 되었다.

우선, '문제인력'이 임용되지 않도록 해야 하는 것은, 마치 보약을 아무리 많이 섭취해도 한 알의 독약으로 생체가 파괴되는 것처럼 우수 인력을 아무리 많이 기용해도 소수의 문제인력이 조직을 망칠 수 있기 때문이다.

또한 숱한 선행을 베풀다가도 한 번의 악행으로 인간관계가 끝나듯이 많은 업적을 쌓아 온 조직이 한 번의 인사 사고로 그 생존이 흔들릴 수도 있다. 우리 경험에서 보더라도 선열이 쌓아 온 업적들이 몇 안 되는 매국노에 의해 물거품이 되어버리는 것을 보았다.

이런 연유로 오늘날 주요 공직자의 임용 전에 '인사검증'을 하는 것이나 국회에서 인사청문회를 하는 것 등도 능력이나 전문성보다 도덕성이나 문제성 유무를 확인하는 데 그 주안점이 있다.

다음으로, '불공정 · 특혜 인사'라고 하는 것은 인사 기준이 부적절 · 불투명하거나 소수 구성원에게 특혜를 주는 등과 같은 인사를 말한다.

인사 기준이 확실하지 못하면 무엇보다 인사 자체에 대한 불신이 생기게 된다. 또 특혜 인사는 몇 사람 외에는 잘 모를 것 같지만, 조직 전체 세포에 기억되고 소수에 대한 다수의 무기력을 야기하여 조직 생명을 시들게 하는 독소가 된다.

2010년대 초 정부 F부처에 인사관리 실무 책임자로 부임해서 보니, 그동안 있어 온 일부 특혜 인사에 대해 모르는 직원이 없었다. 그들의 인사 불만은 그 부분에 대해 제일 컸음을 확인한 바 있다.

불공정 · 특혜 인사는 이처럼 인사에 대한 의심과 냉소를 낳아 조직을 차갑고 병들게 하며 인간조직에 암세포처럼 자리 잡는 것이다.

성과연봉 문제로 늘 시끄럽다. 본래 성과급 제도는 능률성 가치에 입각하여 무임 승차자(free riders)를 방지하고 조직 생산성을 향상하기 위해 고안되었다.

이는 역사적으로 19세기 후반에 발생된 능률증진 운동(efficiency movement)을 이어받아 테일러(F.W.Taylor)가 체계화한 과학적 관리론(Taylor System)에 그 뿌리가 있다. 과학적 관리론은 당초 공장 근로자의 요소동작(elementary motion) 분석에서 출발하여 발전되어 온 것이다.

성과주의 체제하에서는 성과를 어떻게 '측정'하는가에 제도의 성패가 달려 있다. 이 '성과의 측정'(measurement) 문제가 각국의 고민사항이 되어온 지도 이미 오래되었다.

더욱이 공공기관으로 갈수록 시장실패 영역이 많아지고 그에 따라 성과 측정도 더 어려워진다. 따라서 실적이나 성과의 측정 기준은 공 · 사 부문에서 직종과 여건에 따라 구체적 타당성이 있도록 융통성 있게 설정 · 운용되어야 한다.

'저성과자'도 넓게 보면 '문제인력'에 해당된다. 성과급 제도의 적용에 있어 지나치게 교조적(教條的)으로 접근하게 되면 자칫 측정 기준이 경직해져 불공정 급여로 이어질 수가 있다. 이 경우 오류에 의한 '저성과자'가 생기는 것이다.

이렇게 되면 문제인력 아닌 '문제인력'을 낳는 등 제도적 부작용이 초래된다. 이로써 또한 이중으로 '잘못된 인사'가 되는 것이다.

한 번씩 점검해보자. 내가 소속된 조직 · 사회 · 국가에 해군지마(害群之馬)는 없는가, 불공정 · 특혜 인사는 없는가, 그리고 나는 해군지마인가 익군지마(益群之馬)인가?

15 인사의 본령(2) : 해마(害馬) 처리의 딜레마

조직의 인사관리에서 '잘하는 인사'를 하는 것도 중요하나 근본적으로 '잘못하는 인사'를 하지 않는 것이 요체이다. 잘못하는 인사는 주로 '문제인력'을 기용하는 데서 비롯된다.

이 문제인력의 개념은 일찍이 「장자」(莊子)의 '말을 해친다'(害馬)는 비유에 그 연원이 있다. 나중에는 무리를 해치는 말인 해군지마(害群之馬) 또는 '해마'(害馬)라고 불려왔다.[26]

'해마'가 초원의 질서를 파괴하듯이 '인간 해마'는 가문에서부터 국가 조직에 이르기까지 사회 각 차원에서 해를 끼칠 수 있다. 그래서 예나 지금이나 이 '해마'를 잘 다스리는 것이 인사의 본령이다. 이를 잘 해야 유기체로서 역할하는 인간조직이 제대로 돌아가는 것이다.

그렇다면 '해마'는 어떤 말(馬)인가, 어떻게 식별할 것인가, 그리고 어떻게 처리해야 하는가?

우선, 어떤 말이 '해마'인가? 게으르거나 나약한 말인가, 부도덕하거나 질서를 깨는 말인가, 싸움질을 하거나 난폭한 말인가 …?

일단 '부도덕'한 말, '배신'하는 말, '질서 깨는' 말은 해마임이 분명하다.

26] 본서 "14. 인사의 본령(1) : '잘못된 임용'을 안 하는 것" 참조.

또 조직인의 유형 중 '멍부' 형[27] 도 해마에 해당된다. 사납거나 게으른 말도 해마인가? 그런데 사나운 말도 임자를 만나면 천하의 명마가 될 수 있다. 무섭게 날뛰던 용마(龍馬)가 항우의 '오추마'(烏騅馬)가 되어 최후까지 같이했다. 난폭하던 알렉산더의 명마 '부케팔로스'(Bucephalos)는 평생 주인을 모시다가 전사했다.

먼저, 임용될 후보자들 중에서 '해마'를 식별하는 현실적인 방법에는 어떤 것이 있나?

첫째, 기본적인 것으로 철저한 사전 검증(vetting process)이다. 역사를 보고 현재를 재단(裁斷)하듯이 인물의 행적을 보고 그 됨됨이를 평가하는 것이다. 여기서는 경력이나 전문성보다 '도덕성'과 '준법성' 검증에 더 초점을 두어야 한다. 인물 채용에서 포괄적 배경조사(full field background check)가 강조되는 것도 이 때문이다.

둘째, 면접을 심층화하는 것이다. 면접은 현재 모습을 보고 앞으로 일어날 긍정적 · 부정적 소지를 판단하는 평가방법이다.

이때도 긍정적인 면보다 '부정적 요소'를 더 잘 살펴야 한다. 오늘날 면접 절차가 다층화되고 인사청문회가 시행되는 것도 이 때문이다.

셋째, 시보(試補) 기간을 설정해 실질적인 관찰(probation)을 하는 것이다. 사전 검증이나 면접을 아무리 면밀히 하더라도 시간과 정보 수집의 제약 때문에 완전할 수 없다.

그러므로 시보임용 기간 중에 실제 활동을 평가하는 것이며 이는 수습(修習)보다 관찰 검증이란 측면이 더 중요하다. 상당 기간 관찰하면 아무리 위선에 능한 해마라도 한번 정도는 속성을 드러내게 마련이다.

다만 가능하다면 이제껏 온정주의 내지 '관대화'(leniency) 관행에 의

27] 본서 "24.인물 검증 : 조직인 유형, 그리고 아무도 욕하지 않는 자" 참조.

해 형식적으로 운영되어 온 것을 탈피하여 제도 본래의 취지대로 얼마나 잘 운영하느냐가 관건이다. 그러나 이 시보제도는 고위직의 경우와 같이 시보 적용이 곤란한 직위도 있다는 점이 한계이다.

다음으로, 이들 방법으로도 해마를 식별하지 못할 수 있고 또 임명 시에는 문제가 없다가 그 후에 해마로 변하는 경우도 있다. 재직자 중 해마를 찾아내는 방법과 발견 시의 조치방안은 있는가?

처음 들일 때 가려내지 못하면 나중에는 '호미로 막을 것을 가래로 막기도 어려운' 격이 되어버린다. 그러나 어렵지만 길은 있다. 오늘날 다양한 복무평정 수단 중 '다면평가'(360도 평가)가 가장 효과적인 것으로 알려져 있다.

그리고 조치방안은 그 절차가 법규에 있지 않으면, 사전에 '당사자 계약' 형태로 예컨대 '격리 · 교육－평가 · 처리'에 관해 합의에 의한 임용조건으로 설정해두는 것이 그나마 최선이다.

발견된 해마에 대해서는 지체 없이 조치방안을 강구해야 한다. 여기서 관리자의 용기와 결단과 고뇌하는 리더십이 절실하게 된다.

해마처리에 특효적인 '실용지침'(field manual)은 없다. 목동이 들을 살피듯 항상 통찰해야 하고 때로는 인내도 필요하다. '해마'를 '명마'로 '명마'를 '해마'로 착각하는 우를 범하면 관리자 자격이 없다.

지금까지 논의한 것은 주로 임명직 영역의 해마에 관한 이야기이다. 해마가 설치는 들판은 여기뿐만 아니다. 해마인지 명마인지도 알 수 없는 말들이 뽑혀서 편 갈라 싸움질하는 들판도 있다.

세상을 시끄럽게 하고 더럽히는 해마도 있다. 뻔히 보이지만 당장 어쩔 수 없는 해마도 있다. 다수에 의해 키워진 해마, 대중이 잘 모르고 칼 쥐여 준 해마도 있다. 이들은 어찌해야 하나?

16 인사의 본령(3) : 내 · 외의 악마 다스리기

인사라는 것은 아무나 그냥 한다고 되는 게 아니다. 제도적 기준에만 맞춰 하면 되는 것도 아니다. 진정 인사는 따뜻한 가슴으로 하는 것이다. 그렇지만 그것으로 다 되는 것도 아니다. 인간 존재의 내 · 외적인 '악마성'에 관한, 그리고 인간 사회의 잔인성에 대한 인식과 엄중함이 선행되지 않으면 완전하지 못하다.

인간 세계에 '악마'는 과연 있는가? 있다면 우리 사회에 어떤 형태로 존재하고 어떻게 작용하는가?

성경 말씀에까지 갈 것도 없이 악마의 대표는 사탄이다. 파우스트(Faust)가 유혹당해 계약을 맺은 형상화된 악마의 이름은 메피스토펠레스(Mephistopheles)이다. 그 메피스토펠레스는 실제 어디에 어떤 모습으로 있으며 어떤 힘에 의해 조정 · 통제되는 것일까?

종교적인 접근이 아니다. 인문 사회적으로 접근해 보자는 것이다. 한 예로, 히틀러가 정치 경력 초기에 정당 찬조연설을 하러 갔을 때 일이라고 한다. 그에게 처음으로 주어진 대중연설 기회였다. 앞 연사의 연설이 끝나기를 기다리는 동안 보통 사람들처럼 긴장이 되어 가슴이 두근거리고 손에 땀도 났다. 이윽고 본인 차례가 되어 연단에 오른 그는 스스로 놀랐다. 연설을 시작하면서부터 그때까지의 공포감은 사라지고 대중을 휘어잡아 열광시키는 자신의 힘을 확인했다. 그의 내면에서 잠자던 악마(?)가 깨어난 것일까? 이때부터 그는 웅변에 자신감을 얻고 본격적인 대중 선동가의 길을 걷게 되었다. 그래서 독재자가 되어 강한 독일을 기치로 전쟁까지 일으켰다. 죄 없는 무수한 생명을 죽이고 세상을 피로 물들이다가 자살했다. 현세 인류 역사상 광란의 비극 중 하나였다.

서양 사람들은 주로 비행기와 같은 정밀한 기계장치에 고장을 일으킨다고 하는 작은 악마를 '그렘린'(gremlin)이라고 한다. 작고 귀여운 악마로 표현되기도 하며, 영화로도 나왔던 것으로 기억된다. 제 2차 세계대전 중 어떤 군인이 밤에 그렘린이 격납고 위에서 놀고 있는 것을 봤다는 동화 같은 이야기도 있다. 이런 악마도 진짜로 있는 것일까?

인간 잔인의 극(極)은 어디일까? 한없이 몸서리쳐지는 인간사회의 잔인한 속성을 우리는 보아왔다.

고대 중국의 잔혹한 형벌들은 언급하기조차 끔찍하다. 그것들도 '통치'와 '다스림'의 이름으로 자행되었다. 춘추전국시대(戰國時代) 중국에서는 굶어죽지 않기 위해 사람이 사람을 잡아먹었다.[28] 어른들이 서로의 아이들을 바꿔서 잡아먹기도 했다. 징비록에도 전쟁의 참화 속에서 한양 도성 사람들이 사람 시체를 먹었다는 기록이 있다.

한(漢) 고조가 된 영웅 유방조차도 수수(睢水) 전투[29]에서 항우에게 패

28] 제(齊)나라 때 역아(易牙)란 자는 환공(桓公)의 요리사로서 환공이 사람고기를 먹어보지 않았다고 하자 자기 아들을 죽여 국을 끓여 바쳤다(사마천/김 창, 2011 : 110). 송나라 수도가 초나라에 의해 포위된 지 5개월이 지나자 성 안에 식량이 바닥나 아이들을 서로 바꿔 먹고 장작 대신 시체의 뼈를 말려 불을 때었다(사마천/김 창, 2011 : 258). 5호16국 시대 화북 전체가 심각한 가뭄에 이은 식량난으로 사람이 사람을 잡아먹고, 전쟁과 기아로 흉포해진 병사들이 궁녀들을 겁간하고 잡아먹기도 했다. 당나라 초기에도 10년간의 내전에 따른 기근으로 인육까지 먹어야 했다(백범흠, 2011 : 167~196).

29] 팽성 전투라고도 한다. 유방과 항우가 벌인 70여 번의 전투 중 유방이 가장 크게 패한 것으로 B.C. 205년에 유방이 초나라 수도 팽성(彭城)을 점거, 기고만장해 있다가 한나라 56만 대군이 항우 3만 별동대의 반격에 패퇴해 수수(睢水)라는 강에까지 내몰려 한꺼번에 10만 명이 수장된 대회전이다.

해 도망가다가 두 자식이 짐처럼 부담이 되자 자식은 또 낳으면 된다고 버렸다. 그러자 수행하던 하 후영이 천하를 도모하려고 하면서 자식을 버리면 만민이 따르지 않는다고 강하게 만류하여 다시 데려간 적이 있다.

아무리 고대사의 이야기이고 절박한 상황이었다 하더라도 자식이기 이전에 생명에 대한 인간의 인식이 이 정도일 수 있는가?

빛도 있고 어둠도 있다. 빛은 어둠을 보지 못하고 어둠은 빛을 보지 못한다. 그런데도 빛과 어둠은 같은 데 있다. 그러나 서로 공존하지 못한다. 이것은 적어도 절대적인 차원(dimension)의 문제이다.

선과 악도 이처럼 차원을 달리하되 같은 데 있으며 어느 순간 뒤바뀔 수가 있다. 우리 존재, 우리 사회 내 · 외에 웅크리고 있기도 할 '악마'는 유혹으로 드러날 수도 있고 '특혜'라는 달콤한 모습으로 얼굴을 내밀 때도 있다.

동시에 세상의 악마는 메피스토펠레스처럼 '계약'으로 다가오기도 하고 그렘린처럼 '정밀' 속에 숨어 갸웃거리기도 한다. 실로 악마는 종종 디테일 속에 있다(the devil is in the details).

그리하여 인간 역사가 가끔은 히틀러 악마의 경우와 같이 '다스림'(政治) 또는 '인사'라는 이름으로 '잔혹사'(殘酷史)가 되어버리는 경우도 있다.

그러므로 관리자는 언제나 조직 내부와 주위를 살피고 경청하되 자율적으로 조직을 '통할'(command and control)하지 않으면 '인사의 실패'로 이어질 수가 있다.

인간과 그 존엄에 대한, 그리고 인간사회 어딘가 스며 있을 수 있는 악마와 잔인성 따위에 대한 통찰이 필요하다. 설산(雪山) 같은 삼엄한 내공을 바탕으로 의연하게 인사를 해야 한다. 그리고 또한 디테일에 치밀하고 섬세해야 한다.

17 인사의 본령(4) : 사람 살리는 작업

인사는 사람을 먹이는 것이다. 고충을 해결해주는 일이다. 따뜻한 가슴으로 인간을 살리는 작업이어야 한다. 그래서 예부터 사람을 키우는 것이 종신지계(終身之計)[30] 중 제일이라고 했다.

이 일은 기본에 충실함에서부터 시작된다. 첫 직장이던 회사에서 인사 실무를 담당했다. 새 법인으로 발족한 지 일 년도 안 된 작은 조직이어서 임직원 급여 · 복무와 서무까지 담당했다.

그 시절 새내기 직원의 머릿속에 불똥이 튀듯이 각인된 개념 하나는 '보수 지급'의 엄정성이었다.

어느 달인가 월급날(25일)이 다가와 경리부에 시재금(時在金)을 확인하니 부족하다며 다음 날(26일)에야 가능하다고 했다. 나중에야 알았지만 경리부 선배 여직원이 직장 초년생을 놀린 얘기였다. 그래서 과장에게 월급을 하루 늦춰 지급하자고 했다가 혼이 난 적이 있다. 근로자에게 '임금은 생명선이다.'

조직이 망하지 않는 한 보수 지급에 차질이 생기면 안 된다. 날짜뿐만 아니라 그 시간까지도 정확히 지켜야 한다.

30] 관자(管子) 권수(權修) 편에 나오는 이야기로 삼수(三樹) 중 1년의 계획은 곡식 수확하는 것이 제일이고(一年之計莫如樹穀), 10년의 계획은 나무 가꾸는 것이 으뜸이며(十年之計莫如樹木), 평생 계획으로는 인재를 키우는 것이 제일이다(終身之計莫如樹人)라고 했다.

월급일이 형편에 따라 좀 유동적이어도 된다고 생각하는 조직인이 요즘도 있다. 공조직에서도 금액이 잘못되어 추징이나 환급되는 일도 더러 발생한다.

그러나 직원에 대한 급부는 경영자의 기본책임이며 이 급부인사는 사람을 살리는 근본 인사이므로 정확히 수행되어야 한다.

또 하나의 개념은 '채용의 엄중함'이었다. 신규법인이라 신입 공채 외에 경력자 채용도 수시로 이루어지고 있었다. 이때 중요한 것이 직급별 호봉 책정을 위한 경력평가였다.

호봉은 임용 직급과 동등 · 유사 또는 하위 경력에 대해 사규에서 정한 비율을 적용하여 부여하는 것이나, 판단이 애매한 경우가 많다. 이 때문에 호봉 책정위원회의 심의가 필요하다. 하지만 당시는 그런 체계도 없었고 신출내기인 필자나 윗선에서도 섬세하지 못했다.

어느 날 경력 채용자 한 사람이 본인 호봉이 잘못 책정되었다고 반발하며 사직도 불사하겠다고 했다. 애매하긴 했으나 이 또한 혼나면서 정정 발령을 한 적이 있다. 호봉 하나도 그렇게 중요한 인사였다.

그 후 공무원이 되어 중앙 인사업무를 담당할 때였다. 1990년대 초 범정부적인 '인사교류'를 실시했다. 인사교류는 중 · 하위직 위주로 개인의 고충처리와 발전을 위해 소속기관을 바꿔주는 인사이다.

오늘날 「나라일터」와 같은 통합 사이트가 있어 수시교류가 가능하나 그 당시는 어려웠다. 중앙 · 지방에 걸쳐 개인별 희망기관을 복수로 신청하면 직급 · 직렬 · 경력 · 전공 등 다양한 기준으로 분류(sorting)하고 인적 사정까지 고려하여 교류를 맺어주는 복잡한 작업이었다.

교류 신청한 2천5백 명을 대상으로 한 달간 작업해서 서로 조건이 맞는 5백 명을 교류시켰다. 기관 이동은 5백 명이지만 그 전출 · 입 기관들의 내부 인사와 연계되므로 전국에 수만 명이 인사이동을 했다.

한 사람이라도 오류가 생기면 그 연결된 교류 그룹 전체가 흐트러져 난처한 상황이 된다. 수차례 검증과 재확인을 거쳐 확정 · 발표했다.

문제는 교류 성립된 자 중 사정 변경이 있거나 뒤늦게 취소할 때 발생한다. 별 문제가 없자 간부들이 고생했다고 칭찬했다.

그런데 며칠 후 사무실에 한 젊은 아가씨가 왔다. 인천지역 교육행정기관 직원인데 경북 문경으로 교류 통보 받았으나 취소해달라고 했다.

교류 신청 당시는 약혼자가 문경 사람이어서 신청했으나 그간에 파혼이 되어버려 낯선 문경에 갈 수 없다는 게 이유였다.

사정은 딱했으나 이미 성립된 교류를 취소하면 앞뒤로 연결된 타인에게 피해를 주므로 불가능하다고 달랬다. 더욱이 연결된 공무원들 중에는 이미 이사 준비까지 착수한 사람도 있어 물리기도 곤란했다.

미리 취소하지 못한 것은 본인 귀책이었으나 그녀는 죽어도 갈 수 없다며 울고불고 주저앉았다. 조직 윗선에서도 사정을 알고 어떻게든 해결하라고 했다. 난감했다. 방법은 두 가지, 그 교류 그룹 10명을 모두 파기하거나 인천 교육행정기관이 한 사람을 추가로 떠안는 수밖에 없었다.

앞의 방법은 한 사람 때문에 다수 민원을 야기하는 것이다. 뒤의 방법은 기관만 감내하면 힘들어도 해결되는 것이다. 그런데 당시 워낙 공직감축이 심해 기관 입장은 한 사람의 과원(過員)도 인사 장애였으므로 쉽지 않았다. 후자를 택했다. 사람 하나 살리자고 인천에 통사정을 했다.

온갖 지원 약속까지 한 끝에 해결되었다. 그래서 그 인천기관은 그 직원을 잔류시키고 외부에서 한 사람을 추가 전입받은 것이다. 세월이 아득히 흐른 지금도 그때 그렇게라도 한 일이 아무래도 옳았다는 생각이다.

보수지급도 경력평가도 그리고 인사교류도 작아 보이지만 결코 작지 않는 기본 사항이다. 인사는 '사람 살리는 작업'임이 분명하다.

18 인사의 본령(5) : '떠날 때의 인사'를 잘 하는 것

작별은 아름다움을 품고 가는 것이다. 인사의 여러 타이밍 중에 시작할 때의 인사보다 마칠 때의 인사가 더 중요하고, 만날 때의 인사보다 '떠날 때의 인사'가 더 소중하다.

시작하거나 만날 때는 부족함이 있더라도 나중에 보정할 기회가 있지만 마치거나 떠난 경우에는 그 마지막 이미지가 남기 때문이다.

'떠난 자는 반드시 돌아온다'는 의미의 '거자필반'(去者必返)이라는 말도 있지만, 다시 돌아오기 때문에 서운하지 않게 잘 대접해서 보내라는 일차원적인 의미만 있는 것이 아니다. 인생 여정에서 만남은 헤어짐을 예고하고, 떠남은 공존했음을 전제로 하며 여기에는 또 재회의 원리가 깔려 있기 때문이다.

'떠날 때의 인사' 중에는 두 가지 차원이 있다. 즉 누구나 개인 '예의로서 하는 인사'(salutation)가 있고, 조직의 '인사권자로서 하는 인사'(personnel management)가 있다.

먼저, 전자 즉 개인 예절로서 하는 인사에서 떠날 때의 인사는 매우 중요하다.

1998년 영국 엑시터(Exeter)에서 유학을 마치고 떠나오던 날 기차역까지 와서 배웅하던 영국인 부부의 모습이 기억에 선하다. 역시 기차역까지 나온 집주인 아랍 사람 아메드(Ahmed)도 의리 있는 사람으로 기억되고 있다.

반면에 2년간 많은 신세를 진 세 명에게는 고별인사를 제대로 하지 못해 오랫동안 미안한 반성으로 남아있다.

이처럼 작별 시의 인사, 무엇이든 마무리할 때의 인사는 오래 기억에 남게 된다. 매일의 만남과 이별에서도 헤어지는 인사를 더 잘 해야 하고, 출근 시보다 퇴근 시의 인사를 더 잘 해야 한다.

특히 직장 상사가 어디론가 이동할 때나 떠날 때 승용차 밖에서 하는 작별인사를 잘 해야 한다. 아첨하자는 게 아니다. 그 인사는 예의와 충성도의 표식(表式)이 된다는 이야기다.

그리고 얻었을 때, 기쁠 때의 축하인사도 중요하나 잃었을 때, 슬플 때의 위로인사는 훨씬 더 의미가 크다.

다음으로, '인사권자가 하는 인사'에서도, 평소의 인사보다 조직원이 떠날 때 더 잘해주어야 한다. 특히 면직할 때의 조치는 오랫동안 기억되며 좋거나 나쁘거나 앙금으로 남게 된다. 조직의 '작별 인사'로서 성의 있는 환송식도 필요하다.

또한 불만 없는 인사는 없다. 채용 · 전보 · 승진 등 여하한 종류의 인사에서도 항상 '얻는 자'와 '잃는 자' 즉 '승자'와 '패자'(looser)가 있게 마련이다.

그래서 어떤 인사가 있고 난 뒤의 진정성 있는 '사후(事後) 설명'이 바로 '떠날 때의 인사' 내지 '사후 인사'의 요체이다. 이 '사후설명'은 인사를 투명하게 해주는 측면도 있지만, 그 인사에 불만 있는 '패자의 슬픔'에 대한 상당한 위로가 된다.

실제 이러한 '사후 인사'는 조직인 사기에 상당한 영향을 준다. 패자 개인의 상실감뿐만 아니라 조직 자체에 들어 있을 상처에 대한 치유적 의미도 있기 때문이다.

오래전 공직에서 첫 승진을 할 때 승진임명장 수여식에서 당시 S장관이 한 말이 지금도 생생하다. 그 요지는 이러하였다.

"승진을 축하한다. 그러나 오늘부터 여러분은 축하를 받는 대신 이번 승진에서 탈락한 동료들에게 술을 사주러 다녀라."

'떠날 때의 인사'는 작게는 매일 일과의 마침에서부터 크게는 오랜 직장생활의 퇴직이나 세상을 떠남에 이르기까지 다양하다.

한국 역사에서 조선시대까지는 오래 봉직하고 퇴임하는 관리에게 임금이 지팡이를 주어 보냈다. 미국은 장관들이 퇴직할 때 원하면 국무회의실의 본인 이름이 새겨진 의자를 그 값을 지불하고 가져가도록 하고 있다. 그만큼 그 직위 재직에 대한 의미를 부여해주는 것이다.

'떠날 때의 인사' 중 가장 장엄한 인사는 장례식이다. 미국의 장례식은 한국의 경우와는 비교가 안 될 정도로 엄중하다. 전 · 현직 대통령 등의 '국가장'(國家葬:state funeral)[31] 시에는 조기(弔旗)도 장례기간에 관계없이 미전역에서 30일간 게양된다.[32]

미국 대통령은 백악관에 들어가면서부터 본인의 장례절차를 작성하도록 되어 있다. 항상 마지막을 생각하면서 일하라는 취지로 생각된다. 재임 중 완성해야 하고 퇴임 후에도 수정은 할 수 있다.

원칙은 국가장으로 하도록 되어 있으나 본인과 유족의 뜻이 우선시되고 있다. 제 40대 레이건 대통령의 국가장 하관식은 본인 뜻에 따라 캘리포니아 시미밸리(Simi Valley)에 묻힐 때 석양에 트럼펫 연주 속에 장엄

31] 한국의 경우 종래 국장 · 국민장으로 나누어지던 것을 2011년에 국가장으로 단일화했다.

32] 미국의 국가장은 전 · 현직 대통령, 대통령 당선자 및 국가에 특별한 공적 있는 자로서 대통령이 지명하는 자가 사망했을 때 수행된다. 맥아더의 장례식도 국가장으로 치러졌다. 그 행사 주관은 한국의 경우 행정안전부인 것과 달리 미 국방부(DOD)이며 직접 실무는 워싱턴 방위사령부(MDW)가 맡는다. 조기 게양 방식도 한국과 달리 깃대의 중간(half-staff)에까지 내려 단다.

하게 이루어졌다. 워터게이트 주인공 닉슨의 장례는 유족의 뜻에 따라 가족장으로 초라하게 치러졌다.

항상 올 때보다 갈 때, 시작할 때보다 마칠 때, 만날 때보다 떠날 때, 성취했을 때보다 상실했을 때의 인사가 중요하다. 조직의 인사(personnel management)에서도 '작별인사'는 새로운 시작을 향한 아름다운 의식이 되어야 한다. 개인이나 인사권자나 떠날 때의 인사, 떠나보낼 때의 인사를 어떻게 할 것인지를 생각해야 한다.

떠나는 자는 깨끗이 떠나야 하고 떠나보내는 자는 아쉬운 듯 보내야 한다. 또한 최선을 다했다는 말도 그때 하는 것이다. 사랑한다는 말도 마지막에 하는 것이다.

19 사후(事後)인사의 위력 : "언젠가는 갚으려고 했다"

인사가 있고 난 뒤에 사후설명을 잘 해주면 인사 불만을 잠재우고 역으로 예상하지 못한 감동을 낳기도 한다.

인사관리 중 시간적 차원에서, 시작할 때 또는 만날 때의 인사보다 '마칠 때' 또는 '떠날 때'의 인사가, 득실 차원에서도 얻는 또는 기쁜 인사보다 '잃는' 또는 '슬픈' 인사가 더 중요하다. 이것이 인사의 근본이다

인사에는 상대적으로 '얻는 자'와 '잃는 자'가 있게 마련이다. 여기서 '잃은 자'에 대한 '사후설명'은 그 인사의 불가피함에 대한 논리적 해명을 넘어 '잃은 아픔'에 대한 하나의 효과적인 치유가 된다. 더 나아가 조직에 쌓였거나 쌓일 수 있는 오해의 소통작용도 한다.

그러므로 언제나 무언가를 성취한 측면보다 상실에 대한 배려를 어떻게 할 것인가를 숙고해야 한다. 비단 인사뿐만 아니라 어떤 일이든 그 처리 후의 '사후관리'는 고객에 대한 설명 차원에서도 매우 의미 있는 절차이다.

그런데 인사에서 흔히 '인사란 본래 모두 만족시킬 수 없는 것'이라는 명제에 안주함으로써 또는 다소 미안한 생각으로 '잃은 자'에 대한 '사후설명'이 없거나 간단한 위로 정도로 마무리되고 만다.

'따뜻한 가슴' 차원에서 볼 때 이것은 아니다. 모든 경우는 아니더라도

대부분은 자상하게 그것도 가능하면 개별적으로 설명해주는 것이 더 좋다. 실제로 '잃은 자에 대한 사후설명'은 얻은 자의 고마움보다 더 고마운 추억이 될 수 있기 때문이다.

상급기관에서 공직자 기강업무를 담당할 때의 일이다. 당시 중앙부처 A부 소속으로 모 처에 파견 근무 중이던 K국장의 문책을 처리할 일이 생겼다.

경위를 조사한 결과 실체적 진실의 측면에서 그 자신의 잘못이 미미한 사안임에도 혼자서 짊어진 점이 인정되었다. 그러나 절차적으로 일단 그가 문책을 수용할 수밖에 없는 것으로 정리되었다. 세상에 어쩔 수 없는 경우가 있듯이 묘하게 그렇게 된 것이다.

이에 아무리 엄중하게 보더라도 개인으로서 억울한 면이 있어 보여 인간적으로 미안한 생각이 들었다. 당시에 기강 행정관이 당사자를 찾아가 해명하는 일은 없었다. 그렇지만 며칠 후 조용히 찾아가 전후사정을 설명하고 도와주지 못해 진정 미안하다고 말했다.

그리고 그 후 5년여의 세월이 흘러 옛날의 일들이 기억조차 분명하지 아니한 때 지방자치단체 부단체장으로 근무하게 되었다.

지방에서는 중앙부처에 아쉬운 일이 한두 가지가 아니다. 마침 A부의 심의를 받아야 할 프로젝트가 하나 있었다. 절차가 꽤 까다롭고 어려운 일이었다. 어느 날 담당 팀장이 서울 출장신고를 하며 기대할 수 없으나 최선은 다하고 오겠다고 했다.

A부 조직도를 확인해 보니 그 K국장이 복귀하여 실장급으로 재직 중이었다. 출장 가면 그에게 들러 혹 기억은 못할지도 모르지만 그냥 안부나 전해라고 했다.

저녁 무렵 출장에서 복귀한 그 팀장 일행이 뛰듯이 들어왔다. 의외의 얘기를 했다. 안부에 반색을 하더라는 것이다. 그날 밤 그 팀장은 필자를 업고 춤을 추었다. 얼마 후 그 프로젝트는 통과되었다.

그 후 또 몇 년이 지나 공직에서 퇴직한 K씨를 다른 일로 만났다. 그 당시 억울했지만 직접 찾아와 말해 준 것이 매우 고마웠다고 했다.

'언젠가 한번은 갚으리라'는 생각을 품고 있던 중 출장자들이 안부를 전하자 출장 용무를 확인하고 보답할 기회는 이때라고 생각했다는 것이다.

승진 · 전보 등 주요 인사를 시행한 후 본인 희망대로 잘 안된 구성원들에 대한 자상한 설명은 실제 중요하다.

B부 소속의 인사실무 총책임자로 막 부임해갔을 때의 일이다. 부내 인사 중 부서 전보(전입이동) 기준을 엄격하게 설정해서 집행했다.

그로 인해 전입을 희망했으나 탈락된 사람이 상당수 있었다. 또 인사란 본래 그런 것이다. 그러나 좀 안되었다는 생각이 들어 총괄과장을 통해 일일이 간단히 설명하고 위로했다.

전혀 예상외의 반응이 내부 대화방에 뜨기 시작했다. 처음에는 탈락된데 불만이었으나 설명을 듣고 나자 불만이 사라졌다는 것이며, 모든 간부들이 이렇게 해줬으면 좋겠다는 등의 글들이 올라왔다.

이 또한 '잃은 자에 대한 '사후인사'로서 전혀 생각하지도 못했던 결과를 가져온 일종의 간접적 소통 사례이다.

바쁜 일상에 자칫 지나치기 쉽지만 한마디 '사후인사'가 이처럼 위력적이다. 뿌린 씨앗은 잊어지더라도 언젠가는 열매되어 돌아오게 되어있다. 일이 잘 안되었을 때나 실패했을 때일수록 진정성 있는 사후인사는 더욱 긴요한 것이다.

20 떠날 때의 인사(salutation) : 모두 내 편이 되게 한다

넓은 의미의 인사관리 중 사후(事後) 인사(personnel management)도 중요하지만 '사후 인사'(salutation)도 중요하다.

이 '사후 인사'(salutation)는 무엇인가를 시작할 때나 만날 때가 아니라 '마칠 때'나 '떠날 때' 하는 인사(salutation)를 말한다.

여기서 '떠날 때'의 개념을 좀 더 확장해 볼 필요가 있다. 크든 작든 어떤 행위를 마치고 헤어지는 경우 즉 식사 후, 업무보고 후, 간단한 미팅 후, 퇴근 시 등도 다 포함시켜 보는 것이다.

이들 경우에 자연스럽게 "잘 먹었습니다.", "수고하셨습니다."라든가 "내일 뵙겠습니다." 등으로 상호 간 작별인사를 하게 된다.

여기서 '상급자'가 떠나는 경우의 인사가 긴요하다. 예컨대, 상급자와 같이 식사하고 난 뒤 그 상급자가 차량으로 먼저 출발하는 경우라면 그 떠나는 차량 옆에서 깍듯이 인사해야 한다.

아부하라는 것이 아니라 '예의'를 표하라는 말이다. 예의를 표하고 안 하고는 개인의 선택이다. 혹 조폭 사회의 인사 같다는 생각으로 거부감이라도 든다면 그렇게 하지 않아도 된다는 의미이다.

왜냐하면 인사(salutation)를 잘해서 얻을 수 있는 후속 혜택을 포기하는 것도, 인사를 잘 못해서 받는 무례하다는 평가를 감수하는 것도 개인의 자유이기 때문이다.

윗사람이 차에 오르기 전에 작별의 인사를 했더라도 그 차가 출발하든지 말든지 딴 데를 보거나 먼저 떠나는 것은 예의가 아니다.

차량밖에서 인사해야 하는 이유는, 차 안에 있는 사람 십중팔구가 떠나면서 '밖을 내다보기 때문'이다. 이때 허리 굽혀 인사하는 부하와 돌아서 멀어져 가는 부하를 상사(上司)의 입장에서 비교해보라.

또 바라보는 제 3자의 눈도 있을 수 있다. 만약 그 차 안에 상사의 친구나 배우자가 같이 타고 있다고 생각해보라.

정확히 인사하는 부하와 등 돌려 떠나는 부하 각각으로부터 남들이 받는 인상도 분명히 다를 것이다. 그들이 내 상사에게 어떤 평가의 말을 할 수도 있다.

공직생활 25년쯤에 잠시 타 부처에 파견 근무 중일 때의 일이다. 대통령비서실 C수석이 업무 차 나왔다. 그리고 부처 간부들 대여섯 명과 함께 점심 식사를 하게 되었다.

식사 후 그 수석이 각자와 인사하고 승용차로 먼저 떠날 때 그 간부들은 식당 마당 한쪽에 서서 얘기하고 있었다. 필자는 혼자 마당 밖에서 떠나는 차량 옆에 서서 인사했다. 그는 여느 사람들처럼 창문을 조금 열어 답례하고 떠났다.

그 수석은 본래 그 부처 출신이어서 다른 간부들은 잘 알았지만 필자에 대해서는 잘 알지 못했다. 그 후 몇 달 지나 VIP(대통령) 집무실 옆방에서 C수석과 필자를 포함한 6~7명이 보고할 일이 생겼다. 보고회 말미에 그 수석이 VIP한테 필자 칭찬을 정색으로 했다. 흔한 일이 아니었다. 그 일 후에도 기회만 되면 필자가 고생 많다는 등으로 남다른 언급을 해줬다.

국제공항의 작별은 그야말로 하나의 각별한 순간이다. 배웅하는 자는 떠나는 자가 검색대를 통과해 옷매무새를 고치고 출국장 안쪽으로 사라질 때까지 손을 흔들어 주는 것이 감동 차원에서 중요하다.

워싱턴 대사관에서 근무하던 시절이다. 미국 출장 왔다가 한국으로 귀국하는 동료들을 비롯해 공항에서 일어나는 숱한 떠남과 배웅의 장면을 유심히 관찰해봤다. 떠나는 사람 대부분이 세 번 정도 뒤돌아보며 검색대를 지나고는 최종적으로 반드시 돌아보는 것을 보았다.

떠나면서 마지막으로 돌아볼 때 배웅하는 자가 아직도 손 흔들고 있는 경우와 배웅하던 자가 없어진 경우를 감성 차원에서 비교해보라.

멀리 떠나면서 인사 없이 가버린 부하에게 서운한 감정을 가진 경험도 있다. ○부에 근무할 때 꽤나 똑똑해서 남달리 아끼던 직원 중 하나가 정작 해외 근무를 나갈 때 온다 간다 신고도 없이 떠나버렸다.

그 당시 출국준비 과정에서 불가피한 사정이 있었으려니 생각했지만 솔직히 괘씸하다는 느낌마저 들었다. 이런 섭섭한 느낌은 친한 사이일수록 더 오래 가는 법이다.

회의 종료 후, 퇴근할 때, 어디론가 갈 때 등 무슨 일이든 마치거나 떠날 때 정중히 잘 하는 '사후 인사'(salutation)는 모두 내 편이 되게 한다.

또한 이 '떠날 때의 인사'는 조직 최고 관리자 앞에서 칭찬을 낳기도 하고 감성 어린 우정으로 기억되기도 한다.

21 섬기는 인사 : 보은으로 돌아온다

"나를 국사(國士)로 대우했으니 나도 국사로서 보답하려는 것이다." 중국 춘추전국시대 진(晉)나라 협객 예양(豫讓)이 자신을 국사처럼 잘 모셔주던 지백(智伯)이 죽자 그 원수를 갚는 과정에서 한 말이다.

공직 재직 시 ○부 기획조정실장으로 일하다가 원 소속 부처인 H부로 돌아와 정부의 인사실장에 재직할 때였다. 마침 국회의 모 상임위원회 소속 심의관(국장급) L씨가 유럽 A국 주재 대사관에 파견을 나가는 일이 추진되고 있었다.

그 일은 ○부와 H부가 어떻게 수용해 협조하느냐가 관건이었다. 파견 받기를 거부할 수 있고 또 파견 받더라도 그냥 '파견 직위'로만 운용할 수도 있고 정식으로 고위 외교관 직위를 주어 활용할 수도 있는 상황이었다.

물론 그 협의가 실무자의 재량에만 맡겨진 것은 아니며 어느 쪽으로 정해지든 상당한 논리와 설득이 필요했다.

어느 날 ○부 Y인사국장이 왔을 때,

"저 L씨 일을 잘 협조해줘라. 후일 국내에 복귀하면 국회 (○부를 담당하는)○○위원회 수석이 될 것이다."

라고 말해준 적이 있다. 그가 파견 중에는 을(乙) 입장이지만 나중에 갑(甲)이 될 수 있으므로 '있을 때 잘 해라'는 의미였다. Y국장은 다소 의아해 하면서도 적극 추진해서 일이 잘 마무리되었다.

L씨는 고마워하며 A국 대사관에 가서 고위 외교관으로 잘 근무하다가 2~3년 후에 복귀했다. 그리고 예견대로 국회 그 ○○위원회 수석보좌관이 되었다. ○부에 대한 갑(甲)이 된 것이다. 그 Y국장이 어느 날 필자를 찾아와 거의 감탄조로 물었다.

"이렇게 될 줄 어떻게 알았습니까?"

L씨가 그 위원회에 있는 동안 ○부와 하는 협조가 상당히 원만했다. 꼭 무슨 일을 부당하게 챙겨 주었다거나 잘못을 눈감아 주었다는 등의 얘기가 아니다. 같은 말 같은 일이라도 고마운 정을 깔고 하는 것과 무심하게 하는 것은 차이가 큰 법이다.

진정으로 잘 모셨으니 진정으로 돌아온 것이다. 몇 년이 지난 후 각자 다른 곳으로 영전해 옮겨 가서도 그 L씨와 Y국장 등은 필자와도 가끔씩 연락하며 친하게 만나고 있다. 비단 조직생활뿐만 아니라 인생은 이렇게 서로 성심으로 대하면서 친구가 되어 살아가는 것인가 보다.

또 예전에 별거는 아니지만 한 번은 전화로만 협조를 주고받은 적이 있다. 당시는 H부의 국장급으로 있을 때였다. 어느 날 모 경찰서 서장이란 자로부터 전화가 왔다. 말의 시작이,

"초면에 미안합니다만 부탁 하나 해도 되겠습니까?"

였다.

생면부지에 좀 당돌하다는 느낌도 들었으나 말해보라고 하고 들어보니 어려운 일도 아니어서 성의를 가지고 협조해주었다. 그러고는 까맣게 잊어버렸다. 그런데 몇 달쯤 지났을 때였다. 정말 생각지도 못했으나 하필 그 경찰서장한테 협조를 구할 일이 생겼다. 이번에는 필자가 전화해

서 그에게서 배운 그대로

"나도 초면에 미안합니다만 부탁 하나 합시다."

라고 해서 협조를 받은 적이 있다. 그 후로 그와는 공직을 마친 뒤에도 얼굴을 본 적이 없다.

모든 일에 굳이 인과관계를 따지지 않더라도 씨앗을 뿌려야 싹이 돋는 법이다. 그런데 싹은 내일 돋아나기도 하지만 바로 오늘 날 수도 있고 모레 날 수도 있다. 본인은 잊고 있더라도 어느 순간 다가오게 된다. 요는, 그 순간에 그것이 세상의 이치인 것을 알면 된다.

우리의 조직생활에서도 이와 같다. 꼭 품앗이 개념을 차용할 것까지도 없이 베푼 것은 언젠가는 보답이 되어 돌아오게 되어 있다.

특히 갑(甲)으로 있을 때 을(乙)을 잘 섬기면 감동까지 불러일으키게 된다. 인사를 하면서 섬기는 자세로 모시면 반드시 보은으로 돌아오는 것이다.

22 조직에 활력 주는 인사 : 칭찬! 아첨과 비교

인사의 출발은 따뜻한 가슴이다. 따뜻한 가슴은 인간의 동기 요인을 인간적으로 '인정'하고 같은 입장에 서서 '고뇌'하는 데서 생겨난다. 인사는 사람을 살리고 키우는 작업이다.

사람을 살리고 키우는 저비용 고효과적인 방법으로는 '칭찬'이 제일이다. 이 칭찬의 위력에 관한 사례는 많다. 칭찬은 고래만 춤추게 하는 게 아니다. 옛날 어느 산골에 자매가 나물 캐러 갔다가 호랑이 새끼를 발견했다. 그녀들은 귀여워서 "와, 이쁘다!"며 쓰다듬던 중 어미 호랑이가 나타나자 혼비백산하여 바구니 · 호미 다 버리고 도망쳐 집으로 왔다. 이튿날 아침 대문 앞에는 호랑이가 바구니 · 호미를 물어다 놨더라고 했다. 사나운 짐승 같은 존재도 그 자식 칭찬에는 약하다는 설화다.

칭찬은 잘한 것을 잘했다고 '말해주는 것', 좋은 것을 좋다고 '이야기 해주는 것' 그리고 있는 것을 있다고 '언급해주는 것'이다. 이처럼 칭찬은 '사실'에 기반을 두는 것이다. 결심이나 의지로 하는 것은 칭찬이 아니다(장경철, 2017, "칭찬과 행복").

그렇다면 칭찬의 핵은 '사실 그대로'를 '표현'하는 것이다. 이 점에서 칭찬은 아첨과 근본적으로 다르다. 칭찬과 아첨을 비교해보면,

먼저 '칭찬'은 '있는 사실에 대한 표현'이지만 '아첨'은 '없는 것을 있다'

고 하거나 있는 것이더라도 '과대포장'해서 표현하는 일종의 허위에 해당된다. 또 그 동기 면에서도 칭찬은 바라는 바가 없으나 아첨은 바라는 게 있다는 점에서도 서로 다르다.

그런데 칭찬과 아첨은 받는 사람 입장에서 볼 때 공통점이 하나 있다. 둘 다 대부분의 경우 처음에 들을 때는 기분이 좋다는 것이다. 이 점에서 둘이 혼동되며 아첨이 먹혀 들어가기도 하는 것이다. 여기에 위험이 도사리고 있다.

그러나 시간이 지나면서 그 기분이 칭찬의 경우에는 여전히 상쾌하지만 아첨인 경우는 불쾌해진다. 즉 칭찬은 처음에 향긋하고 나중에도 뒷맛이 개운하나 아첨은 처음에 달다가 나중에는 떫은맛이 느껴진다. 비유로 칭찬이 향차(香茶)라면 아첨은 탄산음료(炭酸飮料)이다. 그래서 칭찬은 심신에 이로운 기운을 상승시키지만 아첨은 해로운 기운을 주입하게 된다.

한편 주는 자 입장에서도 칭찬은 시종일관 기분이 좋지만 아첨은 처음에는 간지럽다가 나중에는 독과 칼을 만들게 한다.

아첨에도 일반적인 것이 있고 고차원적인 것이 있다. 일반 아첨은 '각하 시원하시겠습니다.', '선생은 민족의 등불이십니다.' 등과 같이 보통의 직설적인 표현이며, 고등 아첨은 반전(反轉)이나 역공(逆功)같은 것이다.

예컨대, 어떤 문제 대학에서 총장 퇴진 압박이 심해져 더는 버티기 힘든 상황이 라고 하자. 교수회의에서 모두 퇴진의 결단을 건의할 때 그중 한 교수가 강하게 퇴진을 반대하며 총장의 흔들림을 충고까지 한다면 이는 고등 아첨이 될 수 있다. 총장으로서 그 교수가 믿음직스러워지며 그 후부터 그의 말은 다 듣게 된다고 한다. 고등 아첨은 소신과 진정성이 있어 보이나 실로 위험한 것이다.

대체로 칭찬에는 청아한 메아리가 있으나 아첨에는 메아리가 없다. 그러나 아첨에도 메아리가 있는 경우가 있으며, 아첨하는 본인 자신도 진지할 수 있다.

그러나 칭찬인지 아첨인지는 그 하는 사람의 순간 표정을 보면 어느 정도 알 수가 있다. 눈만 웃거나 입만 웃는 경우도 순수하지 못하다.

감정에 충실한 자는 이목구비가 항상 함께 반응하는 법이다. 그래서 웃음 중에는 파안대소(破顔大笑)가 최고라는 것이다. 칭찬하는 자와 아첨하는 자의 얼굴에 비치는 웃음의 이면을 분간하는 것이 긴요하다.

칭찬은 사람을 신명나게 한다. 나아가 칭찬은 신(神)도 춤추게 한다. 신에 대한 칭찬이 바로 칭송 · 찬송 · 찬탄 등의 기도가 아니겠는가.

중요한 것은, 실생활 속에서 하는 '칭찬 실천'은 그냥 바라만 본다고 잘 되지 않는다는 점이다. 항상 상대방에게 관심을 가지고 의도적으로 칭찬거리가 없는지 살펴봐야 보이며, 보이면 '즉시' 칭찬을 해주는 습관이 중요하다.

23 활력 인사 '칭찬'의 방법 : 부하 칭찬, 상사 칭찬

칭찬은 좌절을 희망으로 바꿔주고 시들어가는 생명도 되살아나게 하는 힘이 있다. 부하의 심신에 활기를 불어넣고, 상사(上司)의 얼굴도 빛나게 한다.

칭찬 방법 중에 기본적으로 어떤 것들이 있는가? 그 이전에 어떤 칭찬이든 반드시 칭찬할 '사실'이 있어야 한다. 이는 칭찬의 소재이며 일상에서 사람에게 관심을 가져야 잘 보인다. 상대의 이름과 얼굴을 빨리 익히는 것도 주요한 기초가 된다.

우선, 칭찬론자들은 칭찬할 일이 생겼을 때 '즉시 칭찬'하라고 한다. 『칭찬은 고래도 춤추게 한다』라는 책에서는 칭찬 10계명으로 이외에도 '구체적으로 표현해 줄 것'과 가급적 '공개적으로 해줄 것'을 권고한다. 그리고 어떤 결과보다는 '과정'을 진실한 마음으로 칭찬해 주라고 하고 있다.[33]

또 '고래 반응'이라 하여, 부정적인 일을 지적해서 바로 잡으려고 하면 그 부정적인 일에 더 집중해버린다고 한다. 그래서 항상 긍정적인 일에 관심을 두고 부정적인 일은 무시하며 즉시 긍정적인 방향으로 유도하는 방

33] (칭찬 10계명) 1.칭찬할 일이 생겼을 때 즉시 칭찬하라. 2.잘한 점은 구체적으로 칭찬하라. 3.가능한 한 공개적으로 칭찬하라. 4.결과보다 과정을 칭찬하라. 5.사랑하는 사람을 대하듯 칭찬하라. 6.거짓 없이 진실한 마음으로 칭찬하라. 7.긍정적인 눈으로 보면 칭찬할 일이 보인다. 8.일이 잘 풀리지 않을 때 더욱 격려하라. 9.잘못된 일이 생기면 관심을 다른 방향으로 유도하라. 10.가끔씩 자기 자신을 칭찬하라.(블랜차드 외/조천제 역, 2014.)

식을 강조한다. 인간에게 잘못을 지적하면 순간 시정은 될지 몰라도 결국 별 개선이 없게 된다고 한다. 잘못은 빨리 긍정적으로 전환시켜주고 잘한 일은 바로 칭찬을 해주는 것이 핵심이 된다.

한편, 칭찬은 그 차원을 기준으로 '사실적 칭찬'과 '계시적(啓示的) 칭찬'으로도 구분된다(장경철, 2017, "칭찬과 행복"). 전자는 있는 사실을 그대로 즉 있는 것을 있다고 하거나 좋은 것을 좋다고 말해주는 것이다. 후자는 보다 고차원적으로 어떤 사실을 보고 장래 어떻게 될 것이라고, 일종의 예견적 언급을 해주는 것이다.

사실적 칭찬은 '잘한다', '이쁘다', '어떤 점에서 뛰어나다' 등 통상 하는 칭찬이다. 계시적 칭찬은 특히 자라나는 세대는 즉각적인 반응을 보인다. 아들이 고등학생일 때 어느 날 토플 시험의 성적이 많이 향상되자 이메일로 아버지에게 자랑을 한 적이 있다. 기특한 생각이 들어 이메일로

"잘 했다. 우리 아들! 너는 앞으로 정말 훌륭한 학생이 될 것이다."

라고 계시적 칭찬을 해주자, 평소에는 이메일 회신이 굼떴으나 이때만은 십분도 채 안 되어

"아빠도 앞으로 훌륭한 공무원이 될 것이다."라는 회신이 왔다.

이처럼 소년에 대한 칭찬은 '칭찬하는 것'을 가르치는 효력도 있다.

어린이에 대한 칭찬은 더욱 중요하다.[34] 특히 계시적 칭찬은 그 반향(return)이 즉시 나타나고 효과도 탁월하다. 칭찬하자! 특히 젊은 세대에 대해 틈틈이 계시적 칭찬을 실천해보자!

조직에서 실의에 빠진 부하를 칭찬으로 되살아나게 해본 적이 있다. 국

34] 아이들에게 결과에 대해 칭찬을 하면 다음에도 잘 해야 된다는 부담을 느끼거나 교만해지거나, 남의 질투를 유발하는 등의 부작용을 낳는다는 소위 '독이 되는 칭찬론'도 있으나, 이에 대해 일상의 잦은 비판에 비해 칭찬은 너무나 적으므로 "칭찬의 과잉은 없다."고 주장하는 견해가 있다(김범준, 2013).

장급 시절에 작은 팀을 데리고 일하는 소위 한직에 재직할 때였다.

부임 첫날부터 팀장인 여직원이 무기력하고 소침해보였다. 아침 회의 때도 귀찮은 듯 시간만 때우는 모습이었다. 무슨 이런 팀장이 다 있나 싶었다. 알고 보니 얼마 전 조직개편에 따라 주요 과장직에서 그 팀장으로 강임을 당해 불만이 심했다. 말이 팀장이지 평직원이나 다름없고 업무의욕이 바닥이었다.

그 상태를 해소할 실제적 방법은 직위 원상회복이었지만, 당시 현실은 불가능했다. 본래는 밝은 인력인 것 같았다. 근무태도를 시정하려다가 미국에서 들은 어떤 목사의 칭찬에 관한 설교가 떠올랐다. 사기를 살리는 방안을 택했다.

아침마다 그 팀장의 모습을 '관찰'했다. 조금이라도 좋아 보이는 점이 있거나 옷이라도 어울리면 '바로 칭찬'을 했다. 자체 회의 때는 재미있는 이야기도 동원했다. 부하의 눈치를 보며 지낸 시간들이었을지도 모른다.

칭찬하기를 보름도 안 되어 그는 점점 밝아지고 말도 많아지기 시작했다. 회의 때 아이디어도 냈다. 머릿속에 웅크리고 있던 업무 지식들이 줄지어 나오는 듯했다. 회의에 다른 부서의 강임된 직원까지 끌어들였다. 그는 활기와 열의를 되찾았고, 그 후 보직 변경과 요직도 거쳐 어엿한 중앙부처 국장이 되었다. 신상 변화가 있을 때는 신고 · 상담하며 필자를 '애비'라 불렀다.

단 한 번의 칭찬으로 그 효과가 5년간 지속됐던 사례도 있다. 부처 실장으로 재직하던 어느 가을날 VIP(대통령)의 야외 자전거 행사가 있었다.

이른 아침 그 행사 요원인 부하직원이 운전하는 차로 행사장에 가던 길이었다. 그는 평소 접할 기회가 거의 없던 실무자였다. 기민하게 타 직원과 연락하는 것을 보고 "… 참 잘 한다."고 칭찬해 줬다. 그 때문인지 그 직원은 그 후 몇 년이 지나면서도 수시로 힘찬 안부 문자 메시지를 보내

왔으며 일이 있을 때는 자문을 구해왔다.

한편, 칭찬은 보통 위에서 아래로 하는 것으로 인식되기 쉽다. 그러나 위로는 아첨도 곧잘 먹히는 것을 보면 윗사람도 칭찬에 목말라 있음이 틀림없다. 『칭찬은 바보도 천재로 만든다』라는 책은 '위로 올라갈수록 칭찬 받을 기회가 없어지며, 모든 상사는 칭찬에 굶주려 있다'고 단언한다. 상사에게 '보고 · 연락 · 상담 그 다음에 칭찬'이 약이라는 것이다(스미스, 2016 : 153–154).

작심하고 윗사람 칭찬을 해본 적이 있다. 실무급 책임자로 파견 가서 K장관을 모시던 시절이다. 중앙부처 장(長)들은 국회 관련 업무가 중요 일과 중의 하나이다. 국회에 같이 갔다 오는 차 안에서나 집무실에 복귀하자마자 바로 그날의 일들 중 잘된 것을 정리해 말해주었다.

또 부처 혁신업무 중 직원들의 반응을 집중적으로 보고했고 잘된 점도 수시 보고했다. 부임 시 굳어 있던 그의 얼굴이 점점 밝아짐을 실감했다. 그러던 어느 날 원 소속 부처 M장관 방에 들렀을 때 들은 말은

"K장관이 당신을 엄청 신뢰하고 있던데! …"

상급자일수록 통솔 범위가 넓어 일에 더 지치기 쉽다. 유사시나 개혁 상황에서는 더 그렇다. 신(神)도 칭찬하는데 윗사람 칭찬을 못하겠는가! 칭찬은 상사의 피로를 덜어준다. 이로써 상사 칭찬은 조직 전체를 밝고 건강하게 하는 효과까지 있다.

위의 책에서는 다만 상사를 칭찬할 때는 칭찬거리를 정확히 그리고 상사의 '능력'보다 그로부터 받은 '혜택' 위주로 하도록 권고한다. 왜냐하면 자칫 상사를 '평가'하는 것으로 비칠 경우 무례하다는 느낌을 줄 수 있기 때문이다.[35]

35] 또 이 책에서는 4가지 인간 유형(ET:외향적 사고형, EF:외향적 감정형, IF: 내성적 감정형, IT: 내성적 사고형)별로 효과적인 칭찬 방법을 제시하고 있다(스미스, 2016 : 35–49).

24 인물 검증 : 조직인 유형, 그리고 아무도 욕하지 않는 자

공 · 사 조직에 인력을 채용하고 활용하기 위해서는 우선 그 후보가 될 인물이 당해 조직에 필요한 전문성과 역량 등을 보유하고 있는지에 대한 평가 즉 '능력 검증'이 필요하다.

이는 그 인물의 '쓸모'에 관한 검증이다. 이 쓸모가 소정의 요건에 맞는 수준이면 그 다음에는 쓸모의 고도성보다 성실성과 같은 '됨됨이'가 더 중요하다.

이 '됨됨이'에 대한 평가를 보통 '인물 검증'이라고 한다. 현실적으로 넓은 의미에서는 능력 검증도 이 과정에 포함될 수 있다.

인물 검증을 하다보면 조직인으로서 개인별 '스타일'이 다음과 같이 유형화 될 수 있다.

우선, 조직 리더(leader)의 유형에는 과업을 전략적으로 관리해가는 지장(智將)형, 문제를 덕으로 해결해 나가는 덕장(德將)형, 난제를 돌파해 나가는 용장(勇將)형, 조직 목표나 구성원들의 동기요인도 파악하지 못하는 우군(愚君)형, 그 자신 무임승차자(free rider)와 같은 방임(放任)형, 능력보다 운이 좋은 운장(運將)형, 부하를 쥐어짜서 위로 충성하는 변사또형 등이 있다.

그 다음으로, 조직 팔로우어(follower)의 유형에는 매사에 전력을 다

하는 충신(忠臣)형, 무슨 일이든 앞장서는 전사(戰士)형, 대외협상 등에서 소질을 발휘하는 싸움닭형, 일 자체보다 환심 사는 데 치중하는 전천후 살살이(阿諂)형, 지조 없이 이익 등을 좇아 갈팡질팡하는 좌고우면(左顧右眄)형, 편한 일은 하고 힘든 일은 피하는 감탄고토(甘呑苦吐)형, 겉으로 동조하나 속으로 배신하는 면종복배(面從腹背)형, 말에 충성이 있어 보이나 속에는 적의(敵意)가 도사리고 있는 구밀복검(口蜜腹劍)형 등이 있다.

이처럼 조직인 유형이 개념적으로 분류될 수 있지만, 실제 어떤 사람이 어느 유형에 속하는지를 판단하는 것은 어렵다. 직접 언행을 관찰하는 방법이 가장 정확하겠으나 채용된 후에 근원적인 평가를 하는 것은 이미 때늦은 일이다.

그래서 정규로 임용하기 전에 인턴이나 시보(probation) 기간을 두어 개인 능력을 포함한 '됨됨이'를 관찰하기도 한다. 이 또한 고위 또는 정무직 등 시보제도 적용이 곤란한 직위도 있고, 조직에 따라 현실 여건이 용이하지 않을 수 있다.

따라서 조직 리더 등 상층부 인력을 임용하는 경우에는 후보자에 대해 미리 '인물 검증'을 가능한 한 철저히 하는 수밖에 없다.

이 미리 알아보는 검증 절차(vetting process)의 보편적인 수단은 과거의 행적을 살핌으로써 현재 · 미래를 판단하는 것이다.

여기서 특정인의 행적 자료를 어떻게 확보하느냐 하는 것이 중요하다. 통상 후보자 본인으로 하여금 '개인자료 진술서'(personal data statement:PDS)[36] 라는 것을 작성, 제출받아 검토하는 것이 기본이다.

나아가 경력, 대인관계, 재산 및 그 형성과정 등 배경조사(background

36] 미국 연방정부의 공직임용 후보자를 대상으로 백악관이 맨 먼저 제출받는 기본서식으로서 경력사항, 교우관계, 가족관계, 세금 · 금융 등 분야 위법 여부, 건강 관련 사항 등 총 23개 문항으로 되어 있다. 이를 토대로 한 심사에서 문제가 없으면 다음 단계는 FBI를 통해 포괄적 배경조사(full field investigation)를 한다. 이를 위해 230여 개 항목을 작성, 제출하도록 하고 있다. 한국은 청와대에서 당사자로부터 '고위공직 예비후보자 사전질문서' 180여 개 항목을 작성, 제출받고 있다.

check)를 하는 것이다. 다만 이 과정은 인권과도 직결되므로 정당성 차원에서 고도의 윤리적 접근체제가 요구된다.[37]

물론 면접(interview)이 병행되기도 하지만 인간을 외형이나 관상(觀相) 등으로 판단하는 것은 불완전한 측면이 있다.

관상에 드러나지 않는 인간 내면의 이념이나 가치 등도 있고 그 처한 시간과 상황에 따라 인물의 용처는 얼마든지 다양해질 수 있다. 관상 차원에서 '쥐의 눈'을 가졌다 하더라도 그로써 개인의 전반을 평가하는 것은 곤란하다.

한편, 인물을 단순하게 스타일이 아닌 그 '역량과 성향'을 조합해서 분류해 볼 수도 있다.

우선 똑똑(총명)하고 부지런한'(똑부 또는 총부) 형이 있다. 이 유형은 참모나 비서 또는 하위 기획자로서 적합하나 리더로서 곤란한 면이 있다. 왜냐하면 쉽게 자만해지고 조직 전체를 피곤하게 하는 주역으로 현대 '발전조직'에는 별로 도움이 되지 못하기 때문이다.

반대로 '똑똑(총명)하고 게으른'(똑게 또는 총게) 유형이 있다. 이런 자는 리더로서는 최적이다. 참모나 비서, 실무직으로는 부적합한 반면에 발전조직에는 키잡이로서 적합할 수 있다.

또한 '멍청(우둔)하고 부지런한'(멍부 또는 우부) 자가 있을 수 있다. 이런 유형은 자칫 조직과 사회, 나아가 나라에까지 앞장서 해를 끼치는 무모한 전사가 될 수 있으므로 없는 것만 못하다. 우직 · 성실한 것은 좋으나 어두운 것은 용납될 수 없다.

끝으로 '멍청(우둔)하고 게으른'(멍게 또는 우게) 유형은 조직에 무해무익하다고 할 수가 있으며 앞의 '멍부'보다는 차라리 낫다.

37] 후보자 본인으로부터 그 가족까지 포함한 개인의 정보를 수집하기 위해서는 '개인정보제공 동의서'를 먼저 제출받는 것이 필요하다.

그러므로 이 네 가지 유형 중 대 · 소 조직에서 사람을 채용할 때나 주요 임무를 부여할 때 가장 조심해야 할 인물은 '멍부'형이다.

그런데 인사를 생각할 때 이보다 더 경계해야 할 존재가 있다. '아무도 욕하지 않는 사람'이다. 모두 좋게만 말할 뿐 비판 받지않는 자는 요직에 기용하면 안 된다. 흐르는 물도 소리 날 때가 있는 법이다. 완전한 인간이 어디 있겠는가! 이런 유형은 온갖 상황에도 줏대 없이 아세(阿世)해 왔기 십상이다. 그래서 큰 사고는 없지만 큰 발전도 없는 반면 일단 유사시에는 조직은 죽어도 자신은 살아남는 자이다.

25 인력의 배치활용 : 적재적소가 생명

"그대가 볼 때 나는 얼마의 병력을 거느릴 수 있겠는가?" 한고조 유방(劉邦)이 옥에 갇힌 장군 한신(韓信)에게 물었다. "십만 정도일 것입니다."라고 한신이 대답했다.

"그러면 그대는?"이라고 유방이 다시 묻자

"저는 백만을 움직일 수 있습니다."라고 한신이 말했다.

이에 유방이 또

"그런데 왜 나한테 잡혀 있는가?"라고 하니 한신이

"저는 병사를 부리는 데 능한 '병사들의 장수'요, 폐하는 장수를 다스리는 데 능한 '장수들의 장수'입니다."라고 했다고 한다.

조직에서 일반 구성원들을 리드하는 간부가 있고 그 간부들을 지휘하는 관리자가 있다. 또한 기획에 능한 자가 있는가 하면 집행에 능한 자가 있다. 한 사람이 실로 만능일 수는 없다. 각자의 소질에 맞는 일을 맡기는 것이 '적재적소'이다.

인물의 스타일은, 가치 및 행동지향별로 리더의 유형에 지장 · 덕장 · 용장형 등이 있고 팔로우어(follower)의 유형에는 충신 · 전사 · 싸움닭형 등이 있으며, 총역량별로는 똑부(총부) · 똑게(총게) · 멍부(우부) · 멍

게(우게)로 분류될 수 있다.[38]

이는 인력 채용 시 검증을 할 때뿐만 아니라 기존 재직자의 인적인 평가를 할 때도 적용될 수 있는 유형 분류라 할 수 있다.

이제는, 인력의 적재적소 배치를 위한 용처(用處) 기준으로 보자면 일단 '기획형' · '행동형'으로 대별할 수 있다. 또 활동 지향에 따라 '내근형' · '섭외형' · '지휘형' · '실무형' · '무위도식형' 등으로 나눌 수도 있다. 이 분류는 신규 인력의 배치나 재직자 전보 시에 유용할 수 있다.

'기획형'은 치밀하고 입체적인 사고와 분석력으로 보고서 작성에도 능한 유형이다. 제도나 정책 · 시책 등을 담당하는 데 적합하다.

이에 비해 '행동형'은 제도나 정책 등 이론과 논리를 요하는 분야에는 서툴지만 행사나 의전 등 집행기능에 맞는 스타일이다.

정부에서 '행동형' 성향을 뚜렷이 보이는 직원들을 직접 본 적이 있다. 연금제도 담당 부서에서 일하던 K ** 주무관은 논리가 무디고 민원에 대한 답변 처리에도 쩔쩔맸다. 그러나 공무원 고시 집행업무 부서로 발령이 나자 펄펄 날았다. 얼굴에 빛이 났고 행동까지 치밀해져 적재적소의 중요함을 실감한 바 있다.

또 인사제도 부서의 G ** 서기관은 간단한 정책 보고서 한 장도 꼭 부하 직원을 대동하고 와서 보고했다. 그만큼 논리에 자신이 없고 정리되지 않음이 눈에 띌 정도였다. 그러다가 행사 · 의전 부서로 배치되어 가서 탁월한 수행력과 완벽성까지도 보여주었다.

학력이 좋거나 어려운 채용시험을 거쳤다고 모두 기획형인 것은 아니다. 기획부서 직원이 행동형으로 판단되면 조속히 집행부서로 옮겨줘야

38] 본서 "24. 인물 검증 : 조직인 유형, 그리고 아무도 욕하지 않는 자" 참조.

하며, 그 반대인 경우에도 마찬가지이다.

'내근형'은 활동적이기보다 차분하여 소위 안살림하기에 적합한 유형으로 후술하는 실무형과 유사하다. '섭외형'은 교섭력이 좋은 스타일로서 대외협력 분야나 영업부서에 적합하다. 그 특징이 행동형과 유사한 면이 있으나 배려 등 매너 면에서 차이가 있다.

C ** 과장은 학벌 좋은 고시 출신인데도 기획 분야에서 거의 무기력한 모습을 보였다. 그러나 국제행사 조직의 대외협력 팀에 파견되어 혁혁한 공을 세운 바 있다.

'지휘형'은 사안의 핵심과 맥을 잘 짚고 결단력이 있는 유형이다. 조직 상층부에 배치되면 그 참모와 중간관리자의 통솔에 능하다. 치밀하거나 꼼꼼한 기획적 지휘형도 있다.

그러나 이 중에 평소 모든 일을 직접 챙기는 자, 일단 유사시에 앞장서 책임질 줄 모르는 자 또는 덤벙거리는 스타일은 지휘자라고 할 수 없다.

'실무형'은 큰 안목이나 비전은 없으나 일상 업무를 성실하게 처리하는 유형이다. 전문성이 있고 집행기능의 보조자로서 적합하나 연공서열 등에 의해 직위가 올라가면 조직 발전에 별로 도움 되지 않는다.

이 유형의 인력이 그 역량을 최대한 발휘하도록 하려면 정부에 도입된 전문경력관[39] 제도와 같은 별도의 자아발전 트랙(track)을 설정해주는 것이 좋다.

'무위도식형'은, 실무형이 업무 자존심이 있고 조직에서 제 몫을 하는 데 비해, 뚜렷한 존재감도 없이 떠돌 듯 지내는 부류이다. 일종의 무임승

39] 일반직 공무원 중 순환보직이 곤란하거나 장기재직이 필요한 특수 업무 분야에 종사하는 공무원으로 가 · 나 · 다 3개 군으로 구분 임용된다(국가공무원법 제 4조 제 2항 및 대통령령 전문경력관 규정).

차자(free rider)로서 집단에 따라 약 20퍼센트까지 된다는 분석도 있다.

이들은 모두 조직 세포를 형성하고 유지하는 데 필요하다. 무위도식형 조차도 조직에서 인체의 림프샘과 같은 기능을 할 수가 있다.

또 게으른 자도 쓸 데가 있다. 옛말에 담을 짜는 일에는 게으른 자가 적격이라고 했다. 천천히 짠 담이 튼튼하기 때문이다.

이외에 숲의 독버섯처럼 조직을 해치는 '해마(害馬)형'이 있다.[40] 물론 이런 구성원이 없는 데도 있으나 큰 조직에는 꼭 몇 명씩 있다. 이 유형은 필요가 없으며 그 처리에는 인내심을 요한다.

40] 본서 "14. 인사의 본령(1) : '잘못된 임용'을 안 하는 것" 및 "15. 인사의 본령(2) : 해마(害馬) 처리의 딜레마" 참조.

26 확장 인사 : 파견 근무가 필요한 까닭

어떠한 환경 변화에도 완벽하게 대응하는 조직은 없다. 그래서 무역하는 데 경제 주체 간에 서로 '비교우위'(比較優位)에 있는 상품을 교환하듯이 개별 조직도 특정한 환경적 수요나 임무에 효과적으로 부응하기 위해 그 분야에 비교 우위적인 유관조직으로부터 필요한 인력을 지원받는 경우가 있다.

또 어떤 조직은 그 구성원으로 하여금 다른 조직에 가서 일정 기간 특정한 임무를 수행하고 오도록 하는 경우도 있다.

이런 일들을 위한 인사가 파견이며 이는 조직기능을 보완 · 발전시키는 데 유효한 '확장 인사' 방법의 하나이다. 일본은 출향(出鄕), 미국은 디테일(detail ; dispatch)이라 하여 유사한 제도가 있다.

이 파견은 인력을 보내는 조직과 인력을 받아서 활용하는 조직이 있고 상호 파견인 경우도 있다. 상호 파견은 실제에서는 교환근무, 인사교류 등의 개념에 포함되어 시행되기도 한다.

인력을 보내되 아예 다른 조직으로 '소속(적 : 籍)'을 옮기는 '전 · 출입'과 달리 '파견'은 돌아올 것을 전제로 보내는 것이므로 항상 파견 기간을 정해 발령한다.

그런데 현실에서 발령은 기간 없이 전 · 출입 형태로 하되 내면은 일정 기간 후에 돌아올 것을 전제로 보내는 경우가 있다. 이것은 인사실무에서 말하는 소위 '위장전입'이라고 부르는 것이다.

파견을 보낸 뒤의 그 후임은 채우지 않는 것이 원형이다. 그러나 실제는 원활한 인력 운영을 위해 법령에서 일정 기간 이상 비교적 장기간 파견에는 '별도'로 '정원(定員)'이 있는 것으로 보아 후임 충원을 허용한다.

파견 업무에서 중요한 것은 파견자를 선정하는 기준이다. 우선 파견받을 조직에서 맡을 직무에 대한 전문성이다. 그러나 그 전문성이 어느 정도만 되면 그 다음은 종합적인 평가가 적어도 '중 · 상급 이상'인 인력이어야 한다는 점이다.

왜냐하면 그 직원이 파견지에서 보이는 모습과 행동은 원소속 조직을 대변하기 때문이다. 파견자는 원소속의 명찰을 달고 밖에서 뛰는 일종의 선수인 것이다. 또 경우에 따라 파견지와 원소속 간에 중요한 연결자(linker) 역할도 하게 된다.

그러므로 파견자 선발은 가벼운 일이 아니다. 일을 쉽게 하려고 여유인력이나 대기 자원 중에서 전문성만 대충 고려해 선발하는 것은 노련한 인사가 아니다.

그리고 원소속에서는 그 파견자와 수시로 연락하고 이른바 '친정'의 소식을 알려주며 주기적으로 불러서 간담회나 그 밖의 소통 기회를 마련해 주는 것이 좋다.

파견은 조직의 기능 확장뿐만 아니라 조직 간 협력을 위해서도 필요하다. 하지만 공 · 사 조직을 막론하고 구성원 개인들은 자기 발전을 위한 교육파견 등 말고는 대체로 좋아하지 않는다.

왜냐하면 정든 동료들을 떠나 낯선 조직에 가서 적응하는 것 자체가 스트레스이고 파견 기간에 원소속의 각종 진행 상황으로부터 소외되거나 후일 복귀했을 때 상대적인 불이익을 받을 가능성을 걱정하기 때문이다.

그러나 진취적이고 발전 지향적인 조직인은 파견 근무를 두려워하지 않는다. 가야할 곳이면 가야하고 와야 할 때면 와야 하는 것이다.

세상의 다른 조직에서 새로운 경험을 통해 시야를 넓히고 인간관계의 범위도 확대할 수 있다. 더 나아가 자신의 활동 영역을 더 넓은 세계로 펼쳐볼 수 있는 계기가 될 수도 있다.

그리고 여러 조직에 재직한 경험으로 스펙이 다양해지면 후일 제 2의 직장을 선택할 상황이 되었을 때에도 도움이 된다. 이는 인간관계상의 광범하고 다양한, 이른바 '약한 연결'(weak links) 네트워크[41]의 중요성과 유사한 것이다.

파견 조직에서 일하다가 그 일이 적성에 더 맞거나 그 외의 이유로 전입으로 변경해서 아예 그 조직의 식구로 눌러 앉아버리는 경우도 종종 있다. 그 자체는 별 문제가 없고 본인에게 더 맞는 직장을 찾았다고 할 수 있다.

다만 여기서 파견 경력이 많은 자와 소위 '떠돌이'는 구분되어야 한다. 떠돌이는 전 · 출입이나 신규 채용 방식을 통해 '적(籍)' 자체를 자주 바꾸는 사람을 말한다. 대부분이 능력은 있으나 한 조직에 제대로 적응하지 못하는 인력이므로 바람직하지 않다.

조직 편제나 명칭의 변경으로 인한 발령을 제외하고 소속을 서너 번 이상 바꾸며 돌아다닌다면 이러한 현상을 '역마살'(驛馬煞)이 끼었다고 하는 것이다.

필자는 32년 공직생활 동안에 원소속 부처를 떠나 소위 위장전입을 포함한 넓은 개념의 파견 근무를 다섯 차례 정도 했다. 그중 국무총리실에 가서 약 3년 동안 재직한 적도 있다. 그 외 대통령비서실 등 중앙과 지방의 조직에 몸담으면서 인적 · 물적 경험은 다양해진 점이 있다고 생

41] 『낯선 사람 효과(Superconnect)』 (코치 외/박세연 역, 2012)라는 책에서 다양하고 창조적인 정보 공유 차원에서 가족이나 친한 친구 관계 등의 '강한 연결'(strong link)보다 그냥 알고 지내는 '약한 연결'(weak link)의 네트워크가 강조되고 있다.

각한다.

다만 그에 따라 형성된 여러 분야의 인간관계 때문에 경 · 조사 등 일상이 좀 복잡하다고 느껴질 때가 있을 뿐이다.

끝으로 파견자는 남의 조직에 왔다고 해서 그 조직의 직원들보다 좀 덜 헌신적으로 일해도 관행적으로 용인되는 것은 결코 아니다.

파견자는 원소속 조직을 대표한다. 그의 모습은 원소속의 얼굴이다. 그의 직무 내 · 외의 자세는 자신에 대한 평가를 넘어 그 친정에 대한 평가로도 이어지는 것이므로 항상 처음처럼 똑같이 생각하고 행동하는 것이 긴요하다.

27 관운(官運) : 지장 · 덕장도 운장(運將)을 당하지 못한다

‘관운’ 또는 ‘관복’(官福)에 대하여 명리학(命理學)상의 의미까지 탐구하는 것은 접어두자. 오늘날 공 · 사 조직에서 「인사에 당사자 즉 개인이나 인사권자의 통제범위를 벗어나 영향을 주는 요인이나 현상 또는 작용력」으로 정의될 수 있을 것이다.

천하의 ‘지장(智將) · 덕장(德將)도 운장(運將)을 당하지 못한다.’는 말이 있다. 그렇다면 ‘관운’이라는 것이 과연 존재하는가, 그리고 현실 인사에 영향을 미치는가?

‘관운’에 대한 논의가 제기될 수 있는 인사의 실제 상황은 다양하다. 그 중에 조직 내 · 외의 환경적 변수 즉 여건의 ‘변화’인 경우가 있고, 기존 인사관리 ‘체계’의 운영에 의한 경우가 있다.

먼저, 여건의 ‘변화‘로 인해 관운이 얘기되는 경우는 다시 3가지 유형으로 정리될 수 있다.

첫째, 어떤 사건 · 사고로 ‘직접’ 인사요인이 갑자기 생기는 일이 있다. 예로서 1993년 위도(蝟島)에서 발생한 ‘서해 페리호’ 침몰사고 시에 워크숍 갔다가 그 배로 돌아오던 정부 모 기관 간부들이 사망했다. 매우 슬픈 일이었지만 당시 승진적체로 침체된 하위직들에게는 승진 ‘관운’으로 작용했다.

아닌 말로 타 기관들에서는 "우리 간부들은 단합대회도 안 가나?"라는 웃지도 못할 얘기도 있었다.

또 직접 잘못은 없는데도 본인이 통제하기가 사실상 불가능한 사고에 대해 지휘 책임을 지고 물러나는 수도 있다. 이 경우 '운이 없다'고 하며 후임으로 기용된 자는 '운이 있다'고들 말한다.

둘째, 대형사고 등을 계기로 '인사기준 자체'가 변해버리는 현상도 있다. 대표적인 사례가 2014년 4월 한국에서 생긴 비극의 해난사고 '세월호' 사건이 정부의 임용기준을 변동시킨 일이다. 그 사고 때문에 관료 조직에 대한 불신이 커져 소위 '관피아'[42] 기피 정서가 생겼다. 그 여파로 정무직 · 공공기관 임직원 등 고위공직 인사에서 관료 출신은 거의 배제되었다.

공직 세대의 흐름은 강물처럼 이어지는 법이어서 바로 그 시점에 고위공직 후보자 반열에 이른 관료들은 대부분 '관운'이 안 좋았다고 할 수 있다. 반면에 공공기관에서는 종래 퇴직 관료들이 가던 자리에 기관 내부에서 상당수가 승진 임용되었다. 이들은 '세월호' 사고라는 행정환경의 변화로 '관운'을 얻은 세대라고 할 수 있다

셋째, 제도적 변화로 인력 수요가 달라져 개인별 인사에 명암이 갈리는 일이 있다. 예컨대 승진할 시기가 되었을 때 마침 기구의 통합 · 분리 등 조직 개편에 따라 인사 범위가 축소 · 확대되는 경우 이는 곧 '관운'으로 작용한다.

이러한 환경적 요인 즉 여건 변화로 인한 '관운' 효과는 대부분 개인별로 극명하게 엇갈리게 나타난다. 모든 현상에 빛과 그늘이 있듯이 하나의 사건에 운과 불운이 동시에 발생하는 것이다.

42] '관료 마피아'의 줄임말로서 관료들이 사회의 어떤 직위들을 독점하는 현상을 비꼬아 하는 표현이다.

다음으로, 인사관리 '체계'상의 요인으로 개인적 통제 범위를 벗어나는 경우는 2가지가 있을 수 있다.

첫째, 직위에 따라 균형인사 차원의 '임용기준'이 적용될 때는 어쩔 수 없다. 이는 정부 등 공적 조직에서 많이 볼 수 있다.

이런 직위에 임용되려면 역량 외에 부가적으로 그 '기준'에 부합하는지가 중요하게 된다. 예로서 출신 지역이나 학 · 경력 또는 성별 안배를 고려할 때는 이에 맞지 않으면 아무리 출중해도 임용되기가 거의 불가능한 것이다.

이를 뒷받침하는 이론으로 킹슬리(D. Kingsley)가 1944년에 처음 사용한 '대표 관료제'(representative bureaucracy)라는 것이 있다. 공직을 충원함에 있어 사회 각 구성 집단(신분 · 인종 · 성 · 지역 등)으로부터 그 인구 비례에 따라 충원함으로써 정부의 점직이나 행정 서비스 '대응성'이 공평하도록 하자는 것이다.[43]

실제 제복근무(uniformed services) 등 위계질서가 엄한 조직에서는 더욱 출신 · 경력 등이 편중되지 않도록 적절히 '안배'를 하게 된다. 또 각종 위원회 같은 합의제 조직의 구성에서도 예를 볼 수 있다. 이는 한국뿐만 아니라 미국에서도 유사하다.

묘하게도 인사 때마다 능력보다 이 '안배'의 덕을 보는 사람이 있다. 매우 희소하지만 한두 번도 아닌 여러 번 이렇게 고위직에까지 출세하는 사람도 있다. 이런 사람을 우스개로 '안배 출신'이라고도 하며, 이 안배 출신이야말로 대표적으로 '관운'이 좋은 자라고 할 수 있다.

둘째, 조직 내 · 외의 '세대 분포' 등에 따른 관운도 있다. 구성원의 기수별 분포가 불규칙함에 따른 인사 굴곡 현상이 이에 해당한다.

인력 규모가 어떤 기수나 연령대에 몰려 있으면 경쟁이 심함은 물론 바

43] 한국의 공무원 채용 시에 합격자 중 성별 · 지역 인재 등이 각 채용목표 비율(예 30%)에 미달할 경우 합격점수 일정 범위 내에서 추가로 더 뽑도록 하고 있다.

로 다음 기수는 '관운'이 크게 좋을 수 없다. 평생 선배 뒤따르다가 퇴직은 비슷하게 하기 때문이다. 반대로 이들이 퇴직하면 또 그 다음 세대들은 승진에서 호황을 누리는 '관운'이 있게 된다.

이러한 시대적 '관운'의 사례가 바로 베이비부머(baby boomer)와 그 후배 세대 간에 생기는 현상이다.

이외에도 다양한 경우가 있겠으나, 이러한 것들이 개인의 노력 등으로 제어가 가능한 일인가? 조직 안팎으로 각종 변수의 복합적인 조합과 역학관계는 인사에 개인 자질이나 노력과는 별 무관하게 숱한 양태를 연출할 수 있다.

'어느 구름에 비 맞을지 모른다.'고 했다. 세상에 인심과 인문의 흐름이 묘하듯 '관운'의 조화도 '신묘막측'(神妙莫測)한 면이 있다.

계층제 조직에서는 위로 갈수록 직위 선택의 폭이 좁아져 '관운'적 요소의 영향은 더 큰 법이다. 공직에서는 직업공무원의 정점인 고위공무원 '가급' 또는 1급(차관보 또는 실장급)까지 되려면 본인 실력이 상당히 작용한다고 본다. 그러나 그 위 차관급 이상 정무직으로 승진하는 데는 '관운'이 거의 절대적으로 영향을 미친다는 것이 중론이다.

언제나 자만은 금물이다. 잘되면 능력보다 운이 좋아서 그리 되었다는 겸허가 필요하다. 반대로 잘못되더라도 운이 없었다는 낙천적인 자세도 필요하다. 이런 점이 '관운'의 존재를 인정했을 때의 긍정적인 효과라 할 수 있다.

그래서 '관운론'은 꽤 탄력적인 개념이다. 이미 판이 짜져 있는 것으로 인식하는 숙명론적인 접근과는 그 본질이 다른 것이다.

28 인사만사 : 새옹지마

어떤 조직에서든 인사는 상시 이루어지는 기간(基幹) 업무의 하나이다. "인사가 만사"라고 했다. 모든 일 중에서 사람 관리(인사)가 근본이라는 의미이다.[44]

개별 인사가 당사자에게 순간적으로 만족스러울 수도 있고 그렇지 않을 수도 있다. 모두 기분 좋은 인사는 없고 잘 된 인사에도 약간의 흠은 있을 수 있다.

마치 약이 약이면서 독이 되고 반대로 독이 독이면서 약이 되기도 하는 것처럼 기쁜 요소와 슬픈 요소가 혼재하는 경우가 많다. 이것이 미국사람들이 말하는 '엉킨 축복'(mixed blessing)이다.

또 인생만사 새옹지마(塞翁之馬)라고 했다. 어떤 인사는 당시에 불만이었으나 나중에는 오히려 이득이 되어 결국 관운(官運)으로까지 평가되는 경우도 있다. 소위 '위장된 축복'(blessing in disguise)이며, '새옹지마'이다.

그래서 예로부터 여러 선배들이 '인사 결과에 대해 일희일비(一喜一悲)할 것은 아니다.' 라고 했다.

44] 일찍이 관자(管子)는 '평생 계획 중에 인사가 으뜸'이라고 했다(본서 "17. 인사의 본령(4) : 사람 살리는 작업" 참조).

과거에, 정부 A청의 간부 승진인사 서류가 대통령에게 최종 결재 받으러 가던 도중에 청와대 복도에서 정정 지시가 떨어져 탈락한 사람이 있었다.

당시 그 본인은 부서 직원들에게 이미 승진 턱도 낸 상태에서 실망이 컸다. 그러나 후일에 지방청장을 여러 차례 역임했다. 그때 만약 승진했더라면 계급정년으로 일찌감치 퇴직했을 것이다.

또 한 사례로, 2014년 '세월호' 사고에 따른 '관피아' 기피 바람의 와중에도 희귀하게 관운이 좋은 공직자가 있었다. 종래 후진을 위해 '용퇴'를 하면 낙하산이라 하여 꼭 바람직한 것은 아니나 관련 공공기관에 재취업하도록 해준 것이 통례였다.

그는 용퇴를 위해 사표를 제출했으나 위 사고가 터져 산하기관에도 갈 수 없게 되자 낙심한 상태로 대기했다. 그러던 중 다른 정무직 자리가 비게 되어 퇴직이 아니라 오히려 승진까지 했다. 요단강 건너가다가 되돌아온 것이다. 엄청나게 '관운'이 좋은 경우라 할 수 있다.

또 반대 사례로, 행정 주사(6급) K씨는 H부에 재직 시 승진적체가 심해 언제 사무관(5급)에 진급할지 예측하기 어려운데다 나이도 많았다. 그러나 당시 이웃 G부는 승진이 빨랐다. 빨리 승진할 생각으로 그 부에 전출을 희망했다. G부는 주사 고참인 그의 전입을 꺼렸으나 떼를 써서 힘들게 G부에 전출을 갔다. 주변 동료들이 영전이라고 축하해주었다. 그리고 얼마 되지 않아 승진도 했다.

그 후 한두 해가 지나자 정국이 바뀌었다. 그에 따라 정부 조직도 변화가 생기기 마련이었다. 이제는 G부가 다른 부처와 통폐합되어 인사적체가 심해졌다. 그는 결국 사무관으로 정년퇴직을 했다. 원 소속 H부에 있었더라면 두 번 승진하여 서기관(4급)은 됐을 것이다. 부이사관 승진도 가능했을지 모른다. 한때의 안달로 성취한 영전이 후일에는 좌절이 되어버린 셈이다.

예부터 '소년등과 일불행'(少年登科 一不幸)[45] 이라고 했듯이 너무 일찍 출세하면 불행이 될 수 있다.

중앙부처 '~청'의 경우 고시 출신 젊은 직원들은 빨리 승진하기를 원치 않았다. 청장은 정치적으로 임명되는 차관급인데다 차장 직은 직업공무원인 1급(오늘날 고위공무원 '가'급)으로 한 개뿐이다. 차장 1년쯤 재임 후 청장이 되지 못하면 퇴직하는 것이 관례였다.

그래서 젊은 국장급들은 가급적 오래 재직하기 위해 1급으로 승진하기를 피해 다녔다. 직업공무원의 꽃인 1급 승진, 그것이 이런 조직 상황에서는 오히려 재앙(?)으로 취급된 것이다. 이처럼 같은 인사행위이지만 발생되는 조직에 따라서도 그 의미는 사뭇 다른 게 현실이다.

분명 인생은 새옹지마이다. 그렇다고 가만히 있으면 곤란하다. 우직하게 일에만 몰두하고 있으면 안 된다. 인사와 관해서도 본인 희망이나 의사표시는 분명히 해야 한다. 그러나 노력하되 무리하지 말며 추구하되 과욕은 부리지 말자. 그리고 결과에 지나치게 흔들릴 필요가 없다.

그러므로 언제나 슬플 때 기쁨이 잠복해 있음을 알고 기쁠 때 슬픔이 깃들고 있음을 지각하면 되는 것이다. 인사는 오늘의 영전이 내일의 추락이 될 수 있고 오늘의 좌천이 내일의 관운으로 작용할 수 있는 법이다.

「인사만사 새옹지마」이다.

45] 인생 삼불행 중 하나로 너무 젊어서 과거에 급제하는 것이다. 그 외 둘은 부모·형제의 세력에 의지해 지위를 얻는 것(席父兄弟之勢), 뛰어난 재주와 문장력을 가진 것(有高才能文章)이며, 또는 중년에 배우자를 잃는 것(中年喪妻), 노년에 가난한 것(老年無錢)을 꼽기도 했다.

29 출세하는 사람의 특질 : 끼 · 깡 · 끈

흔히 말하는 출세(出世)란 무엇인가? 사회적으로 어떤 분야에서 높은 지위나 독보적인 경지에 이르는 것이라고 할 수 있다. 간혹 출세간(出世間)이라고 하는 것과는 다른 의미이다.

이처럼 출세하기 위해서는 공통적으로 요구되는 기질상의 특징 즉 '특질'이 있는 것이냐? 또 있다면 어떤 것이냐 하는 문제와 관련하여 소위 출세했다는 사람들의 일생을 과학적 방법으로 관찰 · 조사한 연구들이 있다.

그중에 인간의 욕구를 절제하고 목표를 설정하는 것과 사회적으로 성공하는 것 간의 상관관계를 실험적으로 연구 · 설명한 것이 있다. 2000년대 초 미국의 『마시멜로 이야기』라는 책이다.

아이들에게 눈앞의 마시멜로를 먹어도 좋으나 먹지 않고 참으면 한 개 더 준다고 했을 때, 먹어버리는 아이보다 먹지 않고 참았다가 나중에 하나 더 먹는 아이가 후일 인생에서 성취도가 더 높다는 게 요지다.

이에 의하면 목표를 정하고 그를 향해 절제와 인내를 잘 하는 것이 출세할 수 있는 '특질'이 된다.

이것이 전부는 아닐지 몰라도 절제와 인내를 잘 못하는 사람보다 잘 하는 사람이 더 성공할 수 있다는 점에 별 이의가 없다. 그러나 이런 교훈은 다소 교과서적이다.

현실적으로는 우리 사회에서 소위 출세한 사람들을 보면 집안 배경이나 경우에 따라 외모나 운(運) 등도 작용하는 것 같다. 그러나 이것들은 '특질'이라기보다 '여건'의 범주에 해당된다.

또 인생의 비전 또는 목표를 어떻게 설정하느냐 하는 것도 중요하다. 그러나 이는 넓은 의미의 '역량'에 관한 사항으로서 멘토나 스승을 잘 만나면 해결될 수도 있다.

그러므로 여기서 직 · 간접적인 경험을 바탕으로 개인 출세 '특질'의 핵심 요소라고 생각되는 세 가지만을 정리해 보자면 다음과 같다.

첫째, '끼'다. 목표 달성을 위해 몰입하는 일종의 프로 정신이라 할 수 있다. 미쳐야(狂) 미친다(及). 미치지(狂) 않으면 미칠 수(及) 없다고 했다.

예부터 '축녹자 불고토'(逐鹿子不顧兎)라고 했다. 즉 '사슴을 쫓는 자는 토끼 따위를 쳐다보지 않는 법'이다. 이러한 몰입 내지 집중을 위해서는 깡만으로는 안 된다. 우선 목표가 있어야 하고 그를 향해 미쳐야 한다. 미치려면 끌려야 하고 끌리려면 '끼'가 있어야 한다.

자신의 소임을 미친 듯이 사랑하고 즐기는 기질이다. 그래서 미쳐 집중하는 것이고, 집중이 초인(超人)을 만드는 것이다.

둘째, '깡'이다. 무슨 일이든 크고 작은 고비나 위기가 있게 마련이다. 이를 극복하고 돌파해 나가는 박력이다.

그리고 목적지에 다 와서 주저앉지 말아야 한다. 정상 8부 능선에 이르렀을 때 엄습하는 이른바 '8부 능선의 고통'을 이겨내고 올라서야 한다. 아픔 없이 얻는 바 없고(No Pain No gain), 경계를 넘지 못하면 성취도 없는 법이다(No cross No crown).

여하한 학업이나 과업 수행 등 상황에서 '극한 상황을 두려워하지 마라!'고 예전에 선배들로부터 배운 바가 있다. 그 순간이 목표 도달 바로 직전이라고 했다.

‘인간의 극한 상황은 바로 신이 주는 기회이다‘(Man’s extremity is God’s opportunity).

극한 상황에서 포기하면 실패하는 것이고 넘어서면 성공하는 것이다. 그래서 ‘저 언덕을 넘어야 푸른 평원이 보인다.’고 했다.

셋째, ‘끈’이다. 이는 평소에 내 · 외적인 인간관계, 협력관계, 교우관계를 중시하여 잘 관리하는 것이다.

멘토나 사부(師父)를 만나 잘 모시는 것도 이에 해당한다. 소위 연줄이나 백을 말하는 것이 아니다. 이 기질은 ‘사람’ 중심의 사고를 바탕으로 하는 강한 휴머니즘을 그 본질로 한다.

그런데 일종의 노련한 테크닉에 의한 인간교제나 인간 조종(操縱)으로 일시적인 끈이 형성될 수 있다. 그러나 이로써는 종국의 끈은 형성되지 않는다. 그 바탕에 휴머니즘이 없기 때문이다.

그러므로 이 ‘끈’은 실로 진정성을 바탕으로 우정과 의리관계를 맺고 이를 유지하는 것을 의미한다.

다만, 출세라는 것을 꼭 해야 하느냐 하는 문제는 각자의 이념이나 철학에 관한 것으로서 별개의 논의 사항이다. 그러나 출세라는 것을 하려면 적어도 ‘끼 · 깡 · 끈’이다.

30 인사청문회 비판(1) : 제도의 원천

2000년 6월 한국에 국무총리 · 대법관 등 대통령이 임명할 때 국회 동의를 얻거나 국회가 선출하는 고위공직자에 대해 국회 '인사청문회' 제도가 도입되었다. 2005년 7월에는 국무위원(장관)들도, 국회 동의는 필요 없으나, 인사청문회 대상이 되었다.

인사청문 제도는 대표적인 대통령중심제 국가로서 입법 · 사법 · 행정 3부 간에 엄격한 '권력분립' 원칙을 취하는 미국 연방정부 헌법에 그 뿌리가 있으며 한국도 기본적으로 미국 제도를 모범으로 하고 있다.

의원내각제 국가에서는 집권당 국회의원들이 고위 공직을 맡게 되어 이들은 선거라는 검증과정을 거치므로 따로 이러한 제도가 활성화되어 있지 않다.

미국 연방정부의 인사청문은 대통령이 '지명'(nomination)한 공직후보자를 의회의 상원(Senate)이 '인준'(confirmation)하는 절차로서, 한국과 달리 입법부 또는 국회 차원이 아니라 '상원'에 전속된 기능이다.

그 근본 취지는 전국 50개 주의 대표인 '상원의원'들이 대통령의 인사에 대한 검증과 견제를 통해 권력의 균형을 도모하며 궁극적으로 '잘못된 임용을 방지'하고자 하는 데 있다.

이렇게 된 역사적 배경이 있다. 미합중국 건국 지도자들은 과거 영국의 권력이 집중된 국왕에 의한 전제적 독재의 아픈 경험이 있었다. 이 때문에 연방정부 수립 이전의 13개 주(State)에서는 공직 임명권을 주지사에게 극히 제한하거나 아예 주지 않고 주 의회가 행사하기도 했다. 그러나 그 결과 공직이 주 의회를 중심으로 정치적 흥정 · 지역주의 · 파벌조성 등 주 정부 운영에 많은 부작용도 또한 겪었다.

이러한 경험을 바탕으로 1787년 헌법 제정회의(Constitutional Convention) 당시에 '공직 임명권' 자체를 입법부냐, 집행부인 대통령이냐, 아니면 입법부 전체가 아니라 상원에만 부여할 것인지를 두고 상당한 논의와 진통을 거쳤다. 그 논의는 점차, 집행부의 '전제적 독재'(monarchic despotism)를 방지하느냐 '입법부 독재'(legislative tyranny)를 막느냐 하는 입장으로 대립되어 가다가, 최종적으로 '임명권'을 대통령에게 부여하고 그에 대한 '인준'은 '상원'만 담당하는 절충 형태로 타협이 되었다.

즉 대통령과 상원 간 "인사권 분담체계"를 취하되, 전자에는 후보자를 선택(지명)하는 선제권(先制權)을 주고 후자에는 인준(동의)하는 견제권(牽制權)을 준 것이다.

또, 하원이 아닌 상원에 대해서만 논의한 이유가 있다. 기본적으로 국정 운영의 능률성과 보안성을 고려하고 상원의원은 각 주의 대표 2명씩으로 그 소속 주에서는 가장 저명한 인사로서 지역 인물이나 사정에 대해 제일 밝다고 보았기 때문이다.

이리하여 결국 인재의 기용과 같은 정부인사의 질적인 측면보다 집행부 또는 입법부 어느 한쪽으로 권한이 집중되거나 오 · 남용되는 것을 방지하기 위한, '권력분립' (separation of powers)의 정신을 반영하는 데 더 비중이 가게 되었다.

이에 따라 미국 연방 헌법(제 2조)에 대통령이 일정한 직위[46] 후보자를

46] 대사 · 공사 및 영사 · 대법관과 그 외 법률로 정하는 공무원이다.

지명(nominate)하여 상원의 '권고와 동의'(advice and consent)를 거쳐 임명(appoint)하도록 규정되었다.[47]

이 근본조항 외에 인사청문회에 관해 헌법 다른 조항이나 법률에도 근거 규정이 없다. 다만 관례로 비공개 회의(executive session)로 운영해 오다가 1929년에 원칙적으로 공개회의를 하도록 상원규칙이 개정되었다. 또 공개 청문회에 본인 출두는, 능력검증이 아니라 제기된 의혹들에 대한 해명기회를 제공하기 위해 1950년대를 지나면서 관행으로 굳어졌다.

미합중국(United States of America)은 그 이름처럼 개별 주 단위로 출발한 후 합중국으로 결합한 즉 '분립에서 통합'으로, 또 다민족 유입을 바탕으로 성립되었기 때문에 사회 저변에 인간에 대한 불신이 깔려 있다. 이로 인해 사회적으로 '신용'이 매우 중시된다.

그래서 미국 인사청문회의 주된 관심은 미국적 철학[48]을 검증하는 데 집중되고 특히 거짓말이나 정직하지 못한 데에는 매우 엄중하다.

한국은 국가 · 정부 형성이 미국과는 방향성이 다르며, 헌법이 기본적으로 대통령제를 취하여 대통령에게 공직자 임명권을 부여하되 그 절차는 헌법과 법률이 정하도록 하고 있다.[49]

인사청문회 근거는 헌법에 없고 '국회법'이 규정하고 있다. 그 운영 절차는 '인사청문회법'이 정하고 있다. 이에 대해 헌법상 대통령 인사권과 관련하여 입법권 일탈이나 위헌 소지의 논의가 있을 수 있다.[50]

47] 인준(confirmation)이란 말은 헌법 규정상의 용어가 아니고 헌법에는 권고(advice)와 동의(consent)라고 하는 인준의 실체적인 방법을 규정하고 있다.

48] 헌법적 이념 또는 가치가 중심이며 가장 기본은 미국헌법 전문에 언급된 자유(liberty)와 정의(justice)이다. 이 자유와 정의는 미국의 '국기에 대한 맹세'(the Pledge of Allegiance)에도 명시되어 있다.

49] 헌법 제 78조는 "대통령은 헌법과 법률이 정하는 바에 의하여 공무원을 임면한다."고 하고 있다.

50] 위헌적 입법 주장은 김명식(2019 : 116-122)을 참조.

31 인사청문회 비판(2) : 미국과 한국은 근본이 다르다

미국은 '종신직'인 '대법관'에, 한국은 '임시직'인 '장관'에 집중되어 있다. 또 한국은 인사청문회라는 면접적 절차에, 미국은 청문회라는 형식 절차보다 '인준'이라는 실질 과정에 의미가 더 주어지고 있다.

미국의 공직 임명에 대한 상원 인준(confirmation) 제도의 목적은 오늘날의 면접과 같은 청문회 자체가 아니라, '권고와 동의'(advice and consent)를 통해 대통령 인사에 대한 실체적인 '견제 · 균형'을 도모하고 '잘못된 임용'을 방지하자는 것이다. 동시에 행정부에 대한 입법부 우위가 되지 않도록 '상원'(Senate)에만 맡기고 있다.

'잘못된 임용'이란 자유 · 평등 등 '미국적 가치'의 실현을 위한 덕목 즉 인권보호 · 준법성 · 도덕성 · 성실성 등에 흠결이 있는 사람이 임용되는 것을 말한다. 따라서 미국 인사청문의 중점은 이 미국적 가치에 영향을 크게 미치는 주요 공직 직위에 '문제인력'이 임용되지 않도록, 그중에도 연방 '법관직'의 인준에 중점이 주어져 있다.

연방 법관은 일부 외에는 모두 종신직인데다 불문법주의 국가로서 판결이 선례가 되어 법이 되기 때문에 사회에 미치는 힘이 크다. 특히 '대법관'(Supreme Court Justices)의 사회적 영향력은 막대하다.

이 때문에 국민적 관심도 대법관 인준에 집중되고 상임위원회 중에도 '법사위원회'(Judiciary Committee)의 청문회에 더 쏠려 있다.

그 다음은 외교위원회(Foreign Relations Committee)의 주요 대사 직위의 청문회이다. 외교관은 미국적 가치의 '대외적 실현'에 중요한 영향을 미치기 때문이다.

이에 비해 행정부의 장관 등 '각료급 직위'(Cabinet Members)에 대해서는 상원에서도 쉽게 인준해주는 것이 관례이다. 왜냐하면 이들은 대통령 보좌진으로서 재임 중 정책 추진을 위해 대통령과 뜻이 맞는 인력이 필요하다고 보기 때문이다. 또 실제 길어야 4년 전후로 교체되므로 사회 근본 가치에 미치는 영향이 적다.

다만 각료 중에는 법무부장관(Attorney General)에 대해 관심이 비교적 높은 편이다. 이는 법무부장관은 법집행을 통해 인권에 상당한 영향을 미치는 까닭이다.

이러한 연유로 미국의 인준 성공률이 역대 각료급은 96퍼센트 수준을 넘지만 연방 법관직과 대법관직은 78퍼센트 수준을 보이고 있다.

미국에서도 인준과정에서 대통령과 정부에 흠집 내기를 넘어 계파 갈등이 야기되고 또 그 과정이 의원 개인의 정치적 입지를 강화하는 계기로 이용되기도 한다. 심지어 임용후보자를 인질(hostage)로 정치적 흥정 · 거래가 이루어지는 '담합통과'(logrolling)도 자주 보이고 있다.

또한 인준 지연으로 인한 정부의 비능률성도 심각히 지적되고 있다. 그래서 인준 대상 직위 축소, 절차 간소화 등을 위한 개혁이 상원 내 · 외에서 계속 시도되고 있는 실정이다.[51]

51] 예컨대, 2017년에 비교적 하위직이긴 하나 차관보급 약 170 직위를 비롯한 중 · 하위직 약 2,000개 직위를 인준 대상에서 제외했으며, 토론종결(cloture) 절차를 종전에 재적 상원의원 3/5 찬성을 요건으로 하던 것을 단순 다수결(참석 과반수 찬성)로 간소화한 것 등이다(Rybicki, E., 미의회 조사국 보고서(CRS Report) RL31980, 2019).

한편 한국의 인사청문은 미국 청문회의 모습을 차용하면서도 미국 제도의 근본에 대한 고찰 없이 그 관심은 국무위원 등 행정부 고위직에 집중되는 형국이다. 인준 성공률은 국회에 동의 요청된 직위의 경우 약 90퍼센트 수준이다.

미국에서 법관에 대해 엄격하고 장관 등 각료에게 관대한 것은 언급한 바와 같이 그 나라의 역사적 · 헌법적 배경과 사법체계 때문이다.

한국은 권력구조나 사법체계 · 공직제도 등이 미국과 다르므로, '미국 것'을 적용하는 데는 근본적인 한계가 있다. 그럼에도 미국 것을 끌어다 형질변경을 함으로써 그 실상이 일그러지게 된 것이다.

또한 한국의 경우 그 제도가 제헌 당시에 설정된 미국과 달리 헌정 역사의 도중(2000년)에 등장함으로써 검증 기준이나 행태 측면에서 심각한 시대 절연적(截然的) 갈등과 천박성마저 보여주고 있는 실정이다.

즉 과거 정서상 보편적으로 용인되던 현상을 현재의 법 감정이나 가치 규준(規準)을 들이대어 재단(裁斷)하는 것은 불소급 법리를 원용하지 않더라도 상식 차원에서 무리가 있다. 인사청문회의 공격무기로서 이런 소급적 검증지표가 주로 사용되는 것은 청문회 자체의 수준 문제이다.

예컨대, 병역 기피, 세금 탈루와 같은 헌법적 · 절대적 사항은 언제의 것이든 아니 된다. 이것들은 예나 지금이나 용서될 수 없는 위반이기 때문이다.

그러나 위장전입, 부동산 투기 등은 그 정도가 심한 것 외에는 검증에서 '용서될 수 없게 된 시점 이후의 것'만 문제 삼아야 정당하다.

이와 관련하여 그 '시점'을 국무위원이 청문회 대상으로 된 2005년 7월 이후로 하자는 주장도 일리 있으나 완전하지 못하다. 국정원장 · 국세청장 등 소위 4대 권력기관장은 2003년 1월부터 청문회 대상이 되었다. 또 검증에서 본격 문제시되기 시작한 것이 참여정부 때이므로 2003년 3

월 이후로 하는 것이 더 합리적이다.

원론적으로 인사청문은 국정감사 등처럼 공직자 책임을 추궁하는 장이 아니라 그 후보자에 대한 논리적 검증의 장일 뿐이다. 수험생 면접과 같은 절차다. 여기서 인신공격이나 호통까지 치는 것 등은 실로 미숙아적인 행태로 볼 수밖에 없다. 또한 공직자 인사에서 흥정이나 대승적 차원의 양보 등은 없다. 되는 건 되고 안 되는 건 안 된다.

한국에도 정부 출범 한 달이 넘어도 내각 구성을 마치지 못하는 등 인사청문의 '지체'와 이로 인한 국정 비능률 문제가 상당하다. 다른 사안과 묶어 상호 교환하는 미국의 패키지(package)와 같은 '막가는 정치'(bald politics)의 물이 들까 두렵다.

32 인사의 진실 : 인사에 차기약속(次期約束)은 없다?

'인사에 차기약속은 없다.'는 말이 있다. 조직 내 직원들에 대한 승진 · 전보 등 인사를 운영함에 있어 다음에 어떻게 해주겠다는 인사책임자의 '차기 약속'은 잘 지켜지지 않는다는 의미이다.

실제로 인사권자가 불시에 바뀌거나 인사권자는 그대로이면서도 인사 상황이 변하는 일도 빈번하다. 인사권자의 직위가 임기직이고 그 임기 내에 있어도 이 '차기약속'이 지켜지지 않는 경우가 있다.

과연 인사에서 '차기약속'은 믿을 수 없는 것인가? 그것을 순진하게 믿어서는 안 되는가?

조직인이라면 누구나 채용 · 보임 · 전보 · 승진 · 파견 등 여러 형태의 인사를 겪게 된다. 이 중에 채용이 직장생활의 첫 출발이지만 인사의 중핵은 아무래도 승진이라고 봐야 한다.

아무리 잘 된 인사라고 하더라도 불만은 있게 마련이다. 모두 만족시켜 주는 인사란 없다. 그래서 인사의 만족도는 일반적으로 절반(50퍼센트)을 넘지 못한다. 즉 열 명 중 두어 명이 만족하고 서너 명이 중립적이며 네댓 명이 약간의 불만을 표하더라도 그런대로 수긍될 수 있다. 특히 승진 인사의 만족은 더 저조하다.

인사 불만은 다반사이고 그래서 시행을 전후해서 인사책임자가 저항을 최소화하기 위해 다음에 꼭 챙겨주겠다는 약속을 하곤 한다.

또 인사에는 주로 구실이 붙는다. 이 구실은 특히 '안 해주는 인사'에는 거의 필수적이다. 이 구실들 중 출신 지역 · 학교 또는 성비(性比)의 안배 따위는 차라리 정직한 것들이다.

이 밖의 구실 중에 '나이'와 '기수'(期數)라는 것이 있다. 이것들은 야비하여 양면으로 작용하는 경우가 많다. 즉 기용할 때와 배제할 때의 논리가 다르다는 말이다. 예컨대 일을 맡길 때는 나이나 기수가 어려도 발탁이라는 이름으로 시켰다가 막상 승진 · 전보 등 인사 때가 되어 못해 줄 처지이면 나이 · 기수가 아직 어리니 다음에 해야 한다는 즉 차기약속을 하게 된다.

이런 경우의 차기 약속은 십중팔구 지켜지지 않는다. 결코 쉽게 믿기만 해서는 안 되는 것이다.

지방 U광역시 부단체장 근무를 마치고 중앙에 복귀할 때의 일이다. 원 소속이던 H부(部)의 ○○실장에 보임되는 것으로 결정되어 있었다. 임박한 국정감사를 마치고 바로 이동하기로 했다. 그러나 며칠 새 갑자기 ○부(部) 기획조정실장으로 보내겠다는 통지가 왔다.

당시 그 부는 채용비리 파동으로 지휘부 사퇴 등 조직 전체가 신뢰를 잃고 초상집 분위기였다. 거기에 가서 조직 혁신을 하라는 것이었다.

그 직위는 다음에 주로 차관급에 승진하는 보직으로서 필자 '기수'에는 너무 무거운 자리였다. 보직에 비해 기수가 어린데다 사고로 엉망이 된 곳에 하필 내가 왜 가야 하느냐고 거부 의사를 밝혔다.

그러나 '기수'가 뭐 그리 중요하냐고 했다. 인사권자인 대통령의 재가를 이미 받았다는 소리에 이틀 만에 승복하고 부임했다.

첫날부터 독한 각오로 낯선 조직을 껴안았다. 조직과 하나가 되어야 했다. 제도 · 소통 · 문화 체계 등 혁신과제 40개를 따로 설정해 추진했다. 매일 아침 언론보도에 긴장했다. 기강 사고도 간헐적으로 보고되었다. 밤열시 열한 시 근무도 일쑤였다. 아침마다 안압(眼壓)이 올라 머리가 터질지도 모른다는 생각이 들어 수시로 견과류를 씹으며 일했다.

사직서를 써서 호주머니에 넣고 다녔다. H부에서 같이 간 과장 두 명과 조직 살리는 일이라면 다 추진했고 ○부 직원들의 호응도 좋았다.

국회 · 청와대 등을 오가며 일하는 사이에 두 번의 겨울이 지나면서 조직 · 인사의 기본체계는 어느 정도 잡혀 갔다. 그러던 중 차관급 인사 때가 되었다. '기수'가 아직 어리다고 탈락했다.

그리고 얼마 후 고향 조직인 H부 ○○실장으로 하향(?) 전보되어 돌아왔다. 이처럼 '기수' 논리도 들어갈 때와 나올 때가 달랐다. 이러할 때 '토사구팽'(兎死狗烹)이라는 말도 나오게 된다.

원칙적으로 인사에 '차기약속'은 없다. 차기에 이루어진다면 그것은 주로 차기의 사정 덕분이다. 그러나 약속이 안 지켜진다고 누구를 원망할 일은 또한 아니다.

차기약속의 허구가 종종 새옹지마로 돌아오는 일도 있고, 새옹지마도 아닐 수가 있다. 그래도 서러워 할 일은 아니다. 조직생활이 본래 그런 것이기 때문이다.

33 인사의 음계(陰計) : 기수론(期數論)과 나이론(論)

인사(人事) 판에 '두 얼굴'을 가지고 위협적으로 등장하는 두 개의 변수가 있다. 그것은 바로 '기수'(期數) 또는 회수(回數)와 '나이'이다.

기수(회수)는 최초 임용시기가 같은 동기별로 순차적으로 부여된 숫자다. 이것과 나이(정년 제외)는 인사에 공식적으로 고려되어야 하는 요소가 아니다.

예로서, 주요 인사행위인 승진이나 전보를 할 때 우선 점검되는 사항이 현 직급 또는 현 보직에 얼마나 있었느냐 즉 현 재직경력이다. 또한 그동안의 실적과 역량, 충성도, 그리고 예정 보직과 관련된 직군 · 직렬별 전문성 등이 고려된다.

그러나 '기수(회수)'와 '나이'는 공식 기준이 아니면서도 승진 · 전보 · 면직 등 주요 인사에 사실상 양방향으로 묘한 영향을 미치는 게 현실이다. 이때 기수(회수)를 따지는 것을 '기수론'(期數論)이라고 한다면 나이를 따지는 것은 '나이론'(論)이라 할 수 있다. 이들은 인사 대상자에게 유리하게도 작용하고 불리하게도 작용한다.

실제 이들의 양면성은 순기능보다 역기능으로, 밝음보다 어둠으로 즉 '음계'(陰計)로서 더 많이 역할을 해 왔다. 이는 사람을 포용할 때보다 배제할 때의 명분으로 더 자주 활용되어 왔다는 이야기다.

먼저, 다양한 조직생활을 하면서 이 '기수론'의 틀에서 자유로운 사람은 아마 없을 것이다. 필자의 경우는 초등학교 제 42회, 중학교 제 32회, 고등학교 제 23회, 대학교 제 33회 졸업이다. 또 사회에서도 L그룹 공채 제 9기, 국가공무원 공채 제 27회 등이다.

군대와 같은 제복사회는 그 기수가 보다 더 엄격히 관리되고 있다. 미국 공직사회에도 같이 교육받은 동기들의 모임(alumni meeting)이 있다.

이러한 기수(회수)는 아무리 성과주의 세상이라고 하나 경력 · 경륜을 무시할 수 없는 '인간 조직'에서, 조직이나 개인 입장에서도 식별 · 분류 등을 하기 위한 주요 표지가 된다. 더 나아가 선 · 후임(先後任)의 기본질서와 응집력을 유지하는 데도 소용되는 순기능이 있다.

이 기수문화 자체를 바라보는 정서는 조직의 구성이나 성격 등에 따라 다르다. 그러나 반엘리티즘(antielitism)적 거부감도 종종 있어 왔다. 이 거부감은 오히려 '기수론'의 순기능적 작용 때문에 역으로 생긴 반감일 수 있다.

그렇다면 이를 단순히 경직된 서열주의나 군국주의(軍國主義)적 산물 등으로 매도해버릴 수도 없는 것이다.

다만 이 '기수론'이 조직에서 개인을 발탁하거나 양보 또는 용퇴 등을 논하면서 오용되는 경우가 문제다. 기수가 어리다, 늦다는 구실은 발탁에서 제외하려는 의도이거나 능력이 아직 모자란다는 '음계'이다. 또 기수(회수)가 너무 높다, 빠르다고 하는 것은 후배를 위해 양보나 퇴진시키려는 '음계'일 가능성이 농후하다.

다음으로, 나이를 따지는 것은 조직에서 장유(長幼)의 기본 질서나 인륜적 예의를 유지하는 데 기본적으로 필요한 문화적 소산이다.

그러나 이 '나이론'은 예컨대 승진인사에서 같은 평점이면 연장자를 배려할 때처럼 일부 포섭의 논리로 작용하는 경우 외에는 대부분 배제의 논리로 작용한다.

또 이는 어느 정도 절대성이 있는 기수론과 달리 인사권자 등의 연령이나 관점에 따라서도 '상대적'이고 '유동적'이다.

그래서 이 '나이론'(論)은 그야말로 나이론(nylon)이 되며 가끔은 비굴하거나 천박스러울 때조차 있다.

'나이'가 고용관계를 유지하는 데 걸림이 된다면 이는 '연령에 의한 고용 차별'(age discrimination in employment)이 되어 원칙적으로 위헌적 현상이 되어버린다.

한국의 경우도 신규 채용 시의 연령 제한은 이미 없어졌고 퇴직해야 하는 연령 즉 정년은 다른 정책적 이유로 아직 존속하고 있다.

실제, 일을 하는 데는 '나이'가 장애가 아니라 개인의 건강이나 열정, 실적과 역량 등이 문제되어야 한다. 그러므로 '나이'든 세월이든 생사(生死)간 거리의 척도는 될 수 있어도 조직 인사에서 인력을 용인(用人)하거나 배제하는 기준으로 쓰인다면 이는 불합리하며 비겁한 일이다.

그러나 현실은 '기수론'과 마찬가지로 어떤 인력을 배척하려고 할 때 주로 동원되는 '음계'가 또한 '나이론'이다. 개인을 가르는 데 이만큼 '분명'하면서도 '안일한' 잣대는 없기 때문이다.

인사운영에 여차하면 '기수론'과 '나이론'이 작동하는 것은 현실 인사의 기본이라고 할 수 있다. 그러나 동시에 어리석고 어두운 인사의 한 단면이기도 하다.

34 인사의 진면목 : 꼬불꼬불 골목길

인사(人事)는 실로 '따뜻한 가슴'으로 하는 것이다. 그리하여 또한 디테일(details)에 '치밀'하고 '엄정'해야 한다.

조직에서 인사를 집행하는 데 우선 기본적으로 지켜야 할 최소 요건, 배제 요건, 분류·배분·존속 기준 등 강행적으로 적용되는 규준(規準)이 있다.

명문으로는, 공무원 인사에 대해서는 국가 공무원법 또는 지방 공무원법과 그 하위 규정, 각종 특정직별로 그에 해당하는 법규 등이 있다. 공공기관이나 기업들 인사에서는 각자 정관(定款)을 비롯한 자체 하위 규정, 취업규칙 등이 있다.

이러한 것들은 공식적인 기준들이고 또 그 최상위에는 헌법상 '인간의 존엄과 가치'·민주주의 등의 이념이 있다. 이 법규나 규정들에 정해진 기준에 맞춰서 인사하면 일단 인사로서 성립은 된다.

그러나 '잘된 인사'가 되기 위해서는 이들 외에 인사 운용상의 원칙으로 공정성·예측가능성·적재적소 등이 있다.

그런데 이것들은 인간에 대한 '따뜻한 가슴'으로 치밀·엄중하게 검토되지 않으면 비록 혁신적 상황이라 하더라도 그 본지(本志)는 결코 성취될 수 없다.

일반적으로 법체계 운용의 지도 정신이 되는 양대 가치 기준은 '법적 안정성'(法的安定性)과 '구체적 타당성'(具體的妥當性)이다. 이 양자가 충돌할 때는 일단 전자가 우선시되어야 한다는 것이 원칙이다.

그러나 인사의 실제 상황에서는 이 두 기준이 좀 달리 적용되어야 한다. 일단 법규적 · 규정적인 요건이 충족되고 난 뒤에는 '구체적 타당성'이 더욱 중요하게 된다.

인사라는 것이 본래 사물이 아닌 사람을 관리하는 일이며 사람은 각양각색이고 개인의 고충과 사정도 모두 다르기 때문이다.

사람 사는 곳은 옛날의 고을이나 오늘날의 도시마을에서도 그러하듯 쭉 뻗은 가로(街路)가 있고 '꼬불꼬불한 골목길'도 있다.

사람을 찾고 만나려면 큰 길가에만 머물러서는 안 된다. 동네 안길로 들어가듯 인사도 개별 사안과 개인별 사정이 하나하나 구체적으로 최대한 고려되어야 한다.

그래서 진정으로 따뜻한 가슴에 따라 이루어지는 인사는 본래 시스템에 의한 인사는 아니다.

시스템 인사는 인사권자의 자의적이고 불공정한 인사에 대한 반성으로 한 개인이나 소수의 전횡을 막기 위해 정해진 체계와 기준에 따라 예측 가능한 인사가 되도록 하자는 취지에 맞춘 것이다.

이처럼 인사에도 기본적으로는 일관된 법칙과 규율이 있어야 한다. 하지만 그 적용은 개인의 희망과 입장 · 형편 · 고충 등을 충실히 고려해야 한다.

그러므로,

〈훌륭한 인사는 몇 날 몇 밤을 보내고 새우며 철저히 고민하는 것이다. 인사 작업은 마치 꼬불꼬불한 마을 골목길을 가꾸는 것과 같다.〉

그런데 이 따뜻한 가슴의 구체성 있는 인사가 제대로 되기 위해서는 그

대전제가 인사권자의 '엄정성'이다.

인사권자의 엄정한 양심이 확립되지 않으면 그 세밀한 작업과정에 혈연 · 학연 · 지연 등 귀속주의(nepotism)적 요소나 사적 감정이 개입될 수 있다. 이로써 골목길은 지저분해지고 엉망이 되어버린다.

그렇게 되다보면 불가피하게 재개발을 해야 한다. 즉 구체적 타당성보다 제도의 안정성을 도모할 수밖에 없게 되어버린다.

지방 U광역시에 근무할 때였다. 인사권자인 시장은 꼼꼼하여 인사 때마다 몇 밤을 새우며 하나하나 따지고 고려했다. 대단히 구체적인 인사를 했다. 지역 사회에서 인사 부탁이 없을 수 없다. 그 부탁의 쪽지들을 인사 작업 단계에서는 모두 덮어 두었다가 작업이 끝나고 발표 단계에서 꺼내어 일일이 연락을 해주었다. 그것들도 고객의 민원이므로 결과 사실을 알려주는 서비스는 중요하기 때문이다.

사실 인사를 하는 데 획일성이란 깨끗해 보이지만 위험하다.

꼬불꼬불한 동네 골목길이 좁고 번잡해 보이나 위에서 전체를 내려다보면 나름대로 모양과 질서 같은 것이 있다. 그것은 사람 사는 세상에서 인간의 정서와 타협이 뭉쳐 빚어낸 형상이기 때문이다. 그리고 그 골목길들 어디에선가 다시 대로변으로 연결되어 있다.

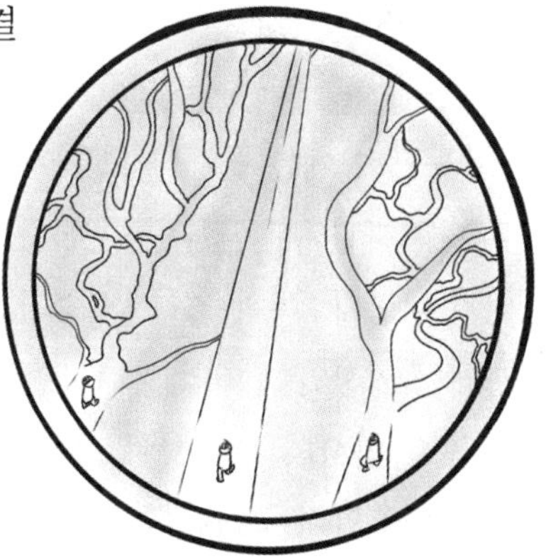

그래서 조직의 인사도 처음에는 가로에서 골목으로 들어갔다가 다시 큰 길로 나와야 한다. 그리고 이 '꼬불꼬불 골목길'과 대로를 오가며 사람을 찾으려면 '따뜻한 가슴'에 '치밀 · 엄정'한 눈과 귀가 필수적이다.

35 인사와 보안 : 인사하는 자는 입이 무거워야 한다

인사는 한마디로 '사람 신상에 관한 업무'이다. 그 내용 자체가 개인정보이고 프라이버시(privacy) 권리에 직결된다. 그러므로 그 취급에 본원적으로 '보안'이 요구되는 분야이다.

보안의 사전적 의미는 '안전을 유지'하는 것이다. 따라서 '인사보안'은 인사내용이 누설되거나 훼손되지 않도록 안전하게 보호하고 유지 · 관리하는 것이라 할 수 있다.

그런데 인사에서 보안을 아주 강조하다 보면, 깜깜이 · 비선(秘線) 인사 등이 되어 '예측가능성' · '투명성'이라는 명제와 상충한다. 나아가 인사의 '공정성'이나 '적재적소'의 원칙도 지켜지기 어렵게 되어버린다.

이러한 갈등적 속성 때문에 실제 인사에서 '보안성'과 '투명성' 또는 '공정성'이라는 가치들을 어떻게 잘 조화시키느냐가 매우 중요해진다.

인사보안에는 언제나 그 자체에 '빛과 그늘'이 있다. 어떠한 인사든 모두 만족시킬 수는 없다. 인사의 만족도는 아무리 잘 해도 50퍼센트를 넘기기 어렵다. 특히 조직 내 승진 인사는 20퍼센트이면 무난한 수준이다. 그래서 인사안이 미리 알려지면 불만과 잡음이 일기 십상이다.

종종 인사의 투명성이 강조된 나머지 그 진행 과정이 공개됨으로써 내 · 외의 압력이 작용하여 역으로 '공정성'에 흠집이 난 일도 있다. 더욱이 '주요 인사'의 보안유지가 안 될 경우는 조직의 경영 전략에까지 차질이 생길 수도 있다. 이러한 사정들을 보면 인사보안은 일단 인사가 성립되도록 하기 위해 불가피한 '빛'인 셈이다.

그러나 보안의 명분 아래 위법 또는 부당한 비공식적 요인이 작용했더라도 그것이 은폐될 수 있다. 그리고 인사권 행사의 남용이나 전횡이 있어도 이 또한 그냥 묻혀 넘어갈 수도 있다. 이러한 측면들은 인사보안의 어두운 '그늘'이 되는 것이다.

인사보안과 관련한 일화가 하나 있다. 예전에 1990년대 중반 문민정부가 출범하여 정부조직 개편이 대규모로 이루어진 바 있다. 그 일환으로 과거 C부처와 T부처가 단일 G부로 통합되었다.

복수의 조직이 하나로 합쳐지면 각자의 '사업부서'들은 존속되는 것이 원칙이나 기획 · 총무 · 인사 · 감사 등 공통 '지원부서'들은 각각 하나로 감축될 수밖에 없다.

이때 이들 각 지원부서의 장(長)을 종전의 어느 조직 출신이 맡느냐를 두고 치열한 경합이 일게 된다. 위 통합 G부의 경우도 그 단일 인사계장 직위를 놓고 과거 C부 인사계장 K씨와 T부 인사계장 J씨 간에 팽팽한 승부가 벌어졌다.

둘 다 종전 부처의 최고 에이스로 평가되던 자들로서 각자 진영의 응원에 힘입어 서로 한 치의 양보도 없었다. 결국 장관 면접이 실시되었다.

장관이 질문했다.

"인사에서 가장 중요한 것이 무엇이냐?"

이에 K씨는 '공정성과 적재적소… 라고 했고, J씨는 '보안'이라고 대답했다. 결과는 J씨의 승리였고 그는 통합 G부의 초대 인사계장이 되었다.

그 장관이 보는 인사의 우선적 가치는 '보안'이었음이 분명하다. 그래서 인사담당자로서 제1의 덕목은 '입 무거움'이었다.

실제 사회 모든 영역에서와 마찬가지로 공 · 사 부문 조직의 인사에서도 그 안이 시행되기 전에 미리 새어나가는 사례는 더러 있어 왔다. 과거에 청와대 차원에서 취급되는 고위직 등 소위 '굵은 인사'에서도 인사내용의 유출 사고가 간혹 일어나곤 했다.

어떤 때는 본인이 사전에 알고 그에 대처함으로써 혼선이 발생해 발칵 뒤집혔고, 작업이 처음부터 다시 진행된 일도 있었다. 그럴 때마다 인사 담당 부서뿐만 아니라 관련 부서 행정관들까지 조사해서 누설 책임자에 대한 문책이 뒤따랐다. 인사보안의 소홀로 인한 사고들이다.

또 매우 희소한 예로 최고위직 등 ○○님 '지시사항'이라 하여 극보안을 요구하며 진행되는 인사도 있었다. 그중 영부인 지시사항이라고 전달해 승진인사를 진행하다가 허위로 밝혀져 도중에 취소된 일은 차라리 해프닝에 가깝다. 이는 인사의 사실관계가 조작되어 '보안'이라는 이름으로 덮여 넘어가 버릴 수도 있었던 위험한 미수사고 사례에 해당한다.

이처럼 인사보안이란 하나의 이름에 두 얼굴을 가졌지만, 인사를 담당하는 자는 무엇보다 '입이 무거워야 하는 것'이 기본이다.

36 인사의 돌발사고 : 장관 딸의 부정채용 사건 등

인사업무에 돌발사고는 항상 잠복해 있다. 각종 행사에서 그러하듯 인사 상황에도 언제 어디서 무엇이 터질지 모른다.

'세상에 사소한 것이란 없다. 큰 것이 다만 작게 나타났을 뿐이다.'고 했다(신영복, 2015 : 52). 상상력의 중요성에 관한 얘기지만 우리의 일상에도 두루 맞는 말이다.

2010년 늦가을 중앙행정기관 ○부에서 대형 인사사고가 터졌다.

부처 직원 경력채용(특채)에 장관 딸의 부정채용이 드러난 것이다. 필수서류인 외국어 성적증명서의 유효기간(2년)이 지났으나 통과된 것이 문제였다. 그런 채용은 무효이다. 사소해 보였지만 엄청 큰일이었다. 장관의 딸이어서 더욱 그러했다. 장관은 옷을 벗었고 그 이하 간부와 실무자들은 보직 해임되고 징계조치 되었다.

한편 정부인사가 중앙 · 지방에 걸쳐서 이루어지는 경우는 대상인원이 단독이 아니라 몇 명씩 연결되어 이동하는 것이 통례이다. 당시에도 이런 패턴으로 간부급 인사이동 안이 짜여 있었다.

그러나 문제의 ○부 인사사고로 인해, 잘 짜인 인사안이 갑자기 헝클어져버렸다. 필자는 당초 U광역시 부시장에서 H부 ○○실장으로 가도록 돼 있었으나 그 ○부 기획조정실장으로 변경됐다. 그 바람에 H부 ○○실장직에 앉힐 사람을 새로 찾았지만 마땅한 후보자가 없었다. 그래서 또 후임 부시장으로 갈 예정이던 K씨가 이삿짐을 도로 풀고 그 실장으로 변경되었다.

또 이에 따라 그 부시장 직위도 후보자를 다시 물색하여 검증에 소요된 약 40일간은 공석이 되었다. 그 사고의 직접 파장이 중앙 · 지방에 걸쳐 이러했다. 인사의 돌발사고는 이처럼 타 인사에 미치는 주름살도 심할 때가 있는 것이다.

그 사고 자체는 하위직 한사람 채용 부정이었지만 그동안 각종 특혜적 인사 관행이 누적되어 불거진 사건으로 취급되었다. 그래서 실로 큰 것이 작게 나타난 일로 간주되었다.

한편 이와는 다른 미시적 · 개인적 인사 돌발사고도 있고 그 형태도 다양하다. 필자가 사무관 초년일 때 한 부서(○○과)에서 같은 업무만 5년 4개월을 했다. 그 일은 난이도가 높은 반면에 근무평정은 별로 잘 나오지 않는 기피업무였다.

그러나 아무리 전문성도 중요하지만 젊은 인력을 그리 오래 한자리에 묶어두는 것은 개인이나 조직 발전에 도움되지 않는 일종의 가혹인사였다고 할 수 있다.

거기에도 돌발사고가 있었다. 그 과 재직 4년쯤 되었을 때 기획실로 자리를 옮기게 되었다. 결재까지 나서 인사발령 시행문 프린트하기 직전이었다. 4년 동안 일했던 책상을 정리하고 개인 사물을 싸고 있었다.

바로 그때, 그날 새로 부임한 국장급 직속간부가 차관에게 황급히 갔다. 타이핑된 인사 결재문서가 사인펜으로 검게 고쳐졌다. 다시 유임되어 1년 반을 더 그 부서에 머물렀다.

당시 필자는 업무에만 철저했지 조직의 인사는 몰랐다. 특히 본인의 신상에 대해서는 의사를 피력할 줄도 잘 모르는 숙맥이었다.

그리고 5년이 훨씬 넘어 이제는 보다 주요한 보직으로 갈 것이 예정되었다. 또한 그렇게 기대하고 있었다. 그러나 거기에도 또 다른 돌발사고가 도사리고 있었다.

필자의 예정 보직을 누군가가 가로채려는(?) 운동을 하고 있었다. 당시의 시대 개념으로 이른바 백을 동원하는 자가 있었다는 얘기다. 그러나 어떤 언론에서 일련의 상황을 눈치채고 기사화하려 하자 그 돌발사고는 미연에 방지되었다. 이러한 미세한 사고도 큰 것이 다만 사소하게 지나간 사례였을 것이다.

인사의 돌발사고는 위의 부정채용 사건처럼 누적된 잘못이 어느 날 터져 나오는 경우가 있는가 하면, 필자의 공직 초년 시절처럼 본인 신상관리와 인사에 우매할 때에도 발생할 수 있다.

37 발탁인사와 특혜인사 : 둘 다 과하면 망한다

인사(人事)에서 통상적인 인사와 구별되는 개념으로 '발탁인사' · 불공정 인사 등이 있다. 그러나 후자는 엄밀한 의미에서 인사라고 할 수가 없다. 단지 인사권자의 직권남용이요, 횡포일 뿐이다.

소위 불공정 인사는 그 양태가 복잡하다. 인사상 이익을 과잉 부여하는 '특혜인사'와 매우 부당하게 처우하는 가혹인사가 있고 여기에는 다양한 작위 · 부작위도 포함된다. 이들은 모두 보편적 인용(認容)의 범위를 넘는 잘못이다.

이 중에 실제로 가장 흔히 문제시되는 것은 '특혜인사'이며 그 외형은 발탁인사와 비슷해 보이나 내면은 전혀 다르다. 즉 '발탁인사'는 연공서열을 탈피하여 실적과 능력을 위주로 파격적으로 기용하는 것이다. 하지만 '특혜인사'는 실적과 능력은 고사하고 연공서열상 부족한데도 과분하게 임용하는 것이다.

중국의 '용인'(用人) 역사상의 양대 흐름이 임인유현(任人唯賢)과 임인유친(任人唯親)이었다. 전자는 실력을 중시하여 현명하고 유능한 사람을 기용하는 것으로 용인유현(用人唯賢)이라고도 하며, 후자는 가까운 사람을 기용하는 것이다. 조직이나 국가가 쇠퇴기에 있을 때는 후자가 훨씬 많았다고 한다(리수시/김영수 편역, 2008 : 142). 이 임인유현 · 임인유친의 개념범주에 오늘날의 발탁 · 특혜 인사도 각각 포함된다고 볼 수 있다.

중국 역사에서 가장 오래된 모범적인 임인유현의 사례는 요순시대에 있었다. 요(堯)임금은 적자(嫡子)가 있었음에도 농사짓던 순(舜)을 발굴해 양위했다. 그 순임금 또한 아들 대신 신하들이 추천한 우(禹)[52]에게 천자 자리를 물려주었다(사마천/김창 역, 2011 : 52-61).

'발탁인사'나 '특혜인사'에 해당하는 사례는 동서고금에 수없이 많다. 한국 역사에서 대표적인 발탁인사로는 조선 중종 때 조광조의 기용과 같은 것이 있다. 또한 특혜인사로는 그 집단적 시리즈로 세도정치(勢道政治)하의 편중인사를 들 수 있다.

그런데 역사는 역사가가 정리해주어서 알기 쉽지만 오늘날 가까운 일상의 현실에서는 양자 구분이 상당히 어려울 때가 있다.

예컨대 정부의 과거 모 부처 차관급 당숙이 인력 자질 기준으로 중급 이하인 종질(從姪)을 부처 내 최고 주요 보직에 앉힌 것은 특혜였다. 또 모 부처 핵심 Y국장이 실적도 없는 대학 후배를 우수인력 다 제치고 근무평정에 유리한 주요 보직에 전보시킨 행위도 특혜였다. 또 한 예로 모 부처의 순환보직에 전직 장관의 아들을 남달리 특별관리 해준 일도 누가 봐도 특혜인사였다.

한편 예컨대, 4급 지방공무원이 국가 종합조정기관의 1급으로 오르는 데 3년도 걸리지 않은 것, 모 청(廳)의 지방청 인사계장이 승진하면서 바로 본청 인사과장에 임용된 것 등은 발탁인지 특혜인지 구분하기가 어려운 인사였다.

그러나 '발탁인사'와 '특혜인사', 이 둘을 구분하는 개념적 기준은 분명히 있다.

52] 우 임금이 오제(五帝)시대를 마감하고 하(夏)나라를 개국하였다.

첫째, 이것들은 공히 '과거'와 '미래'가 고려되지만, 전자는 과거의 '실적'과 미래의 '비전' 때문에 이루어지는 반면에 후자는 과거의 '친밀'과 미래의 '이득' 때문에 발생한다는 점이 다르다.

둘째, 전자는 진정 '인재'와 '조직'을 생각하는 '공적인 동기'에서 비롯되나 후자는 '이익'과 '개인'을 생각하는 '사적인 동기'에 그 원천을 둔다. 그래서 후자는 결국 조직 사유화로 연결된다.

이에 따라 전자는 다수의 조직 구성원들을 분발하게 한다. 즉 양(陽)의 자극 효과가 있고 이로써 조직을 활성화한다. 반대로 후자는 다수의 보통 사람들을 절망하게 한다. 즉 음(陰)의 자극 효과가 있고 이로써 조직을 침체시킨다.

셋째, 둘 다 조직 내 · 외에서 상당히 오랫동안 기억이 되지만 전자보다 후자가 훨씬 더 오래 간다. 왜냐하면, 전자는 일종의 부러움으로 남게 되나 후자는 하나의 냉소로 남아 조직세포에 새겨지고 소수에 대한 다수의 무기력을 야기하여 조직 생명을 시들게 하는 독소가 되기 때문이다.

실로, '발탁인사'는 '업적'과 '역량'을 보고 하는 인사이다. 반해 '특혜인사'는 '피'와 '물'로써 하는 인사이다. 여기서 피는 혈연 · 지연 · 학연 따위이고 물은 계파이다.

그러므로 인사에서 피를 끊지 못하면 조직은 뒤틀리고 물을 자르지 못해도 조직은 장애가 발생한다. 조직 관리에서 피는 물보다 탁하나 그 어느 쪽에도 치우치면 결국은 망조로 이어진다.

따라서 발탁인사에는 긍정적 효과가 확실히 있지만 특혜인사에는 부정적 효과만 뚜렷이 있는 것이다.

그러나 발탁도 지나치면 그 끝이 특혜로 넘어가는 통로가 되어버리는 수가 있다. 비율은 연공서열적 인사를 70퍼센트 이상, 발탁을 30퍼센트 이내로 하되, 발탁은 그 사유가 확실하고 동의될 수 없으면 정실로 치부될 수 있으므로 주의해야 한다(이원종, 2014 : 242).

조광조의 개혁이 실패한 것은 기묘사화 같은 훈구파의 모함 때문이었다고 하더라도 이면에는 발탁의 위험이 도사리고 있었음이 틀림없다.

발탁인사의 비극은 발탁된 자의 순간 '오만'에서 싹이 튼다. 이와 달리 특혜인사의 비극은 특혜 받은 자 자신이 아무리 겸손해도 조직의 '상처'가 치유되기 어렵다는 데 있다.

38 최고의 인사과장 : 조직 구성원 간에도 궁합이 있다

단위 조직에서 '인사업무'를 실무적으로 책임지는 직위는 대부분 인사과장 또는 인사부장이다. 이 명칭이 정부 조직에서 과거에는 총무과장 · 내무과장 등이 대세였다.

오늘날에는 그 담당 기능이 분리 · 융합됨에 따라 인사과(부)장 외에 운영지원과장 · 행정과장 · 시정과장 등으로 다양해졌다.

그러나 '인사'업무라는 기능 측면만을 고려할 때는 민 · 관 조직에 공히 '인사과장'이나 '인사부장'이 가장 정확한 이름이다. 물론 '인사팀장'으로 명명되는 경우도 있다.

이 인사과(부)장은 실무 계층에 속하므로 그 기본임무는 조직원들의 신상에 관한 제반 사항을 정확 · 공정하게 관리하여 최고 인사권자가 직원 통솔을 원만히 할 수 있도록 잘 받쳐주는 것이다. 이에 그치지 않고 조직 전체가 잘 돌아가도록 지도부(leadership)의 인력조정 기능을 '적극' 보좌하는 역할도 해야 바람직하다.

이를 위해 인사과(부)장은 단순히 채용 · 평가 · 전보 · 승진 · 면직 등 정례적인 인사관리만 할 것이 아니라, 직원들 개인의 지향 · 고충이나 조직 내 특이사항 등에 대해서도 평소에 살피고 있어야 한다. 이 특이사항에는 각종 동아리 현황과 입사동기들 간의 횡적 관계, 향우회 · 동창회 또는 계파 등 비공식 조직의 동향도 포함된다.

좀 더 욕심을 내어, 인사관리의 진정한 고수(高手)가 되기 위해서는 구성원 서로 간의 공 · 사적인 조화 · 부조화, 협조 · 비협조 등 상호 연계 및 갈등 상황까지도 관리할 필요가 있다.

그중에서 각 부서 내 부서장의 리더십 스타일과 그 부하 직원의 호응도뿐만 아니라 그와 관련한 부서별 성과 수준까지 개략적으로 항시 파악하고 있어야 한다.

인사과(부)장으로서 직무 소신이나 공정성 · 윤리성 등은 별론으로 하고, 그 전문성과 역량 등에 대해서만 보자면 의외로 매우 긴요한 역할 하나가 직원 간의 소위 '궁합관계'를 관리하는 일이다.

이 '궁합'은 구성원 상호 간의 화학적인(chemical) 조화 · 부조화 문제로 설명될 수 있다. 그중 특히 업무 계통의 '상 · 하 간 궁합문제'는 조직 생명력에 영향을 미치는 중요한 요소의 하나가 된다.

본래 궁합 문제는 상대적(相對的)인 것으로서 당사자들의 역량이나 윤리성 등과는 무관한 경우가 많은 것이 특징이다. 즉 서로 '궁합이 맞는다는 것'은 꼭 그 개인들이 훌륭하기 때문만은 아니다. 반대로 '궁합이 안 맞는다는 것'도 각자 떼어놓고 보면 얼마든지 유능하고 모범적이지만 '서로 맞지 않아' 생기는 갈등인 것이다.

사안에 따라 상 · 하 간의 '일시적인' 갈등은 언제나 있을 수 있다. 별 문제가 되지 않으며, 오히려 민주적 토론과 보완이 잘되는 징표일 수도 있다. 그러나 '궁합' 자체가 맞지 않는 경우에는 '사사건건' 마찰이 생기게 된다. 그러므로 갈등이 일회성이 아니라 궁합 문제에 기인된 것으로 판단되면 최대한 빨리 정리해 주어야 한다.

실제 조직 상층부에서 갈등이 표출되어 고래 싸움에 새우 당하듯 하위 직원들이 거의 일손을 놓거나 당해 조직 기능 자체가 부분적으로 마비되는 지경까지 간 경우도 더러 있었다.

사례로, 예전에 정부의 한 종합 조정기관 내 장 · 차관급 수뇌부 상 · 하 간에 알력이 지속되어 업무가 제대로 돌아가지 않은 적이 있었다. 각자를 보면 상관 H씨는 세계적인 명문 학부와 고시 출신으로 인품도 훌륭했고 부하 J씨 역시 최고 학부와 고시 출신으로서 탁월했다. 둘 다 부하들의 존경도 받던 터였다.

그러나 그 두 사람은 지향성이나 스타일 등에서 '궁합'이 맞지 않았다. 결국 최고 상급기관에서 한 사람을 다른 직위로 이동시킨 일이 있다.

또 다른 예로 과거 경제부처 S부는 한때 장 · 차관이 싸워 서로 말도 하지 않았다. 두 사람 다 외향적 자존심과 공명심이 강해 거의 모든 일에서 부딪쳐 애꿎은 실무자들만 고생한 적이 있었다.

또한 과거 K부의 경우 장 · 차관 갈등 상황에서 총무과장이 어떤 사안에 차관 편을 들었다가 20일간 장관실 출입금지를 당한 일도 있었다. 그 장 · 차관들 모두 그 직위에 오래 있지 못했다.

조직 구성원 간의 '궁합'이 안 좋은 경우는 상급자 등 제 3자의 설득이나 심지어 본인들 스스로의 화해 노력조차도 별 소용이 없다. 오로지 조직 리더십 차원에서 그들을 조속히 정리해주는 것이 현실적으로 상책이다.

그러므로 '최고의 인사과(부)장'은 통상적인 인사 운영의 보좌 수준을 넘어, 평상시에 따뜻한 가슴으로 조직 내 인력의 흐름과 상호관계를 잘 관리해 나가야 한다.

그리하여 직원들의 조화 · 부조화 문제 등 궁합 관계도 파악하고 있다가 그 정리 방안을 인사권자에게 건의할 줄 알아야 한다. 그래서 궁합이 맞는 직원끼리는 서로 만나도록 하고 안 맞는 직원 간은 분리되도록 해주는 것이다.

39 인사의 협업(協業) : “한국의 칼라 힐스를 만들자!”

1995년쯤으로 기억된다. 우리도 ‘한국의 칼라 힐스를 만들자!’며 추진한 인사 작업이 있었다.

조직 내·외의 모든 일에서 그러하듯 인사 업무에서도 협력조직원(counterparts)과의 협업은 거시적 역량강화 차원에서도 중요하다. 특히 건설적이고 전향적인 협업은 사회적으로 크고 작은 성취를 낳는 요인이 될 수 있다.

1980년대 말과 1990년대 초에 걸쳐 미국의 통상교섭 여성 전문가로서 칼라 힐스(Carla A. Hills)라는 자가 있었다. 그녀는 미국의 대외 통상교섭 업무를 담당하는 정부기관인 무역대표부(USTR:United States Trade Representative)의 대표[53]였다. 각종 통상 관련 협상장에서 날카롭고 세찬 공격을 하는 등 상대국들의 남자 대표들을 곤혹스럽게 함으로써 한동안 세계 인구에 회자됐던 인물이다.

그 무렵 상공부(2020 현재 산업통상자원부의 전신)는 한국도 여성 통상전문가를 키우자는 생각을 했다. 당시 P차관의 아이디어였던 것으로

53] 이 직위는 대통령의 각료회의(Cabinet Meeting)에 참여하는 각료급 정무직이다.

알려졌다.

한편 그때 필자는 정부 전체 인사를 관장하던 구총무처 인사과 보임계장이었다. 어느 날 상공부 인사계장 A씨가

"한국의 칼라 힐스를 만들자!"

는 조용한 기치를 가지고 찾아왔다. 정부 각 부처로부터 참신하고 장래성 있는 여성 인력을 상공부로 추천해달라는 것이었다.

대상 인력을 탐색했다. 본인 의향이 우선임은 물론이다. 그리하여 행정고시 출신으로 5년 내외 경력의 여성 사무관 네 명이 추천되었다. 먼저 서류심사가 있고 면접의 순이었다. 외국어 능력은 필수였다.

총무처에서는 필자가 평소 눈여겨 보아왔던 Y사무관이 추천됐다. 당시만 해도 여성 공무원들은 남자들만큼 업무에 몰입하지 못했던 직장 문화였다. 그러나 Y사무관은 업무 열정이 남자들을 능가했고, 눈빛이 살아있었다. 학부 전공은 영문학이었다.

추천된 그 사무관들 모두 상공부의 첫 전입심사는 통과하지 못했다. 선발의 절대기준이 얼마나 까다로웠는지는 모르나 젊은 여성 사무관들의 기대만 키워놓고 뽑지 않겠다고 한 것이다. 그녀들의 실망은 상당했다.

당시 총무처 인사과는 각 부처 인사업무에 대해 협의하고 조정하는 갑의 위치에 있었다. 벌어진 일은 정리를 해줘야 했다.

사람을 뽑는 데 절대적 기준이 있을 수 있으나 상대적 선발도 있다. 처음부터 완벽한 자원은 없기 때문이다. 그래서 기본 요건이 충족되는 후보자가 복수라면 그중 가장 나은 후보를 고르는 것이 신뢰성 차원에서도 합당하다. 그리고 가능성이 보인다면 잘 육성하는 것이 더 긴요하다.

이러한 취지로 A인사계장이 다시 협의해왔다. 1명 선발을 위한 상대적 심의가 상공부에서 최종 이루어졌고 Y사무관으로 결정되었다. 그리하여

그녀는 총무처에서 상공부로 전보되었다. '한국의 칼라 힐스' 만들기 작업이 시작된 것이다.

Y사무관이 상공부로 전보 발령이 나면서 모 일간지 전면에 인터뷰 기사가 실리기도 했다. 그 후 보직 경로는 약간의 벗어남과 좌절이 있었으나 주로 통상 관련 부서에 재직하면서 능력을 발휘하여 승승장구했다.

세월이 흘러 2019년에 산업통상자원부의 차관급인 통상교섭 본부장이 되었다. 드디어 한국의 칼라 힐스가 된 것이다.

한국의 통상교섭 책임자로서 그 임무수행에 매진하고 있다. 한국의 칼라 힐스, Y본부장의 앞으로 활약도 기대해 본다.

25년 전 구상공부와 총무처의 인사 담당자가 함께 추진한 협업이 결실을 맺었다고 생각한다. 인사에도 협력 조직원 간에 손발이 맞아야 일이 성공한다. 당시 A인사계장과 필자는 호흡이 잘 맞았음이 분명하다.

인사에서 협업이 잘 되면 이처럼 개인을 키울 뿐만 아니라 나라의 일군을 육성하기도 하는 법이다.

'뿌리면 거두게 된다.'

사람을 관리하는 인사도 긴 안목으로 인간 묘목을 키우고 거두는 일이다. 그 과정에는 들판의 작업처럼 혼자가 아니라 업무 관련자 간의 협력이라는 것이 매우 요긴할 때가 있다.

40 이상한 인사 회고 : 그 강임은 인사가 아니었다

20여 명이 그냥 강임(降任)되어 있었다. 그중에 일 년 새 두 계급 강임된 자도 있었다.

2017년 초에 대한체육회 사무총장으로 부임했다. 때는 마침 종전의 대한체육회와 국민생활체육회가 하나의 체육회로 통합 · 발족된 지 일 년이 채 안 된 시점이었다.

어떤 조직이라도 하나로 통합되면 각자 기존 이익을 고수하려는 경향 때문에 크고 작은 갈등과 후유증이 따르게 마련이다.

마찬가지로 이 통합 대한체육회에도 몇 가지 문제가 대두되고 있었다. 그중에 위 직원들의 직급이 강임된 것은 실로 가혹한 사안이었다. 다들 급여액도 줄어든 상태였다.

이들이 비위 등으로 징계를 당해서 강등이 된 것도 아니었다. 두 체육회가 통합되다 보니 개인별 입직(入職) 계급이 달랐고[54] 승진 속도도 서로 달라 균형을 맞추기 위해 그렇게 했다. 또 개인에 따라 통합과정에서 보인 태도 문제 등으로 괘씸죄에 걸려 강임된 경우도 있었다.

그 기준은 외부 인력 컨설팅업체의 연구용역을 통해 설정했고, 그에 따라 그동안 상대적으로 승진이 빨랐던 직원들을 선별해 강임시켰다. 또 입

54] 예컨대, 신입직원이 입직하는 최저계급이 구대한체육회는 7급, 구국민생활체육회는 6급이었다.

사한 지 얼마 안 된 6급 직원은 7급으로 내려 발령했다고 했다.

그것은 인사가 아니었다. '조직인은 승진을 먹고 산다.' 그런데 죄도 없이 강등이라니! 당사자들이 동의했다고 했다. 그러나 강압이 있었고 모두 노동위원회 제소를 준비하고 있었다. 그 제소는 인사권자인 대한체육회장을 상대로 하는 것이다. 볼썽사나운 집안싸움이 예고되어 있었다.

개인은 각자 종전 조직에서 유효한 발령으로 승진해 왔으며 아무런 잘못이 없었다. 또 유능해서 진급이 빨랐을 수도 있다. 그래서 개인들은 억울했다. 노동위원회에 가면 체육회장이 질 것이 뻔했다. 통합체육회 초대 L회장은 전임이 저지른 오류를 덮어쓰게 될 판이었다.

사실 계급 · 직급 체계, 채용 방식 등이 서로 다른 조직을 통합하는 일은 매우 어렵다.[55] 그렇지만 통합했으면 그에 맞는 새 직급 체계 등을 책정하되 개인의 불이익은 없게 해야 한다. 이것이 여의치 않으면 종전 조직 여건상 빨리 승진했던 자들은 향후 일정 기간 멈추고 점점 균형을 찾아가는 것이 차선책이다.

무엇보다 당사자들의 강한 불만에 공감해야 했다. 그것은 깊은 상처였다. 심한 상처를 입고는 나아갈 수 없으며 먼저 치료가 시급하다. 이렇듯이 조직에 병이 있는데도 새로운 발전목표를 향해 뛰자고 한다면 리더십이 아니다.

상처 치료는 강임되기 전의 종전 계급으로 환원시키는 것이다. 그러나 쉬운 작업이 아니다. 왜냐하면 '정원 없으면 충원 없다.'는 것이 보임의 기본이어서 승진할 직급에 결원이 있어야 한다. 그런데 조직 통합으로 초과 현원까지 생긴 상황에서 제도적으로 불가능하다. 따라서 정부의 주무

55] 공무원의 경우는 부처가 다르더라도 인사체계가 같으므로 기구를 통합하기가 비교적 쉽다.

부처와 예산부처로부터 직급별로 필요한 정원을 추가로 받아내야 하는데 그 일이 본래 어렵다는 이야기다.

한편, 강임되지 않은 다수 직원들의 정서와 노조의 입장은 또 달리 복잡했다. 강임자들의 일괄 직급 환원에 대해 반대하는 의견도 상당했다. 설사 정부로부터 추가 정원을 얻어낸다 하더라도 그냥 단순히 승진 회복 조치를 할 상황도 아니었다.

그러나 어떻게든 눈앞의 불이익을 해소해주는 것이 급선무였다. 동시에 직원 전체의 균형과 인용을 위해서 의견을 수렴해 가되 면밀한 셈법으로 복합적이고 단계적인 조치를 강구해야 했다.

그래서 당장 보수 수준부터 인건비 범위 내에서 회복시켰다. 직급의 회복은 단계적인 추진계획을 수립하여 비전을 제시했다. 노조와 개인들과 소통하면서 정원을 확보하기 위해 정부에 뛰어다녔다.

그렇게 L회장과 함께 매진하는 동안 여름 · 겨울이 지나고 어느덧 다시 겨울바람이 불던 즈음에서야 해결되었다. 잔혹한 상처 치유에 2년이 흐른 것이다. 그 치유의 2년 세월은 당초 따뜻한 가슴 없이 집행된 엉터리 강임이 없었더라면 겪지 않았을 것이다. 인사는 따뜻한 가슴이 없는 아무에게나 맡기는 게 아니다.

그 외에도 숱한 상처가, 완전하지 못했지만 어느 정도 아물어가고 있었다. 대한체육회 재직 2년을 돌아보니 한 거라고는 이것밖에 없다. 고개 돌려 앞으로 나아가야 할 때가 되었을 때는 떠나야 할 때였다.

41 조직생활 정리 : 인생 3/4분기 준비

해가 지기 전에 갈 길을 찾는 법이다.

인생에서 학교 졸업 때까지를 1/4분기, 그 후 본격적인 사회 활동 기간을 2/4분기라고 했을 때, 2/4분기 말이 다가오면 퇴직 후 3/4분기에 대한 준비를 해야 한다.[56] 제2의 인생기라 할 수 있는 3/4분기는 그 환경이 2/4분기와는 사뭇 다르다는 사실은 틀림이 없다.

해 뜰 때부터 해 질 것을 생각해야 하겠지만 그것이 안 되면 적어도 한낮이 지나면서부터는 해 저문 뒤를 생각하듯이 인생 3/4분기에 대한 준비도 그 전에 미리 할 필요가 있다.

석 · 박사 학위를 취득하거나 자격증을 따두어야 한다는 것 등은 이제 진부한 이야기다. 아파트 크기를 줄여야 하고 자식에게 재산 물려주면 안 된다는 얘기도 있다. 또 100세 시대의 인생설계에 관해 보험사나 공제회 등에서 제공되는 자료도 많다.

그러나 여기서는 2/4분기 조직생활을 정리하고 떠나는 방법을 얘기하고자 한다. 우선 그동안 재직 중에 형성된 인적 · 문화적 유산을 청산하는 것이 기본이다. 그 떠남은 새가 알을 깨고 나가듯 또 다른 세상 3/4분기

56] 본서 "06. 조직인의 생활 5계 : 목 · 신 · 술 · 애 · 칭" 참조.

를 향한 아픈 과정이다.

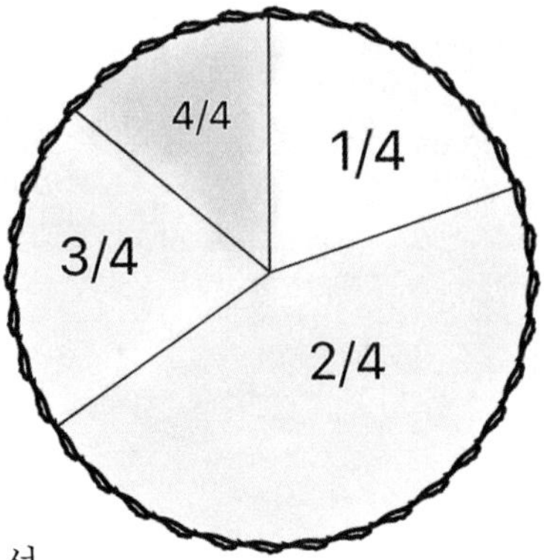

첫째, 2/4분기 중의 가장 '극적인 만남'에 대한 감사의 '인사'를 하는 것이다. 이 만남 중에는 내게 큰 도움을 준 일이 있는가 하면 반대로 내게 큰 손실을 준 사건도 있을 수 있다.

먼저 큰 도움의 만남은 나의 조직 인생살이에 영향을 미친 존경하는 멘토 · 선배 · 업무 협력자 등과의 인연이다. 큰 손실의 만남은 나와 대결적 위치에서 헐뜯고 시련을 주거나 나에게 갑질하던 인연이다.

이 둘 다 지나고 보면 대부분 나의 2/4분기 세월 동안 결국 나를 가르치고 키우며 단련시킨 스승이었음을 알 수 있다.

2/4분기 중의 모든 관계 즉 긍정적인 것이든 부정적인 것이든 모두에게 인사하면 물론 좋다. 그게 현실적으로 어렵다면 그중 가장 크게 도와준 사람에게만이라도 가서 감사 인사를 하면 된다. 또 가장 크게 해를 준 사람에게만이라도 인사를 하면 된다.

이로써, 양이든 음이든 미련스럽고 응어리 맺히기도 했을 모든 관계를 심적 · 정서적으로 풀고 감사하고 용서하는 일종의 '초기화'(format) 작업을 하는 것이다.

둘째, 2/4 분기 동안의 가장 '감동적이었던 순간'의 현장에 가보는 것이다. 왜냐하면 가장 가슴이 벅찼던 그 순간, 그 상황 또는 그곳은 본인 삶의 원천 에너지를 제공하는 계기가 되었을 것이기 때문이다.

도산 안창호 선생 시절에는 미국 갈 때 배를 이용했다. 미국행 배를 타고 사면의 바다에서 지루하고 갑갑한 항해를 하던 어느 날 아침, 멀리 보이는 육지 도산(하와이 섬)을 보자 가슴이 벅찼다. 선생의 호 '도산'(島

山)은 그 순간의 감동을 기려 지은 것이라고 한다.

누구라도 한 번 이상 환희와 감격에 젖은 일을 경험했을 것이다. 그 깊은 감동의 재생은 또 다른 세계의 아브락사스(Abraxas)[57]를 향해 나는 힘이 될 수 있다.

법정 스님이 『아름다운 마무리』는 끝이 아니라 새로운 시작이라고 했듯이, 인생 2/4분기의 마무리가 3/4분기의 시작이라면 그에 맞춰 포맷 상태로 돌아가야 한다. 또한 초심의 감동과 다시 만나야 한다. 그리하여 새로운 시작의 원동력을 사무치듯 확인할 필요가 있다.

고등학교 2학년 때 3학년 선배들로부터 한 시간 동안 심하게 얻어맞고 복수하려다가 용서해버린 추억이 있다. 당시 마음이 말끔하지 않았지만 만약 복수했더라면 어떤 일이 벌어졌을까 생각해보면 용서하기를 잘 했다는 생각이 든다. 2013년 신정부 초기에 30여 년 공직생활 중 가장 힘들고 음습한 좌절을 겪었다. 그 아픈 인연을 2/4분 말에 감사의 정서로 풀어버린 일이 있다.

어두워지기 전에 돌아갈 채비를 하는 것이다. 마찬가지로 낌새가 보이기 전에 떠날 준비를 해야 한다. 그리고 메시지가 구체화될 때 '바로' 떠나야 한다. 멈칫거리면 추해진다. 시인 조병화의 시 「의자」에서처럼 때가 오면 후인(後人)에게 흔쾌히 의자를 물려줘야 한다.

이를 위해 3/4 분기의 문턱에서 지난 시간들을 용서하고 정리하여 비우는 것이다. 새로운 출발은 이 완전한 '초기화'에서 비롯된다. 그리고 떠나고 보면 새로운 세계가 펼쳐질 것이다.

57] 소설 「데미안」에서 선과 악을 총괄하는 신이며 새가 알을 깨고 날아가는 새로운 세계의 신비이다.

42 사람을 쓴다는 것 : 기용, 동행, 그리고 떠남의 철학

조직에 사람을 쓰는 과정을 크게 3단계로 나눠볼 수 있다.

첫째 단계는 '기용'(起用)으로 당사자로서는 입직(入職)이 된다. 둘째 단계는 일단 채용된 인력의 활용이며 이는 동업자로서 '동행'하는 과정이다. 마지막 셋째 단계는 해직으로서 개인은 퇴직이요, 서로 간은 '떠남'의 단계이다.

먼저, '기용'은 '사람 쓰기'의 시발점이며 인사에서 가장 중요하고도 어려운 과정이다. 일찍이 조조(曹操)는 인재를 얻는 자가 천하를 얻는다고 했다.

그 통로와 방법은 다양하지만 언제나 기본이 되는 것은 '공모' 또는 공채이다. 그러나 분야나 경우에 따라 '추천'이 더 긴요할 때도 있다. 오늘날 이 두 가지는 상당 부분 선 · 후 관계로 병행되기도 한다.

그 형식이 공모든 추천이든 실제 익숙한 개념인 '낙하산' 인사도 있다. 일본에서는 하늘에서 내려온다는 뜻으로 아마꾸다리(天降) 인사라고 한다. 낙하산이라고 다 나쁜 것은 아니다. '좋은 낙하산'도 있다.

또 '회전문'(revolving door) 인사라는 것도 있다. 원래 미국에서 국방분야 퇴역자들이 방산업체 등에 재취업하여 로비를 하거나 전 · 현직이 유착되는 폐해를 방지하기 위해 규율된 것이다. 그러나 오늘날 공직자가 재취업할 때의 가이드라인으로 운영되는 긍정적인 개념의 제도이다. 한국에서는 퇴직한 공직자를 다시 임용하는 것 또는 공직자 '취업제한'과 관련된 부정적인 이미지로 활용되고 있는 점이 다르다.

실로 '인재'를 알아보기가 어렵다. 백락일고(伯樂一顧)라는 말도 이런 의미이다. 주(周)나라의 백락이라는 자는 '명마'(名馬) 감별사로 유명했다. 아무리 좋은 말이라도 백락처럼 알아보는 전문가를 만나야 명마로 인정되듯이, 인재도 알아주는 사람을 만나야 제 능력을 발휘할 수 있다.

또 첫인상과 같은 외형도 중요하나 화광동진(和光同塵)이라 했다. 뛰어난 지덕(智德)은 세상의 평범 속에 섞여있다는 것이다. 옥은 3일을 구워봐야 알고 인간은 7년을 지내봐야 그 능력을 제대로 안다고 했다(리수시/김영수 편역, 2008 : 244).

인물을 검증하는 가장 기본 요소는 '청렴성'이다. 청렴하다는 것은 탐욕이 없으며 직무로써 물욕을 채우지 않는다는 것으로 조직인 기본 덕목의 하나이다. 또한 공적인 조직의 경우에는 이에 더해 '준법성'도 중요하다.

인물 검증은 널리 인간 식별이 그만큼 어려우므로 과거 행적에 대한 평가를 통해 미래를 추단하는 과정이다. 검증 결과 미심쩍은 부분이 조금이라도 있다면 곤란하다. 반대로 '다 그런 것이다' 식으로 대충 넘어가서도 아니 된다.

사람의 기용은, 의심되는 부분은 보완 자료나 소명 등을 통해 분명히 정리되거나 무시할 수준으로 판단되고 난 뒤에 그 의심을 지우고 나서 해야 한다,

다음은, 한 식구로서 같이 고락을 겪는 '동행'의 과정이다. 일단 기용했으면 의심하지 말아야 한다. 즉 '용인불의'(用人不疑)이다. 만약 임용 후에 문제가 발생하면 그 것은 기용한 인사권자의 운명에 속한다.

또한 기용했으면 그 용량에 맞는 범위에서 권한을 과감히 위임해야 한다. 인재를 모셔다 놓고 본인이 만기친람(萬機親覽)하는 것은 가장 금기시해야 할 행태이다. 그럴 경우 인재는 떠나가게 되어 있다.

반대로 기용된 자 입장에서는 모든 것을 알아서 처리하라고 했더라도 고지식하게 모두 알아서 하면 안 된다. 중요한 사항은 반드시 상부와 의논하고 의사결정 과정에 참여시켜야 한다.

끝으로, '사람 쓰기'에 있어 또 매우 중요한 것은 해임 즉 '떠남'의 과정이다. 물건도 사용하고 나면 폐기 절차가 있다. 하물며 인간을 보내는, 그것도 이제껏 기여한 인재를 떠나보내는 절차를 소홀히 해서야 되겠는가!

역대 정부에서 떠날 때의 예절이 충실했던 예를 보기 드물다. 특히 1990년대 문민정부 시절에는 이 점이 소홀했다. 어떤 정무직은 직원들과 한창 회의를 하던 중 텔레비전을 보고 본인 경질을 안 경우도 있었다.

이렇게, 사전에 간단한 설명이나 예고조차도 없이 그냥 해임해 버리면 십중팔구 누구나 마음에 서운함이 생기게 마련이다. 원망의 가슴으로 누가 편들어 주는가? 어느 하늘 구름에 비 맞을지 모르는 법이다.

어떤 일이든 들어갈 때와 나갈 때의 '논리'는 다를 수가 있다. 그러나 인간에 대한 '가치'는 언제나 같아야 하는 것이다.

제3장 리더십 이야기

"어떤 형태의 리더십이든 팔로우어십과의 매칭은 그 성공을 위한 핵심 요소가 된다. 그리고 바탕에는 언제나 '신뢰'가 자리하고 있다. 그 위에 리더와 팔로우어가 상호 작용하는 것이다. 이 신뢰는... 평상시에 상호 간 노력으로 축적되는 것이며 축적된 '신뢰'가 '기적'을 낳는다."

[43. 사지(死地)에서 살아난 불멸의 리더십 : 산호세(San Jose) 광산의 기적]

43 사지(死地)에서 살아난 불멸의 리더십 : 산호세(San Jose) 광산의 기적

리더십은 위기에 더 빛이 난다. 2010년 10월 전투보다 더한 극한의 상황에서 발휘된 기적의 리더십이 있었다.

그 해 8월 5일 칠레의 산호세(San Jose) 광산에서 갱도 함몰로 지하 700미터에 광부 33명이 매몰되었다. 매몰 후 2주가 지나도록 생사의 흔적조차 찾지 못하자 구조 수색 작업은 거의 포기 상태가 되었다.

그러나 피네라(S. Piñera) 대통령의 의지에 따라 계속 다양한 방법을 동원하던 중 17일째 되던 날 한 굴착기에 33명 모두 살아 있다는 종이쪽지가 묻어 나왔다. 그리고 매몰 69일 만에 전원 구조되었다.

그들은 어떻게 살아 나왔을까? 섭씨 32도에 습도 95%, '희망 제로'(zero)! 오직 절망뿐인 폐쇄 환경을 견디게 한 힘은 무엇이었을까?

매몰자들의 연령은 19세~63세였고 그중 작업반장 루이스(Luis Urzua, 당시 54세)가 중심이 되어 그들을 기적의 생환으로 리드했다. 그는 죽음의 공포뿐인 그 현장에서 반원들을 어떻게 이끌었나?

우선 식량 통제를 했다. 남은 식량은 겨우 10명의 2일 분량에 불과했다. 그래서 48시간마다 똑같은 소량을 같은 장소에서 배분했다.

다음으로 임무 분담이었다. 그들의 전직(前職)은 다양했다. 간호 경력자는 건강 체크를, 노래 선수는 수시로 노래를, 교회 신자는 기도를 담당하게 했다. 기록 담당자까지 지정하는 등 각자 역할을 주었으며 자신은 갱도 지도를 만들었다.

동시에 공간 배분을 했다. 작업공간 · 취침공간 · 위생공간으로 구분해서 규칙적인 생활과 조별 교대근무 체계를 유지했다.

그리고 광부사회의 전통인 상명하복의 위계질서 대신에 민주적인 의사결정과 소통방식으로 매일 정오에 사소한 일까지도 동등한 발언과 1인 1표의 투표로 결정하도록 했다.

이에 모두 따랐다. 그러면서 끊임없이 상호 격려와 희망을 공유했다.

"반드시 구조된다. 희망을 포기하지 마라."

"우리는 33총사로 영원히 함께하자!"

그렇게 해오던 중 68일째부터 캡슐 구출이 시작되었다. 약 이틀 걸려 69일째 반장 루이스가 마지막으로 구조되었다. 이 감동스러운 이야기는 세계에 방송이 되고 후일 영화로도 제작되었다.

생존 본능적인 아귀다툼이 일어날 극한 상황에서 이처럼 질서 있게 대처하고 무사히 구조될 수 있었던 원천은 무엇일까?

그것은, 리더의 구성원들과 소통하며 솔선하는 민주적 '코칭리더십'(coaching leadership)[58] 과 이를 받쳐주는 반원들의 팔로우어십(followership)이 결합하여 '희망'을 자체 생산하며 버티었기 때문이다.

또한 갱도 밖에는 대통령의 포기하지 않는 '경영자적 리더십'이 있었다. 그리하여 이 두 안팎의 리더십이 줄탁동시(啐啄同時)[59] 적인 하모니를 이루었기 때문이다. 즉 갱도 안에서 희망을 품은 혼연일체의 리더십이 밖으

58] 코칭리더십은 전통적 리더십에 대한 혁신 조류의 하나로서 개인보다 팀을 중시하고 팀원 간 상호 네트워크와 능력개발 및 사기 진작을 강조하는 것으로, 스포츠 팀의 코치처럼 행동해야 한다는 리더십이다. 리더는 팀원과 함께하면서 연결자 · 문제 해결자 역할을 하고 위계질서보다 팀원 상호 간 대화와 대등성을 강조하는 일종의 수평적 리더십이다. 축구 감독 히딩크가 보여준 리더십이 이와 유사하다(임창희 외, 2015 : 317–318).

59] 병아리가 태어날 때 병아리와 어미 닭이 안팎에서 맞쪼는 것으로, 줄탁동기(啐啄同機)라고도 한다.

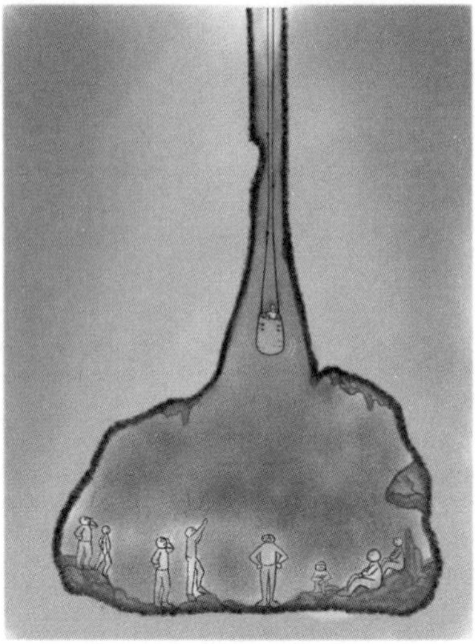

로 향할 때 갱도 밖에서 생명 구조에 대한 책임자의 리더십이 안으로 향하고 있었던 것이다.

오늘날 전통적인 리더십의 종말을 고하고 사회관계망(SNS) 시대의 '변혁적 리더십'[60]을 제시하는 견해가 있으나 이는 평시의 리더십 이야기일 뿐이다. 위기의 리더십을 논할 때, 위기의 극한 예는 전쟁이나 화재 · 침몰 · 지진 등 재난상황일 것이다. 이 위험들은 판단의 시급을 요하는 '급박성'과 대안이 없는 '난감성'을 그 속성으로 한다. 또한 위기의 종류에 따라 필요한 리더십 유형도 다른 법이다. 화재와 같은 '급박성' 처지에서는 카리스마도 필요하다.

그러나 산호세의 함몰 갱도처럼 대안 부재의 '난감성' 상황에서는 동의와 신뢰에 입각한 '합리적 · 민주적 리더십'이 주효했다. 그에 따른 '질서'와 '격려' 그리고 '의지'의 작동으로 생존의 시너지가 형성될 수 있었다. 속담에 '하늘이 무너져도 솟아날 구멍이 있다.'고 했듯이 무너진 칠레 광산에도 살아날 길이 있었다.

어떠한 위기상황이든 어떤 형태의 리더십이든 팔로우어십과의 매칭은 그 성공을 위한 핵심 요소가 된다. 그리고 바탕에는 언제나 '신뢰'가 자리하고 있다. 그 위에 리더와 팔로우어가 상호 작용하는 것이다.

이 신뢰는 유사시에 그냥 생기는 것이 아니다. 평상시에 상호 간 노력으로 축적되는 것이며 축적된 '신뢰'가 '기적'을 낳는다.

60] 리더와 팔로우어가 더 높은 동기와 도덕성을 갖도록 협력하는 것이며, 섬기는 리더십과 함께 변화 창조 과정에 팔로우어를 참여시키는 리더십이다(캘러먼/이진원 역, 2014 : 190).

44 리더십 비판(1) : 게으른 리더가 좋다

'아무리 좋은 상사라도 없는 것만 못하다.' '조직에서 가장 좋은 날은 달력의 빨간 날이 아니라 '무두일'(無頭日: 조직의 長이 없는 날)이다.' 세상 조직문화의 냉소적인 한 단면의 얘기들이다.

부지런한 상사(上司)가 좋은가? 게으른 상사가 좋은가? 아니면 조직에 상사가 없는 것이 좋은가?

'피터 법칙'(the Peter Principle)은 '계층 조직에서 개인은 무능하게 되는 수준까지 승진하려는 경향이 있다.'고 하며, 그래서 '조직 상층부는 무능한 자들로 가득 차게 된다.'고 지적한다.

이는 '공무원(또는 관리자)의 수는 업무량과 관계없이 늘어난다.'라고 한 '파킨슨 법칙'(Parkinson's Law)의 비현실성을 비판하면서 제시된 이론이다.

조직인이 욕심에 따라 그 역량에 벅찬 직위 이상까지 올라간다면 상급자들은 모두 직위 용량에 모자라는 무능한 상태에 있게 된다.

이리하여 더 상위자일수록 더 무능할 수 있다. 본인이 무능하기 때문에 부하들도 능력이나 실적보다 예의 · 태도 등으로 평가한다. 이로써 성과가 좋은 직원보다 개인 성향이 고운 직원이 고평가된다. 그 결과 리더 주변에 '예스맨'들로 둘러싸이는 현상을 '피터의 도치'(Peter's inversion)라 한다.

실제 조직에 이런 경향이 있다. 통상 직위가 높아질수록 부하의 수가 많아지고 '통솔범위'도 넓어져 전체 일을 다 살피기가 어려워지는 법인데, 하물며 무능해진 상사라면 어떠하겠는가!

일찍이 득위(得位)[61] 의 기본은 '능력의 70퍼센트' 자리에 가는 것이라 했다. 권능이나 남을 부려서 하는 일이 자기 능력이라고 착각하는 것은 사람과 자리를 혼동하는 것으로, '히말라야 토끼'의 착각[62] 과 같다(신영복, 2015 : 63-64).

높은 자리에 오래 있다 보면 세상일 중 부하나 비서 없이 혼자 할 수 있는 것도 별로 없게 된다. 그래서 본래 혼자 모든 일을 다 하는 '만기친람'(萬機親覽)도 성립되지 않는 것이다!

관리자 본인이 모든 것을 챙기려는 리더십은 과욕일 뿐이다. 더욱이 본인이 능력 있는 것으로 착각하고 본인이 없으면 안 된다는 어두운 아집은 끔찍하기까지 하다.

리더의 첫째 조건, 가슴이 따뜻해야 한다. 따뜻한 가슴은 겸손을 바탕으로 한다. '피터 법칙'대로라면 상급자들은 거의 부하들에 얹혀서 그들의 도움으로 살기 때문에 항시 겸허하고 고마워해야 한다. 그들의 업무 상황을 챙기고 애환에 관심을 두며 후원해야 한다.

둘째, 리더는 일에 꼼꼼해야 한다. 직위가 높을수록 챙겨야 할 가치는 더 입체화되고 공공성이 강해진다. 여기에 한 치의 틈도 생겨서는 안 된다. 그래서 꼼꼼하지 않으면 지도자가 될 자격이 없다.

61] 주역에서 위(位)는 효(爻:천지만물의 움직임을 본떠 만든 이미지 기호)의 자리이고 효가 자기 자리에 있을 때 득위했다고 하고 그렇지 못하면 실위(失位)했다고 한다. 사람 능력이 100인데 70의 역량이 요구되는 자리에 가면 득위이고 반대로 70의 능력자가 100의 자리에 가면 실위라는 것이다. 실위의 경우에 함량 미달로 남에게 고통을 주고 소임도 실패한다는 것이다.

62] 알튀세르(L. Althusser)의 비유로, 히말라야 높은 설산에 사는 토끼가 가장 조심해야 하는 것은 동상(凍傷)이 아니라 평지의 코끼리보다 자기가 크다고 착각하는 것이라고 했다.

여기서 꼼꼼해야 한다는 것은 자기소임에 철저해야 한다는 얘기지 모든 걸 다한다는 말이 아니다. 조직 성원에게는 각자 할 일이 있다. 만기친람은 분업화된 타인 영역에 대한 일종의 월권행위에 해당될 수 있다.

꼼꼼하다고 소위 통이 작거나 소인인 것은 아니다. 소인 · 대인 여부는 별개이다. 꼼꼼한 세종대왕이, 치밀한 이 순신 장군이 통이 작았거나 소인이던가? 꼼꼼함 자체는 지도자 덕목의 하나이다.

끝으로, 리더는 게을러야 한다. '피터 법칙'대로 상사는 무능해지기 십상이다. 그러므로 큰 그림을 그리되 그 밖의 일은 맡겨야 한다. 예부터 우매한 자들이 설치면 나라가 망한다고 했다. 너무 부지런한 상사는 차라리 없는 편이 낫다.

조직은 리더 개인의 것이 아니다. 리더와 팔로우어(follower)가 상호협조하고 평생 학습해가는 '변혁적 리더십' 시대가 된 지 오래다. 각자 일하고 협조하는 것이며 리더는 그들을 용인(用人)하는 자이다.

리더는 늘 전체를 살피되 사안들의 본질과 핵심 파악에 치밀해야 한다. 그리하여 조직의 방향타를 잡고 희망과 비전을 제시해줘야 한다. 이것이 리더의 소임이다.

모든 일을 매우 열심히 챙기는 지휘자, 그는 기본적으로 부하를 믿지도 못하며 자신의 임무에 충실할 수도 없다. 그 지배 욕구는 순간적으로 충족될지 몰라도 구성원들에게 '조직피로'(fatigue)를 누적시켜 언젠가는 조직을 병들게 할 수 있다. 이로써 조직 운용에서 선택과 집중을 통한 '동태성'(dynamics)과 '생산적 · 창조적' 활동을 저해하게 된다.

가슴 따뜻하고 자신에게 철저한, 그리고 실로 게으른 리더가 좋은 리더이다. 지도자는 항상 삼엄한 머리로 독수리처럼 조는 듯 앉아 있어야 한다.

45 리더십 비판(2) : 호통 치던 상사(上司)가 그립다

군대 시절에 꽤나 악명이 높던 왕사수[63]를 근 1년여 동안 찾았으나 찾지 못했다. 이 나이에 그토록 기압 주고 혼내던 군대 고참이 생각나는 것은 왜 일까?

예전에 군에서 "'빳다'(몽둥이) 치던 고참이 제대할 때는 눈물이 난다." 고 했다. 마음씨 좋기만 한 고참이 제대할 때 눈물 흘리는 졸병은 보지 못했다.

"호통 치던 상사(上司)가 그리운 법이다."라는 말이 있다. 조직에서 개인이나 팀이 일하다가 난관에 처할 때가 있다. 문제가 어렵고 답답한 상황에서 과거에 호통 치며 방향(guideline)을 잡아주던 상사가 보고 싶어진다는 것이다.

조직 리더의 유형에는 '지장'(智將)형도 있고 '덕장'(德將) · '인장'(仁將)형도 있으며 '우군'(愚君)형도 있다. 실무자 중 소위 '싸움닭'이 그 기질대로 자라서 주로 되는 '용장'(勇將) · '맹장'(猛將)형도 있다.[64]

공조직에는 정권도 어찌하지 못할 정도로 운이 좋은 '운장'(運將)형도

63] 군대에서 담당 임무상 직계관계의 직상급자가 사수이고 그 위 차상급자 즉 사수의 사수가 왕사수(또는 총수)이다.

64] 본서 "24. 인물 검증 : 조직인 유형, 그리고 아무도 욕하지 않는 자" 참조.

종종 눈에 띈다. 이들 중에 세월이 지나도 결코 그립지 않는 유형은 아마 우군형이나 운장형일 것이다. 왜냐하면 이들은 부하들에게 남겨준 유산이 없기 때문이리라.

호통 치던 상사가 그리운 것은 필시 그 호통에는 애정이 실려 있기 때문일 것이다. 일상에서 칭찬이 기본이지만 지적이 꼭 필요한 때는 고언(苦言)을 아끼지 말아야 하고 상황이 엄중할 때는 엄해야 한다.

그러나 여기서 모든 상사나 관리자들 그중에도 특히 상 · 하로부터 '신망'을 받는 간부들이 주의해야 할 함정이 있다. 흔히 말하는 '존경면허'(respect license)의 함정이다. 이는 존경받는 상사들이 본인은 보스로서 존경받기 때문에 부하들을 좀 심하게 대할 만한 '자격면허'가 있다고 착각(?)하는 심리적 현상이라고 한다.

이 존경면허가 발동되어 일순 불같이 화(火)로 번지면 그동안 쌓아왔던 덕행이 한 순간에 날아가 버릴 수 있으니 주의해야 한다.

영국의 연구논문 등에서 '한국 행정문화'의 특징 중 하나로 '눈치'(nunchi)라는 게 있다고 소개한 내용을 본 적이 있다. 한국에서는 출세하기 위한 가장 중요한 덕목(?) 중의 하나가 '눈치'라고 했다.

예전에는 부하가 상급자의 눈치를 보는 것이 보통이었다. 그러나 요즘에는 상급자가 부하 직원의 눈치를 살피는 일이 늘어나고 있다. 근무 성적이나 인사 평정 또는 성과 평가에 '다면평가'(多面評價 : 360-degree feedback) 방식이 도입되면서 더욱 그러하다.

대학에서도 학생들이 교수 강의에 대해 평가하면서 스승이 제자들의 눈치를 본다. 바야흐로 부하나 제자의 눈치도 잘 봐야 살아남는 세상이 되었다.

눈치는 상대의 의중과 상황을 빠르게 읽고 대처하는 능력이다. 그런데 한편 윗사람이 잘못할 때 충언을 아끼지 말아야 한다고 학교에서 배워왔다. 그러나 눈치 있는 사람이라면 누가 그런 짓을 하겠는가? 아래 눈치도 봐야 하는데 하물며 위에 대해서야… 눈치는 학교나 학원에서 가르치지 않는다. 학교에만 충실한 학생이 출세하지 못한다고 했던가!

조직 성원을 성장시키는 것은 '칭찬'이고 그들을 단련시키는 것은 '충고'이다. '칭찬'은 처음에 감미롭고 뒷맛도 개운한 고급 '향다'(香茶)이고 '충고'는 처음에는 쓰지만 뒷맛이 달게 느껴지는 '보약'이다.

다만, 칭찬이든 충고든 그 명분이 확실해야 한다. 특히 충고할 때는 그 태도와 방법이 중요하다. 감정이 섞여서는 절대 안 된다. 감정이 섞이면 인간적인 모욕을 느낄 수 있다. 그렇게 되면 선의의 지적이라도 그 보약 같은 효과 대신에 욕된 기억만 남게 된다.

더 나아가 호통은 충고보다 훨씬 센 보약이다. 그러므로 상급자나 리더들은 '존경면허'의 덫에 걸리는 것을 항상 경계해야 한다.

근래에 들어 기압 주던 고참, 호통 치던 상사가 그리운 까닭은 무엇일까? 인간의 마조히즘적(masochistic) · 의존적 본능 때문만은 아닐 것이다.

갈수록 우리 사회에서 아래위 두루 눈치를 봐야 하고 더러는 예의라는 이름으로 아세(阿世)하는 세상이 되어가기 때문에 역겨워서 그럴 것이다.

46 리더십 비판(3) : 호통과 성냄의 차이

'호통' 치던 상사가 그리운 법이지만 '화'내는 상사는 전혀 그렇지 않다. '호통'과 '성냄'의 차이는 무엇인가?

예나 지금이나 성냄은 곧 불(火)과 같아서 그동안 인간적으로 가꾸어 온 공덕(功德)의 숲을 다 태워버린다. 버럭 화를 내서 얻는 것은 거의 없고 잃는 것만 많을 뿐이다. 갑(甲) · 을(乙) 관계에서도 어느 쪽이든 화냄의 결과는 마찬가지다.

공직사회에도 성품이 유별난 자들이 있다. 한국 정부에 금세기 초까지 소위 '핏대'[65] 3인방의 명성이 자자했다. 모 종합 조정기관에도 별난 U상관이 있었다.

그는 업무 열정과 아이디어가 많은 반면 자기중심적인 성향도 보인 분이었다. 아침 회의 때 과장별로 많게는 열 가지 정도씩 정책 지시사항이 떨어지기가 일쑤였다.

부하들을 일로 몰아붙이는(driving) 리더십이었고 잔소리, 큰소리가 없는 날이 거의 없었다. 일요일에도 간부회의를 소집하곤 했다. 새해 첫날에도 신년도 정책구상을 해보자며 외부 집합을 시도한 적도 있었다.

65] 성질이 급하여 무슨 일이 있을 때 쉽게 얼굴이 벌겋게 달아오르고 핏대가 서는 사람을 가리킨다.

이렇듯 임무 부과방식도 과도했지만 진짜 문제는 불 같은 성벽과 독설에 있었다. 부하들에 대한 화가 치밀 때면 고성에다 "직권면직 시켜버리겠다!", "개××!" 정도는 입에 붙어 다녔으며, 더 심한 인격 모독적인 언사도 서슴지 않았다.

그래서 대부분의 직원들이 기피하며 악평할 수밖에 없는 일종의 업무 중독성 상사 스타일이었다. 얼핏 업무 화신의 굴절된 모습으로 비쳐질 때도 있었다. 휘하 간부 중에는 그 상급자 방에 혼자서는 아예 들어가기조차 꺼린 사람도 있었다. 직원 중에는

"저 양반 밑에서는 정신 수양하는 자세로 일하지 않으면 견디지 못한다."

고 말하던 사람도 있었다.

그러나 그분 본인의 행위 동기(動機)를 들어보면 분명히 진정성이 충만했다.

"내 부하 직원들을 어디에 내놔도 최고가 되는 강군으로 육성하기 위한 것이다." "내가 여러분들을 유격훈련 시키는 중이다."

등으로 말하곤 했다. 본인은 진심으로 충실하고자 했지만 부하들은 수용하지 못했다. 이 점에서 어떤 독선의 패러독스가 작용하는 듯 했다.

그 상관을 모시고 일한 2년여 기간 동안 혹독한 기획훈련을 받았음이 틀림없다. 직권면직 당하지 않으려고 정보화 관련 자격증도 하나씩 땄다. 정책 · 기획 보고서 작성 트레이닝은 확실히 했다는 생각이다. 이 점에서 고마운 상관이었다.

'호통'을 치되 '화'만 내지 않으면 괜찮은 것인가? '호통'과 '성냄'은 본질적으로 다른 것인가?

분명한 것은 이 둘의 외형은 비슷하나 내면은 다르다는 점이다. 전자의 경우는 심중에 불이 없으나 후자는 심중에 불이 타고 있다.

그런데 문제는 호통이 성냄으로 전환되는 경우도 많다는 점이다. 따라서 호통도 함부로 칠 일은 아닌 것이다. 또한 본인은 호통 칠 자격이 있다고 생각하는 소위 '존경면허'[66]의 착각도 주의해야 한다. 당하는 자는 쉽게 상처를 입기 때문이다.

지방 조직에 있을 때는 1년여 기간에 화는커녕 호통도 친 적이 없다. 그 후 중앙부처 2~3년간은 공직생활의 힘든 상황하에서 종종 호통을 치기도 했다. 화를 동반한 적도 있어 반성하고 있다. 아무리 급박하더라도 화냄은 인간적인 반발을 배태시키고 성과 측면에서도 효과적이지 못하다.

예전의 그 별난 U상관은 가는 보직마다 그렇게 인적 · 물적으로 강한 드라이브를 걸어서 일반인들도 대부분 알 수 있을 정도로 가시적인 정책 성과를 달성했다. 그럼에도 불구하고 당시 그의 부하 중에 그를 호평해주거나 후일 만나보고 싶어 하는 사람은 보지 못했다.

상사의 호통은 경우에 따라 있을 수 있지만, 요는 화(火)를 빼는 것이다. 쉽지 않는 일임이 분명하나 화가 깃든 호통은 절대 하면 아니 된다. 지금에 그 상관 시절의 추억을 회상하면 그리움보다 희미하게 씁쓸한 기억이 더 많이 있다.

누구라도 필시, '칭찬으로 얻은 부하 성냄으로 다 잃는다!'

66] 본서 "45. 리더십 비판(2) : 호통 치던 상사(上司)가 그립다." 참조.

47 리더십 비판(4) : 월요일이 기다려지는 직장

'출근이 기다려지는 직장, 월요일 아침이 기다려지는 직장이 있었다. 그 팀원들은 같이 일하는 것이 즐거웠다.' 그들은 매일 서로 보고 싶었다. 그래서 그들은 가끔씩 주말 아침에도 만났다.

현실 조직에 이러한 부서나 팀이 있을 수 있을까? 이상한 나라의 직장 이야기가 아니다. 국내 모 그룹 본부의 옛 인력관리부 이야기이다. 그들을 몇 번 만난 적이 있다. 그들 중에 필자의 친구도 있었다.

직장생활이 그렇게 재미있는 까닭이 뭐라고 생각하는지를 물어 보자 그들은 이렇게 말했다.

"우리는 일이 생기면 다 같이 달려든다. 그래서 낯선 업무에 대한 두려움이 없다. 그리고 우리는 서로 친하다."

필자도 과거 초년의 직장 시절에 저녁이면 아침이 기다려지고 주말에는 월요일이 빨리 왔으면 하는 생각을 경험한 적이 있다. 열심히 일을 했다기보다 상사·동료들과 친하게 지냈다는 것, 그 회사 사세(社勢)가 급신장했다는 기억이 남아 있다.

위 그룹 인력관리부의 조직구조는 전통적인 부서 형태였지만 부서운영은 '팀제'처럼 되고 있었다. '팀제'는 그 규모가 크든 작든 '팀장' 아래 결재체계를 단순화하고 팀장·팀원이 책임을 공유한다.

또 팀제는 팀장과 팀원이 공식적 업무뿐만 아니라 비공식적 관계도 밀

접하고 팀원 간 정보 공유와 소통이 긴밀해야 성공할 수 있다. 그들은 상호학습을 통해 발전을 추구하며 팀장은 결재만 하는 것이 아니라 코치처럼 현장에서 같이 움직이는 조직 운용방식이다.

팀제의 구성이나 기동성 등을 얘기하자는 것이 아니다. 업무에 대한 두려움이 없고 구성원 간 '친해지는 방법'에 꼭 왕도가 있는 것도 아니다. 한두 건의 사례를 일반화하기 어려울 수도 있다. 요는, 팀이든 전통적 부서든 그 관건은 조직 형태가 아니라 운용체계라는 점이다.

관찰된 바를 정리하자면 아래와 같다.

첫째, 경우에 따라 '업무와 책임을 공유'하는 것이다. 분업을 무시하는 게 아니다. 각자 역할을 분담하되 사안에 따라 공동 대처하는 것이다. 엄격한 분업은 일시적인 생산성에는 도움이 되지만 조직의 감성을 고갈시킬 수 있다. 이는 리더가 어떻게 선도하느냐에 달려 있다.

둘째, 전통적인 가르침 위주의 교육훈련보다 '변화를 이끄는 학습'(learning) 조직이 되는 것이다. 그러므로 전체 차원의 교육보다 부서별 학습이 중요하다. 책을 읽게 하거나 연구 보고서를 제출 · 발표하는 방식은 별로 좋지 않다.

그 이유는 바쁜 업무와 겹쳐 자칫 피로와 냉소를 유발할 수 있기 때문이다. 자연스럽고 일상화된 정보의 교환 · 공유 방식이라야 한다.

셋째, 비공식적 · 개인적 '친밀 증진'을 위한 다양한 기회를 주는 것이다. 조직생활에서 공 · 사의 구분은 기본이다. 그러나 그 이름으로 정(情)이 희생되면 안 된다. 이는 모든 일이 삶의 동등한 가치적 과정이며, 공 · 사 간 이익충돌(conflict of interest)과 같은 것이 문제이지 정 없는 조직은 죽은 조직이기 때문이다. 인간적인 친밀도 조성은 조직 생명과 직결된다.

이러한 운용은 반드시 전사적(全社的)일 필요가 없다. 부서 단위나 팀별로 시도되는 것이 더 용이하고 효과적이다.

부서장이나 팀장은 본인과 구성원 간의 공 · 사 관계뿐만 아니라 구성원 상호 간의, 부서 전체의 업무 흐름과 소통을 항상 살펴야 한다. 이것은 '팀 리더'로서 역량에 관한 문제이다.

한편, 팀제식 운영의 위험성도 상당하다. 팀 내부 갈등에 대한 조정기능이 취약할 경우 치명적일 수 있고, 다른 팀과의 소통 부족이나 '팀 이기주의' 등도 우려된다. 그러나 가시 없는 장미, 독성 없는 보약이 어디 있겠는가!

월요일이 기다려지는 직장이 되려면 기본적으로 인간관계가 우선시되고 그 위에 업무체계가 짜여야 한다. 여기에 리더의 역할이 결정적으로 작용하게 된다.

그래서 '좋은 팀장'의 조건은, 먼저 인간의 가슴으로 인간의 조직을 운영하는 것이다. 그 다음으로 '유머'를 잃지 말아야 한다. 실로 유머가 없는 자는 관리자로서 자격이 없다.

그리고 구성원과 수시로 소통하되 너무 부지런하지 말아야 한다. 또한 무엇보다, 팀원이 '주인'이 되도록 해줘야 하며, 팀 밖에 팀원을 두면 절대 안 된다.

48 리더십 비판(5) : 작살대회의 추억

'작살대회'는 직장 상사를 작살내는 행사였다. 한때 기업에서 주로 신입 사원들끼리만 하던 회식을 말한다.

여기에 상급자는 참석하지 않는다. 여느 회식 자리와 마찬가지로 여러 말들이 오가지만 회사나 상사(上司)에 대한 이야기가 주를 이룬다. 상사들을 하나씩 테이블 위에 올려놓고 온갖 입방아를 찧고 갈고 평가하며 별명까지도 붙여가면서 작살내는 것이다.

회식비용은 회사가 부담해준다. 중요한 것은 그 자리에 무슨 얘기들이 있었는지 회사 측이나 상사들이 알려고 하지 않는다는 점이다. 필자도 그 시절 몇 번 참여한 기억이 있다.

이 작살대회에서 조직 새내기들은 상사들을 신나게 까부수기도 하고 존경도 함으로써 직장 적응의 스트레스를 풀고 나아가 조직과 사회를 배워 나간다. 악의 없는 욕설의 장은 이처럼 하나의 교육과정으로서 순기능도 했던 것이다.

정부의 모 종합조정기관에 근무할 때 불 같은 성품의 간부가 있었다. 그에 시달리던 한 직원이 하던 넋두리가 생각난다.

"저 양반 꿈에도 나타난다. 왜 이렇게 날 괴롭히는지... 전생에 내가 지한테 뭘 잘 못했나..."

직장인의 스트레스에 관한 강의를 들은 적이 있다. 스트레스의 주된 원인 중 하나가 바로 상사이고, 그 해소에 특효약은 상사와 한판 붙는 것이라고 했다. 그러나 상사와 실제로 싸울 수 없으니 말로써 분풀이할 수밖에 없다. 이것도 면전에서 어려우므로 없는 데서 마음껏 욕하는 것이라 했다.

실로 작살내고 싶은 상사는 있어도 작살내고 싶은 부하는 별로 없는 것 같다. 없는 데서 윗사람을 칭찬도 하지만 비판하는 것도 조직인의 인지상정에 따른 일상이기도 하다.

상사가 부하를 평가하지만 이제는 부하들도 상사를 평가할 권리가 있다. 오늘날 이를 용인하지 못하는 상사는 직장을 떠나야 한다.

부하들이 상사에 대해 하는 말들 중 리더십 개선에 참고가 되는 것도 있지만 모르고 넘어가는 편이 개인이나 조직에 이로운 것이 많다.

왜냐하면 본래 별 내용도 아니며 그냥 스트레스 해소 차원에서 지나가듯 언급되는 것들임에도 그에 대해 해석이나 의미가 붙으면 문제 아닌 문제로 둔갑하고 화(禍)의 근원이 될 수 있기 때문이다. 사실 부하들의 입방아에 전혀 오르지도 않는 상사는 아마도 무생물 같은 관리자밖에 없을 것이다.

그런데 조직 내 온갖 말들이나 부하들의 일거수일투족이 궁금한 상사가 있다. 예전에 군 지휘관 중 공식 상황 외에 영내(營內)의 비공식 동향을 파악하기 위해 병사들 중 심복을 두고 '프락치'(fraction)처럼 활용한 경우가 있었다고 한다.

일반 직장이나 조직에서도 이렇게 하는 상사가 있다 하나 그 자체가 워낙 은밀한 것이어서 실제로 발견되기 어려운 점은 있다.

또한 본인들이 의도하지 않았으나 자신도 모르게 프락치 역을 하는 경우도 있다. 그렇게 된 부하 직원은 다른 직원들의 언행을 수시로 보고하고, 상사 또한 그에 귀 기울여지며 시원해지기까지 한다.

그러나 그 소리는 처음에만 시원하다가 곧바로 아토피처럼 증폭된 가려움으로 다가오며 경우에 따라 분노를 유발하기도 한다. 그것이 직원 인사에도 영향을 준다면 위험 수위에 이르렀다고 봐야 한다.

그래서 조직에 비공식 보고원을 두면 안 되는 것이다. 비선을 깔아 두면 내부 불신을 야기할 수 있다. 모르고 넘어가야 할 일을 알게 되면 개인과 조직의 번민을 일으켜 직장을 불구로 만들 수도 있다.

'모르는 게 약'이다. 조직 내의 동향이 궁금하면 공식 보고체계를 다변화하고 부하 직원들의 목소리를 알고 싶으면 내부 망을 활용하면 된다. 또 온라인의 익명성 보장이 우려되면 활용 가능한 오프라인 방법도 얼마든지 있다.

실로 건전한 비판과 악의 없는 욕설은 조직을 활성화시키는 통로가 될 수 있다. 모를 것은 모르고 넘어가야 한다. 본질적인 흐름과 관계없는 입방아들은 그냥 스쳐가도록 놔두자.

찧고 까부는 것이 조직 저변에 '공감'과 생기를 불어넣기도 하는 법이다. 상사는 기꺼이 부하들의 작살 대상이 될 줄도 아는 내공이 긴요하다.

49 리더십 찬탄(1) : 사랑과 관용(寬容) – 나폴레옹 · 장왕 · 오기 · 조조

사랑은 죽음보다 강하다. 나폴레옹의 군대는 용맹무쌍했다. 나폴레옹은 '한 마리의 사자와 여덟 마리의 양으로 구성된 군대와 한 마리의 양 대장과 백 마리의 양으로 구성된 군대가 싸울 경우 전자(前者)가 이긴다.'고 했다(임창희 외, 2015 : 115).

이처럼 그는 조직의 규모나 외형보다 강한 리더와 응집력을 강조했다. 그는 마술(馬術)에 뛰어나 언제나 말 위에서 전투를 지휘했다. 당시 '그가 전장에 모습을 나타내면 이는 4만 명의 전력과 맞먹는 것이다.'(박정기, 2016 : 66)라고 평가될 정도로 위용이 당당했다.

그는 피아 대치상황에서 사령관이면서도 앞장서 돌격을 감행하기도 했다. 이에 따라 그의 부하들은 열광하듯이 전투에 몸을 던졌던 것이다.

나폴레옹의 군대가 이렇게 용맹하게 된 그 리더십의 근저에는 그의 부하에 대한 '사랑'이 깔려 있었다.

야심 가득 찬 독재자 나폴레옹의 용인 · 용병술은 충성을 유도하기 위한 위장이라고 비판적으로 보는 시각도 있지만, 그의 '부하 사랑'은 비록 위장이라 하더라도 대단하다.

사령관 나폴레옹이 전선에서 야간 순찰을 돌고 있었다. 초소에는 전투에 지친 초병들이 총도 버리고 자고 있었다. 치명적인 군무위반 상황! 나폴레옹은 총을 손수 거두어 그들이 깰 때까지 지키고 있었다.

초병들이 잠을 잔들 얼마나 오래 자겠는가. 그들은 깨어나자 사령관을 발견하고 혼비백산하여 엎드려 처벌을 자청했다. 작전의 실패는 용서될 수 있지만 경계의 실패는 용서될 수 없다.

그러나 나폴레옹은 오히려 그 초병들의 전투 피로를 위로한 뒤 초소를 떠났다. 그들은 그 후 전투에서 목숨을 던져 싸웠다.

춘추시대 초(楚)나라 장왕(莊王)이 어느 날 밤 문무 신하들과 연회를 개최했다. 연회 도중에 갑자기 바람이 세게 불어 등불들이 꺼졌다. 그때 어둠 속에서 여인의 비명이 터져 나왔다.

누군가가 장왕의 애첩을 희롱한 것이다. 그 애첩은 희롱한 자의 모자(冠) 끈을 잡아뗐다며 모자 끈이 없는 자가 범인이니 잡아달라고 했다. 불이 켜지면 한 사람의 목이 날아갈 경색된 순간이었다.

이때 장왕은 등불을 켜지 말고 그 자리 참석자 모두 각자의 모자 끈을 떼도록 지시했다. 그렇게 하여 애첩의 사랑도 중요하지만 범인이 누군지 알 수 없도록 했다. 그럼으로써 연회 분위기를 되살리고 부하도 보호를 했다. 유명한 '절영지연'(絕纓之宴)의 고사이다.

몇 년 후 장왕이 진(晉)나라와 전쟁 중 먼저 정(鄭)나라와 벌인 전투에서 위기에 처했을 때 한 장수가 선두에 나가 눈부시게 싸우기 시작했다. 그의 활약 덕분에 전세를 뒤집어 이길 수 있었다. 그 장수는 연회장에서 모자 끈이 뜯긴 장수였다. 그때 왕이 목숨을 살려준 은혜를 목숨 걸고 갚은 것이다.

전국시대 위(魏)나라 장군 오기(吳起)는 병법에 뛰어나 제(齊)나라의 손자(孫子)와 쌍벽을 이루어 손 · 오(孫 · 吳) 병법이라고 불릴 정도였다.

그는 전장에 나갈 때 말도 타지 않고 부하들과 똑같이 보병으로 출전했다. 병사들과 함께 맨땅에서 잠을 잤으며 전투 중에도 부하의 몸에 난 종기 부위 피고름을 입으로 빨아내어 낫게 해주었다고 한다. 이것이 '연저지인'(吮疽之仁)이라고 불리는 이야기이다. 이러한 지휘관의 '사랑'에 어느 부하가 목숨 걸고 싸우지 않겠는가.

조조가 관도대전(官渡大戰)에서 원소를 꺾고 중원 북부를 완전히 장악했다. 원소 측이 남긴 것들 중에 조조의 신하 중 사전에 원소 측과 내통한 자들의 명단이 포함된 문서를 발견했다.

그러나 조조는 그 명단을 공개하지 않고 모두 소각 처리해줌으로써 신하들의 감동과 절대 충성을 이끌어낸 일이 있었다. 다소 간교해 보이기는 해도 조조의 관용적 리더십의 일면이다.

진실된 사랑이 있고 위장된 사랑도 있다. 또 위장된 관용도 있다. 비록 어떤 목적 달성을 위해 꾸며진 사랑이나 관용이라 할지라도 없는 것보다 나을 때가 있다.

지휘관의 부하 '사랑', 상관의 하급자 '관용'은 언제 어디서나 조직관리 리더십의 근본 바탕이 된다.

전투에서 죽음을 무릅쓴 자를 이기지 못한다. 일상에서도 죽을 각오로 일하는 자를 당하지 못한다. 리더가 부하를 '사랑'하면 부하는 죽음보다 강한 '사랑'으로 보답하는 것이다!

50 리더십 찬탄(2) : 간디 리더십의 원천 '정직'(正直)

'정직'은 보물이었다. 소년 간디는 원래 말수가 적고 수줍은 아이였다. 그러나 중학생이던 그는 고기를 먹어 근육이 굵고 힘도 센 친구가 부러웠다. 그래서 어머니 몰래 친구와 어울려 고기를 먹었다. 담배도 피우고 도둑질도 했다.

그러던 소년은 점점 고뇌하기 시작했다. 힌두교에서 엄격히 금하는 살생과 육식이 가장 마음에 걸렸다. 고민 끝에 큰 벌을 받기로 각오하고 부모님에게 고백했다.

어머니는 용서하고 아들의 솔직함을 격려하고 칭찬했으며, 병상에 누운 아버지는 눈물을 흘렸다. 아버지는 아들의 죄지음 때문이 아니라 그 '정직'함에 기뻐서 눈물 흘렸던 것이다.

여기서 그는 '정직'의 위력을 깨달았다. '정직'이란 이렇게 감동을 주는 것이구나! 이로써 '정직'과 '용서'는 그 마음의 보물이 되어 후일 위대한 마하트마 간디(Mahatma Gandhi) 리더십 원천이 되었다.

그리하여 불멸의 '비폭력 저항'과 다른 종교에 대한 '관용주의' 실천의 원동력이 된 것이다.

'정직'은 '대박'을 가져다주는 수도 있다. 1970년대 초의 일로 기억된다. 제주도의 한 영업용 택시기사 이야기다. 그는 일본인 관광객 한 명에게 택시를 대절(貸切)[67] 하여 며칠간 관광을 시키게 되었다.

당시 택시 대절 관광의 경우 기사가 운임과 숙박료 · 입장료 등 일체의 경비 총액을 선불로 받고 패키지로 가이드까지 해주는 것이 관례였다. 그러면서 외국인들에게 바가지를 씌우기가 일쑤였다.

물론 나중에 돈이 남더라도 돌려주지 않았다. 돈 많은 외국인들은 이를 알더라도 관광지의 속성으로 보고 대체로 넘어가 주던 시절이었다.

그러나 그는 그 일본인의 관광 일정이 끝나자 총비용을 빼고 나머지는 동전까지 정확히 돌려주었다. 당시로 볼 때 흔한 일은 아니었고, 그 일본인은 크게 감동하여 그에게 꿈이 뭐냐고 물었다.

그 기사는 그냥 인사치레로 생각하고 대수롭지 않게, 제주도에서 관광호텔 사장이 되는 것이 꿈이라고 말했다. 그 일본인은 부자였고 그 꿈을 이루게 해주었다. 간단한 정직 하나로 그 택시 기사는 대박을 거둔 것이다.

이와 유사한 '거스름돈의 정직' 이야기는 링컨(A. Lincoln) 대통령의 젊은 날에도 있었다. 그러나 위 제주도 택시기사 사례를 보면 링컨 같은 '위대한' 사람에게만 어울리는 스토리는 아닌 모양이다.

이처럼 정직이 보물이지만 '정직'이냐 '거짓'이냐는 상대적이다. 악의 없는 거짓말도 주변에 숱하게 있어 왔다. 어린아이에게 "너는 다리 밑에서 주워 왔다. 너는 본래 충청도 꿀쟁이 아줌마 아들이다."라고 한 것이나 아이 이름에 '돌'이니 '개똥'이니 등을 붙여 부른 것도 모두 건강하고 명이 길기를 기원한 애정 어린 거짓말들이었다.

일상에서 엄격히 따지면 하루에도 아마 수백 번은 거짓말을 하며 살고 있을지도 모른다. 사실 '대단하다.' '존경한다.' '사랑한다.' 등의 말들도 대

67] 택시나 버스 등을 계약에 의해 일정 기간 한 사람 또는 한 단체만 사용하도록 하는 것으로 요즈음에는 전세(專貰)라는 말이 더 많이 쓰인다.

부분 듣기 좋으라고 분위기를 생각한 표현일 때가 많다.

이런 일상의 '좋은 거짓말'이야 상대적인 차원에서 보면 오히려 '정직'이라 할 수 있고 그 가치는 고지식한 정직에 비할 바 아니다. 역겨운 아침에만 이르지 않는다면 대인관계나 소통을 보다 원만하게 하는 조미료 역할도 할 수 있다.

이와 같은 '상대적 상황'은 우리 삶 속에 얼마든지 있다. 그러나 세상에는 '절대적 상황'도 있다. 또한 천지의 모습은 원융(圓融)이다. 그래서 상대적 상황과 절대적 상황이 공존하는 것이다.

소년 간디의 용기 있는 '고해'(告解)나 엄격한 회계처리 등과 같은 경우를 절대적 상황이라고 한다면 '정직'은 이 경우에 필요하다. 그리고 그것은 아주 '결정적인 순간'(moment of truth)에 위력을 발휘한다.

실로 진실되어야 할 엄중한 순간의 정직은 '보물'이다. 또한 정직은 위대한 영혼의 한 요소이다. 위대한 영혼은 고독하다고 했던가!

그 고독의 그림자 속에 정직이 있다. 그래서 정직은 항상 '용기'의 뒷받침으로 그 모습을 나타낸다.

상대적 상황에서 상대적 정직이 필요하고 절대적 상황에서 절대적 정직이 필요하며, 절대 정직을 위해서는 내면에 알불처럼 이글거리는 용기가 필요하다.

51 리더십 찬탄(3) : 백범의 결단력(決斷力)

아득한 낭떠러지에 잡은 손을 탁 놓아버려라!

리더십 특성은 선천적인가, 후천적으로도 습득되는 것인가? 리더십의 본질에 관해서는 여러 가지 이론적 접근이 있어왔다.

리더십을 리더 개인의 기질(disposition)이니 인성(personality)이니 하는 자질론에서부터 구성원들의 행동을 유도 · 조정하는 하나의 관계성(relations)의 힘이라거나, 목표를 향한 리더와 팔로우어(follower) 상호 간의 협조적 학습과정으로 보는 이론에 이르기까지 다양하다.

그중 리더의 자질론에서 리더십 학자 스토그딜(R.M.Stogdill)은 리더에게 필요한 '특성'과 '가술'을 구분하되 특성들 중 하나로서 '결단력'을 제시한 바 있다.

공자는 '성상근야 습상원야'(性相近也 習相遠也)[68] 라고 했다. 인간이 태어난 성품은 대개 큰 차이가 없으나 후천 학습을 통해 크게 바꿀 수 있다는 가르침이다.

김구 선생의 어린 시절에 관한 이야기는 흔히 위인전에 나오는 큰 인물이나 천재의 이야기들과는 그 느낌이 다르다. 어릴 때부터 총명이 출중했

68] 논어 양화(陽貨) 편에 나오는 말이다.

다거나 비범한 기운이 남달랐다는 등의 내용이 없다.

그의 자서전 백범일지(白凡逸志)를 보면 젊은 날의 김구(창수)의 방황하던 모습을 읽을 수 있다. 그러나 젊은 날의 행로에서 익히고 깨친 것들이 그의 리더십 특성의 일부가 될 만큼 중요한 작용을 했다.

상민(常民)의 자식 김창암(김구의 아명)은 여느 아이처럼 9세에 한글과 한문 공부를 시작했으며 17세에 과거에 응시했다가 실패했다.

서당공부를 그만두고 관상책 마의상서(麻依相書)를 구해서 석 달 간 두문불출하고 집중적으로 관상 공부를 했다. 그러다가 본인 얼굴을 관찰하니 어느 한 군데도 귀하거나 부유하거나 좋은 상은 없었다. 반면에 천하고 가난하고 흉한 상이라 살고 싶은 마음이 없어졌다.

그러나 그 책 말미에 '상호불여신호 신호불여심호'(相好不如身好 身好不如心好: 관상 좋은 것이 몸 좋은 것만 못하고 몸 좋은 것이 마음 좋은 것만 못하다)라는 글귀를 보고 '마음'이 중요하다고 크게 깨달아 생각을 고쳐먹었다.

이 한 구절이 그가 살신(殺身) 구국 활동을 하게 된 마음의 출발점이 되었다. '호심인'(好心人) 즉 마음 좋은 사람이 되는 방법을 배우러 나섰다가 동학(東學)에 가담하게 되었고 동학군 전투에서 패퇴했다. 전투에 패해 피신하던 중 안중근 의사의 아버지 안 진사(進士) 집에서 당대의 거유(巨儒)로 알려진 스승 고능선(高能善)을 만난 것이 그의 일생에 전기가 되었다.

그 스승은 '보국'(報國)과 '의리'(義理)를 가르쳤고, 무슨 일이든 추진할 때는 '판단-실행-계속'의 3단계를 거쳐야 성취한다고 강조했다. 여기서 결단성(決斷性)이 가장 중요하나 젊은 김구의 결단력이 부족함을 간파한 스승은 그에게 비기(祕器)와도 같은 구절 하나를 주었다.

'득수반지무족기 현애철수장부아'(得樹攀枝無足奇 懸崖撤手丈夫兒: (벼랑에서)나뭇가지 휘어잡은 것은 별거 아니다. 아득한 낭떠러지에 (가지

잡은) 손을 탁 놓아버리는 것이 대장부이다)!

스승에게서 받아 지닌 이 경구는 그 후 치하포 일본 장교(상인이라는 견해도 있음) 격살 사건에서부터 상해 임시정부 시절 한인애국단을 결성하여 나석주 · 이봉창 · 윤봉길 의사 등의 의거를 지휘할 때도 보검처럼 그 결단의 원천이 되었다.

이처럼 젊은 김구의 마음에 각인된 '결단력'은 결정적인 순간마다 작용한 '백범 리더십' 특성의 하나가 된 것이다.

이러한 리더십 '결단력'이 실행되는 기본 전제는 '상황판단'과 '의리'이다. 중요한 순간에 올바르게 상황을 파악해서 결단해야 하고 그 결단적 행위는 의리와 지조에 의해 지속되어야 한다.

그러나 상황 인식이 잘 안된 처지에서, 지조가 없는 결단은 무모를 넘어 위험하기까지 하다. 모든 일에 갈 때가 있고 올 때가 있으며 설 때도 있다.

일반 조직에도 어느 순간 어려움이나 위기적 상황이 올 때가 있다. 구성원들이 혼란에 빠져 의사결정의 갈피를 못 잡을 때도 있다. 이럴 때 리더십의 '결단'이 필요하게 된다. 그리고 그것은 정확한 '상황판단' 위에서 이루어져야 한다.

논어(論語)에서 '잎이 무성할 때 모든 나무가 푸르나 날이 추워지면 비로소 송백의 푸르름을 알게 된다'(歲寒然後 知松柏後凋也)[69] 고 했다. 결국 '판단'과 '결단'과 '의리'는 한 세트(set)이다.

69] 논어 자한(子罕) 편에 나오는 말이다.

52 리더십 찬탄(4) : 징기스칸의 포용력(包容力)

징기스칸의 리더십에 대해서는 '찬탄'이라기보다 '비판'이라고 하는 편이 더 나을지도 모른다.

생명의 가치는 절대적이다. 헌법학 시간에 다수의 목숨을 위해 소수가 희생될 수 있다고 했다가 교수로부터 인간의 존엄과 가치에 대한 호된 교육을 받은 기억이 있다. 생명은 수량 문제가 아니고 그 자체로 존엄하다.

징기스칸을 미국의 한 주요 언론이 지난 천 년 역사에서 가장 큰 영향력을 행사한 인물로 선정한 바 있다. 또 리더십론에서는 그의 리더십을 위대한 한 표본 등으로 칭찬들을 하지만 그러한 평가에 포괄적인 동의는 할 수 없다.

피의 정복자 징기스칸의 말발굽이 닿는 데마다 극한의 공포와 방화·살인이 따랐다. 저항하는 자들은 가차없이 죽이고 씨조차 말려버렸다. 그의 군대가 지나간 뒤에는 사람 뼈가 산을 이루었다. 한 번의 전쟁으로 백만의 시신이 쌓인 적도 있었다고 한다. 그야말로 시산혈해(屍山血海)를 만들며 희대의 잔혹함으로 세상을 짓밟은 것이다. 우리 대한의 강토도 유례없는 9차례 약 30년을 유린하지 않았던가? 생각만 해도 그 이름에서 살육의 피 냄새와 누린내가 풍기는 듯하다.

전쟁도 생명의 존엄에 대한 예외일 수는 없다. 군사적 통치행위라고 하더라도 원리적으로 용인되는 건 아니다. 다만 사법적 판단을 자제하는 것이다. 전쟁의 살상행위도 인간존엄의 법칙에서 면죄될 수 없다.

그런데도 징기스칸의 리더십을 찬탄하는 것은 전쟁은 전쟁이고 잔인은 잔인이며 리더십 중 배울 것은 배워야 하기 때문이다.

그의 리더십에 대해 다양한 평가가 가능하겠지만 적어도 군사학 차원에서는 배울 점이 많아 보인다. 당시 몽골인 병사 10만 명을 포함한 총 200만 명(100만 명설도 있음)도 안 되는 인구로 약 1억 인구를 장악했다. 점령지는 알렉산더 · 나폴레옹 · 히틀러의 점령지를 합한 것보다 훨씬 넓었다 한다.

이를 가능하게 한 요인은 무엇일까? 엄한 군율 아래 지휘관의 솔선수범과 병사와의 동고동락, 체계적인 조직관리, 가공할 기동력(機動力), 전과(戰果)의 공정한 분배, 야전 지휘관에 대한 권한 위임, 적의 저항의지를 미리 꺾는 '의도중심 전략,' 배우고 발전시키는 전투방식, 점령지 자치권 보장, 신상필벌과 은원(恩怨)관계의 철저한 확립 등 많다.

그런데 징기스칸의 인간적인 면모와 리더십의 근본적인 특징을 두 가지로만 정리해 보자면 '경청(傾聽)'과 '포용(包容)'이 아닐까 싶다.

어린 징기스칸(테무진)에 대해 '아홉 살 소년의 눈에 불꽃이 일고 얼굴에 광채가 나는 듯했다'는 기록이 있다. 하지만 원래 지혜로는 의형제 자무카보다 부족했고 힘으로도 친동생 카사르에 미치지 못했다.

또 평생 글을 몰라 자신의 이름도 쓰지 못했다고 한다. 그러나 항상 '겸손'하여 남의 말에 귀 기울였다. 그래서 점점 현명하게 되어가면서 친구와 동지를 사귀었다. 인물을 보는 천부의 눈이 있었는지 가는 곳마다 유능하거나 재능 있는 자는 파격적으로 등용했다.

항복한 자는 넓게 용서하여 자기편으로 만들고 광범한 자율권을 부여했다. 몽골 통일을 위한 초기 전쟁시절에 그가 격파한 부족의 패잔병 중 자신이 탄 말의 목을 활로 정확히 맞힌 자가 있었다. 그 적병을 친구로 영입해 '화살'이란 뜻의 제베(Jebe)라는 이름을 지어 주었다. 그 후 제베는 그의 핵심 장수로 활약하다가 전사했다.

그의 인재 등용의 백미는 금나라 정복 과정에서 개세(蓋世)의 지략가 야율초재(耶律楚材)[70]를 얻어 명재상으로 만든 일일 것이다.

그는 출신성분 · 지위 등과 상관없이 능력 위주로 공정하게 인재를 기용하고 적을 친구로 만들었다. 그러한 포용력과 친화력은 근본적으로 그의 '경청'의 내공에서 우러났던 것이다.

납치되어 적장의 아이를 잉태해 온 아내를 베지 않고 다시 맞이하였다. 그 아이를 적자로 키운 것은 단지 정략적이라거나 당시의 문화 습속적 행태로만 매도하기에는 무리가 있다.

그것은 적어도 인간이 보여준 무서운 포용력의 일면이라고 할 수밖에 없다. 비록 정략에 의한 것이더라도 생명을 위한 '용서'와 '포용'은 그 자체로서 가치가 있다.

70] 원래 거란족 요나라 왕족이었으나 요가 금에 망한 뒤 금에서 대대로 높은 벼슬을 한 집안 출신이다. 천문 · 지리 · 역법 · 정치뿐만 아니라 유 · 불 · 의학 · 점술에도 능했으며 징기스칸이 "야율초재는 하늘이 우리에게 내린 사람이다. 앞으로 모든 정사는 그의 의견대로 집행하라"고 할 정도로 신임이 대단했다. 징기스칸이 그의 특징(큰 키에 긴 수염)을 따서 따로 "우토 사칼(긴 수염)"이란 별명을 붙여 주었다고 한다.

53 겸손이란 것 : 상관의 거만과 과공비례

'거만한 가슴에는 우정이 싹트지 않는다.' 고금을 통해 대인관계의 가장 기본적인 덕목은 '겸손'(謙遜)이다.

이 '겸손'은 '비굴'(卑屈)과 외형상 구분이 어렵지만 본질은 판이하다. 전자는 자신에 대한 '엄한 평가'를 바탕으로 하나 후자는 자신에 대한 '과한 평가'를 바탕으로 한다. 그래서 겸손은 일관성이 있으나 비굴은 약자에 강하다가 강자에는 엎드린다. 또 '겸손'은 칭찬에 어려움이 없는 반면에 '비굴'은 아첨의 통로가 될 뿐이다.

예부터 배움에는 위 · 아래뿐만 아니라 어린 사람에게도 묻는데 주저하지 말라고 했다. 중학생 시절 자취방 주인 할아버지로부터 '불치하문'(不恥下問)이란 말을 들은 기억이 지금도 생생하다.

이러한 배움처럼, 겸손도 일상에서 상 · 하 · 좌 · 우의 인간관계를 형성하는 기초가 된다. 또 조직생활에서는 더욱 중요한 관계 덕목의 하나이다.

조직에서 겸손은 상사 · 동료에게는 물론 부하에 대해서도 소통과 협업을 위한 출발선이 되는 것이다. 왜냐하면 소통을 위해서는 일단 받아들이는 자세가 중요한데, 겸손은 상대를 높이고 자신을 낮춤으로써 '비움'의 공간이 넓어져 받아들이는 폭도 커지기 때문이다.

이 책 앞부분에 정리된 "06. 조직인의 생활 5계 : 목 · 신 · 술 · 애 · 칭" 중 첫 번째 계율이 '목에 힘을 주지 말 것'이었다.

목에 힘을 주는 즉 거만한 직원은 스스로 가득 차서 '배움'이 없다. 이로써 성장하지 못하며 결국 인정도 받지 못한다. 그리하여 실무자 중 '거만'이 몸에 밴 소위 '거물' 직원은 진정한 출세를 할 수 없다.

그런데 거만하면서 직위도 높은 사람이 있다. 이들은 분명 타고난 소위 금수저이거나 어릴 적부터 운 좋게 쓴맛은 못 보고 엘리트 코스만 밟았거나 또는 직위가 높아진 후에 거만해진 경우 중 하나일 것이다.

삼십여 년 중앙 · 지방에서 조직생활을 하는 동안 고위직 중 거만하면서도 부하들로부터 공명(共鳴)을 얻는 사람은 보지를 못했다.

상급자로서 거드름 피우는 그 순간의 쾌감은 있을지 모르나 조직원들에게 남겨주는 교훈적인 추억은 별로 없는 것임이 확실하다.

공무원 초년생으로서 A부처에 근무할 때다. 당시 P장관은 신언서판(身言書判)이 탁월한데다가 외국어 능력과 체력도 훌륭했다. 그의 지휘자로서의 역량에 대해 국내 · 외적으로 받는 평판도 대단했다. 그러나 마음으로부터 존경하는 부하는 없었다.

그는 언제나 자신을 과시했다. 전체 직원들 앞에서도 해박한 지식을 자랑했으며 주말이면 간부들을 이끌고 등산하면서 체력을 뽐내곤 했다. 송년회를 할 때에는 따로 사회자도 없이 본인이 직접 진행하며 나이 많은 간부들에게 반말하기도 예사였다.

업무추진비(과거 판공비)도 매달 규정된 금액 범위의 다섯 배 정도는 썼다. 당시 총무과장은 그 장관의 접대비용을 조달하는 데 진땀을 뺐다.

그 때는 워낙 높고 존경해야 할 상관이었지만 지금 회상하면 차라리 측은하기까지 한 영상으로 기억에 남아 있다.

조직 내 · 외에서 언제나 '거만'(倨慢)은 '비례'(非禮)임이 틀림없다.

이와는 대조적으로 지나치게 겸손하여 진심으로 따르는 하급자가 없는 상급자도 있었다. 과거 B부처 M장관은 개인적 능력이 뛰어났다. 전형적인 신사로서 일반 직원뿐만 아니라 학교 후배인 부하에게조차 사석에서도 존대를 했다.

결벽증에 가까울 정도로 공 · 사를 구분했고 업무지시도 지극히 평온공평하여 그야말로 무색무취요, 정이 없는 리더십 스타일이었다. 그래서 재임 시에나 후일에도 그를 진심으로 존경하거나 '닮고 싶은 선배'로 기억하는 직원은 거의 없는 듯했다.

그것은 겸손이라기보다 대인관계에 대한 일종의 소심증이었는지도 모른다. 아니면 겸손도 지나치면 비굴이 되어 버리는 것인가? 아마 윗사람의 '과공'(過恭)도 '비례'(非禮)가 되기 때문일 것이다.

갑(甲)의 위치에도 오래 머물면 거만해지기 십상이다. 그래서 '갑질'에 흠뻑 젖은 자는 영혼이 어두워져버린다. 그러나 언제나 매사에 겸손하기란 결코 쉽지 않다. 자화자찬(自畵自讚)도 길어지면 거만으로 이어진다.

누구나 일순 자만(自慢)에 빠지기도 하고 비굴해질 수도 있다. 그러하기에 진정 '겸손'은 조직생활에서 항시 명심해야 할 제일의 계율이자 덕목일 수밖에 없다.

54 정책집행의 묘(妙)와 리더십 : 일에도 궁합이 있다

정책론에서 말하는 '정책'(policy)의 개념을 요약해보면 '공적 문제 해결이나 공공 목표 달성을 위한 정부의 행동방침'이라 할 수 있다.

이론적으로 이 '정책'과 '시책'(policy measure)의 개념 구별이 명확하지 않으나, 정책평가 실무에서 전자는 중앙정부 각 부처에서 취급되는 것, 후자는 지방자치단체(주로 시 · 도)에서 추진되는 것으로 일단 구분된다.

정책이든 시책이든 그 일반적인 진행절차는 크게 '형성–집행–평가'의 3단계로 구분될 수 있다.

이 중에 '집행'을 예전에는 수립(형성)된 정책(시책)을 실행하는 단순한 이행과정으로 보았다. 그러나 오늘날은 이해 관계자들이 참여하는 동태적(動態的) 과정으로서 갈등도 발생되고 정치적 결정도 작용하는 과정으로 본다. 경우에 따라 정책목표 자체가 바뀌기도 하는 복잡한 정책 흐름의 하나로 간주하고 있다.

한편 중앙 · 지방의 모든 일들이 그 형성단계에서부터 상호 '조화 · 간섭 · 중립' 등 연관성을 잠재적으로 가지고 출발한다. 그러나 현실은 인적 · 물적 자원의 제약 상황에서 실제 정책들 상호 간에 완전한 중립관계는 없다고 봐야 한다.

더욱이 정책 환경이 더 복잡 · 긴밀해진 오늘날, 수립 당시에 필요한 정보를 다 동원하기가 거의 불가능하다. 그러므로 '집행' 시에 새로운 정보가 발견될 경우 정책내용이 수정 · 보완될 수밖에 없다.

이처럼 일반 정책들 간의 상호관계는 집행과정에서 널리 발견되며, 그중에 간섭 내지 갈등 관계가 주로 문제시된다. 이는 주로 정책의 유전자(DNA) 자체가 '서로 달라서', 그 '이념이나 목표가 충돌'되어서 일어나는 것이다. 쉬운 예로 개발과 보존, 산업화와 환경 관리, 상수원 확보와 생태계 보호 등 그 사례가 많다.

이제, 시각을 좁혀 보면 하나의 정책을 추진하는 데 그 목표를 달성하기 위한 수단들인 '하위정책들 간'에도 상호관계가 있다.

이 관계 또한 '조화 · 간섭 · 중립'으로 나눌 수 있다. 이를 궁합(宮合)에 대입해 보면 정책이나 일에도 서로 궁합이 '좋은 경우', '안 좋은 경우' 그리고 '무해 무익한 경우'가 있다.

먼저, '궁합이 좋은 경우'는 상호 보완적인 관계이다. 이는 경제학의 보완재(補完財)에 해당된다고 할 수 있다. 같은 목표를 향해 동원 · 집행되는 수단(시책)들 간에 하나가 다른 하나로 인해 그 효율성이 증대되는 경우이다. 즉 '가는 길이 같고 같이 가서 좋은 관계'이다.

예컨대, '교통질서 확립'이라는 정책의 목표는 '교통안전과 소통 원활화'이며 그 하위 수단으로서 '교통사고 요인 7개 항목 중점단속'과 '안전띠 착용 유도'는 서로 궁합이 맞아 동시에 집행할 때 더욱 주효하게 된다.

반대로, '궁합이 안 좋은 경우'는 서로 상쇄적(相殺的)인 관계이다. 이는 경제학의 대체재(代替財)에 해당된다고 할 수 있다. 같은 목표를 위한 수단(시책)들 간에 하나가 다른 하나로 인해 그 효과가 감소 또는 저해되는 경우이다.

이는 일종의 '제로 섬'(zero sum) 관계이지만 위에서 언급한, 가는 길이 다른 '유전자가 서로 다르거나 이념이 충돌되는 경우'와는 다르다. 즉 '가는 길이 같지만 같이 갈 수 없는 관계'인 것이다.

예컨대, '교통질서 확립' 정책의 추진수단으로 '중요 위반행위 집중 단속'과 '지정차로제 폐지'가 시행되었을 때 후자는 소통증진을 위한 것으로 전자의 안전증대라는 정책효과를 상당히 잠식했다.

또 '조직경쟁력 향상'을 위한 '우수인력 채용'과 '직원 사기 앙양'도 상위목표는 같으나 공존하기에는 궁합이 맞지 않는 관계이다.

끝으로, '무해 무익한 경우'는 상호 간 뚜렷한 상보성(相補性)이나 대체성이 없이 서로 독립적인 관계이다. 예로서 '선진문화 도시화' 시책에 있어 그 하위 수단인 '불법광고물 정비'와 '거리질서 지키기'는 서로 조화도 간섭도 되지 않는 관계이다.

실제, 정책의 '집행'에 서로 궁합이 안 좋은 일들이 무심코 병행 추진됨으로써 상위 정책의 효과가 상당히 제약되는 일이 있다.

그러므로 '궁합 좋은 경우'는 동시에 추진하며, '궁합 안 좋은 경우'는 우선순위에 따라 어떤 것은 보류 또는 시차적으로 시행하거나 제 3의 완충적인 수단을 동원하는 등의 방법을 강구하는 것이 좋다.

그러나 현실적으로 이렇게 조정하기가 쉽지 않다. 경우에 따라 하위부서의 기능 축소를 야기할 수 있기 때문이다. 여기서 관리자의 일궁합 관리를 위한 '집행의 리더십'이 필요해진다.

55 리더의 근본덕목 : 청렴

"한 도둑이 가니 또 다른 도둑이 온다."고 했다. "모두가 도둑놈이다."(일본말로 '민나 도로보 데스'라고 했다.)라는 말도 필부필부(匹夫匹婦)가 안다.

예전에도 그랬고 오늘날도 공직자를 포함한 사회 고위층의 부패에 관한 이야기는 식상할 정도이다.

21세기에 접어든 지도 한참 된 2018년에도 전직 국가 지도자의 은닉재산 문제 등에 관한 사법절차 진행과정이 연일 보도되는가 하면, 그 해 여름에는 한 정당 지도급 인사가 정치후원금 몇천만 원의 불법 수수 의혹과 관련해 스스로 목숨을 끊은 일도 있었다.

친구 간에 금전거래가 있으면 우정에 금이 갈 것을 우려해야 한다. 사회의 일개 조직에서도 구성원 간에 금전관계가 복잡해지면 그 조직의 역량에 이미 문제가 생겼다고 봐야 한다. 아무리 건전한 거래라고 하더라도 이익의 상반성은 항상 잠복하고 있기 때문이다.

언제나 나라가 망할 때가 되면 부정부패가 극심했다. 조선 말기 관직의 부패가 그러했고 베트남전에서 당시 월남이 패망한 것도 그 근원에는 부패가 있었다.

오늘날 보통명사처럼 되어버린 다산 정약용의 「목민심서」를 비롯한 각종 목민서(牧民書)에서 강조하는 공직자의 근본덕목 중 핵심은 '청렴'

이다.

이 청렴과 유사한 절검(節儉)의 이야기로 일본 소설「대망(大望)」에 나오는 얘기가 있다. 장수(將帥)로 키울 아이의 식사는 소식(素食)에 소찬(素饌)이었다. 즉 된장 · 나물에 보리밥 따위였다. 그러나 인질에게는 미식(美食)을 제공했다.

그 이유는 지도자는 검소하고 기백이 있어야 하는데, 검박한 식사는 기백과 강단을 키우지만, 미식은 몸을 살찌우고 아름답게 하나 정신을 나약하게 만든다고 보았기 때문이다.

베트남의 영원한 지도자 호치민은 생을 마치면서도 청렴 · 검소했다. 그의 유언은 화장해서 북 · 중 · 남부에 나누어 뿌리고 비석이나 동상도 만들지 말라고 했다. 그가 남긴 것은 입고 있던 옷 한 벌과 책 몇 권 정도였던 것으로 알려져 있다. 호치민의 정신은 베트남이 미래 강국으로 나아가는 데 훌륭한 토대가 될 것이다.

청렴은 반드시 공직자에게만 제일의 덕목이 아니다. 우리 사회에 두루 지도자의 근본이 된다. 기업인이자 독립운동가인 고 유일한 박사는 이승만 정권의 압력에 타협하지 않았다.

그는 한국에 전문경영인 시대를 열었고 최초로 종업원 지주제를 실시하는 등 가진 것을 모두 사회에 환원하고 떠났다.

이 모두가 지도자 정신에 관한 이야기다. 다음은 어떤 책에 나오는 내용이다. '부정부패는 망조(亡兆)의 시작이다. 우리는 평판사회에 살고 있으며 평판사회에서 제일 중요한 것은 청렴이다. 청렴하지 못하면 실력이 있어도 평판이 추락한다. 실력 이전에 청렴부터 할 줄 알아야 한다. 평판은 청렴이 만든다.'(배정애, 2017 : 37-38).

그렇다면 현실에서 재물 없는 것이 자랑이 되는가? 사회적으로 지위가 높으면 돈이 없어도 자랑이지만 지위가 낮고 돈도 없으면 부끄럽다는 이야기가 있다.

물론 차원이 다른 얘기지만 인생 3불행 중에 노년무전(老年無錢)이 있다. 늙어서 고생하지 않으려면 젊었을 때 재산을 모아야 하는 것이 당연하다. 시중에는 한때 '옥황상제도 오까네(돈)를 가져가면 빙긋이 웃는다.'라는 막말도 있었다.

청렴(淸廉)을 사전에서는 "성품과 행실이 높고 맑으며, 탐욕이 없음"이라고 정의하고 있다. 과연 청렴의 본질은 무엇인가?

오늘날 공직자윤리법 등에 의한 일종의 강요된 청렴은 진정한 의미의 청렴이라고 할 수 없다. 현실 사회를 규율하기 위해서는 제도로서 불가피한 측면이 있으나 그 본질은 다른 것이다.

인간의 다섯 가지 기본 욕망은 식(食)·수(睡)·색(色)·재(財)·명(名)이다. 재화에 대한 욕심이 없다면 기본적으로 경제가 성립되지 않는다. 돈이 있다는 것은 그 자체로 자랑일 수가 있고 위력적이기도 하다.

오로지 '정당성'(正當性)의 문제이다. 그래서 청렴 그 본질은 '무욕'(無慾)이다. 무욕은 세상 이치 중 근본 정당성에 대한 통찰에서 가능하다.

청렴은 이치에 맞지 않는 이득을 취하지 않는 것이다.
청렴은 부당한 힘에 굴하지 않는 것이다.
그리고 청렴은 적당히 타협하지도 않는 것이다.

이제, 청빈하게 은퇴해서 대장간을 차려 일했고 천인(天人) 같은 삶을 살았던 율곡 이이 선생의 행적을 생각해본다.

특히 리더는 그 직을 떠날 때, 생을 마감할 때 높고 맑아야 한다. 청렴은 시인 유치환처럼 열사(熱沙)의 사막에 백골을 쪼이는 것이다. 그래서 청백(淸白)의 혼으로 세상을 떠나는 것일 것이다.

제4장
소통과 소신, 그리고 의리

"부하가 보고하러 오는 일은 주요 고객이 방문하는 것과 같다...
부하가 오는 것은 중요 고객의 일생이 오는 것이다."
[60. 보고받는 자세 : 섬김이 생명]

56 조직 내 · 외 소통관리 : 텍사스안타를 주의하자

소통은 서로 '아는 것도 공유'하는 것이다. 무심한 침묵 속에 '텍사스안타'(Texas hit)가 난다.

조직 내 구성원 간이나 외부 동업자 또는 협력자(counterparts)와의 '상호 소통'은 어떤 사업을 추진할 때뿐만 아니라, 현안이 없는 일상에서도 긴밀히 유지하는 것이 매우 중요하다.

평상시의 소통은 조직 내 · 외의 평소 유대와 협조 체계를 보다 짜임새 있게 해주는 데 그치지 않는다. 나아가 그로 인한 '정보 공유'는 일단 유사시의 조직적인 대처나 특정 프로젝트의 차질 없는 수행을 위한 저력으로도 작용한다.

그런데 이러한 소통은 그 중요성을 강조만 해서는 잘 되지 않는다. 그것이 생활화될 수 있는 구체적인 '방법'을 실천하는 것이 관건이다.

무엇보다 업무와 관련된 사항은 언론보도 외에 떠도는 소문과 같은 것도 그 내용을 수시로 서로 알려주는 것이 좋다.

또 별다른 용무가 없더라도 하루 한 번 이상 서로 간에 안부를 묻듯이 전화나 메시지 등 온 · 오프라인의 어떤 형태로든 의사소통할 필요가 있다.

실제, 상급자나 동료가 당연히 알 것으로 생각했는데 모르는 경우도 있다. 특히 당일 아침 뉴스로 보도된 사실을 하필이면 내 상사만 모를 수 있는 것이다. 그러므로 항상 아침 일과를 시작하면서 관련 보도 외에 첩보 수준의 사항들 중 대수롭지 않게 보이는 것들도 가볍게 '공유 확인'을 하는 것이 기본이다.

이러한 소통체계는 사안과 상황에 따라 아주 요긴하게 작동할 때가 있다. 상대방이 당연히 알고 있으리라고 생각하는 것까지는 좋으나 그에 따르는 침묵은 안 된다. 반드시 서로 이야기해줘야 한다.

예전에 어느 장관이 실무 책임자를 대동하고 대통령에게 현안 보고를 갔다. 그 부처와 관련해 아침에 나온 간단한 뉴스 사항을 실무자들은 알고 있었으나 그 장관만 몰라 낭패를 당한 일이 있었다.

특히, 소통과 정보 공유에 있어 '상사는 나보다 더 많이 안다'는 생각은 간혹 큰 '업무 사고'를 야기하기도 하므로 주의해야 한다.

이와 더불어 중 · 상위 관리자가 항시 유념해야 할 것이 과업 조직 내 · 외의 '텍사스안타'이다. 여기서는 비유적 표현이지만 미국 프로야구 초창기 시절이던 19세기 말 텍사스리그(Texas League)에서 자주 발생했다. 평범하거나 빗맞은 공이 내야수와 외야수가 잡지 못하는 어중간한 지점에 떨어지는 안타를 말한다. 필드의 크기나 내 · 외야 수비 범위와 관계없이 일종의 혈(穴) 같은 지점에 떨어지는 것이다.

이 같은 현상이 사회조직의 운영과정에서는 허점 또는 실수로 종종 발견된다. 특히 '행사업무'의 경우 가끔 대형 사고로 이어지기도 한다. 그 상당 부분이 주로 소통의 불완전성에서 기인되는 것이다.

지방광역시 부단체장으로 근무할 때의 일이다. 광역시 주관으로 세계 ** 엑스포 행사를 추진한 적이 있다. 몇 년을 준비하여 약 한 달간 진행된 전시회로 지방 국제행사로는 나름으로 큰 행사였다. 그 행사장은 광역시 내 U군 관내에 위치해 있었다.

개막식에는 중앙 · 지방의 고위직과 국내 · 외 관계자들도 초청되어 왔다. 개막행사의 점정(點睛)은 **가마의 '점화식'(點火式)으로서 일반 행사 개막식의 테이프커팅(tape-cutting)에 해당한다.

점화식은 단상 위에서 이뤄지고 그 주관 단체장을 비롯한 국내 · 외 관련 분야 요인들과 행사 개최지의 지역책임자인 군수도 참여하는 것이 정석이다.

그런데 점화식에 군수는 없었다. 행사 총괄 책임자도 당연히 군수는 포함되어 있을 것으로 생각했다. 실무자들도 의심조차 하지 않았다. 긴박한 진행 과정에서 행사 사회자도 챙기지 못했다. 군수는 단하에 있었고 표정이 매우 서운해보였다. 행사에서 '텍사스안타'가 난 것이다.

개별 조직에서든 사회 일반에서든 '소통'은 항상 인적인 연계관계의 유지 · 발전에 근본바탕이 되는 행위체계이다.

나아가 대내 · 외적으로 추진되는 사업들이 보다 완벽해지도록 담보해주는 요긴한 인프라라고 할 수 있다. 다만 이 소통을 실효성 있게 하는 방식의 하나로서 정보공유의 요령은 이와 같다.

아는 길도 물어 가듯이 항상 서로 당연히 '알 것으로 보이는 것도 공유'해보자. 조직의 과업 추진에 있어서 텍사스안타도 예방될 것이다.

57 회의시간은 짧을수록 좋다 : 14 · 29 · 55, 그리고 110

징기스칸의 몽골군은 말 위에서 이동 중에 식사를 했다. 식사시간이 길거나 회의가 긴 군대는 적을 이길 수 없다.

집단생활에 있어 '회의'(會議)만큼 일상적이고 보편적인 활동은 없을 것이다. 이 회의는 '둘 이상의 사람이 각자의 정보(fact)와 의견(opinion)을 공유하기 위한 또는 어떤 사안에 대한 대책이나 결론을 도출하기 위한 집합적 활동'이라 정의해 볼 수 있다.

전자로는 일상의 티타임(teatime) · 주간회의 · 확대간부회의 등이, 후자에는 대책회의 · 전략회의 등이 각각 있고 각종 자문회의도 후자에 해당된다고 봐야 한다.

이러한 회의는 '대화'를 그 주된 수단으로, 소통하고 중지(衆智)를 모으는 차원을 넘어 인간관계까지 증진될 수 있는 통로가 된다.

이로써 '회의'는 개인별 능력의 단순한 집합을 넘는 이른바 '집단지성'(collective intelligence)을 형성하여 조직의 시너지(synergy)를 창출하는 데도 그 취지가 있는 것이다.

따라서 회의는 '민주사회'의 기본적인 의사결정 체계의 하나이다. 그러므로 특정 사고(思考)나 방안을 전체에 확신시키는, 독재 · 조폭사회나 순혈조직 등의 소위 '집단사고'(groupthink)의 형성 체계와는 근본이 다르다.

집단지성이 화합하되 무조건 동조하지 않는 '화이부동'(和而不同)[71] 이라면 집단사고는 겉으로 동의하되 속으로는 화합하지 않는 '동이불화'(同而不和)에 해당한다.

이러한 목적을 가진 회의가 그 본말이 전도되어 비생산적으로 운용되는 사례가 허다하다. '회의가 긴 조직은 망한다.'는 말이 있고, 『강한 회사는 회의시간이 짧다』(니콜스 외/심영우 역, 2004)라는 저서도 있다.

실제 간부들이 아침에 시작한 티타임을 마치면서 바로 점심 식당으로 가는 조직도 있었다. 이런 조직이 불원간 망하지 않는다면 그 자체가 기적이다.

회의는 제조업체의 생산 공정과도 같은 것이므로 그 시간이 길면 그만큼 비용이 늘어나고 비생산적으로 되는 것이다.

요즘 정부의 어떤 부처에는 고위 간부실의 회의용 탁자에 의자가 없다. 다 같이 서서 차를 마시며 선 채로 회의를 한다. 건강 도모뿐만 아니라 회의시간 단축의 취지도 있음이 틀림없다.

또 어떤 기업은 푸시업(push-up) 자세로 엎드려 회의를 하고, 어떤 회사는 평균 임금을 기초로 한 시급(時給)을 도출하여 연간 회의시간을 비용으로 계산해보기도 했다. 이처럼 회의 시간은 생산에 대한 '기회비용'으로 산출될 수가 있다.

그래서 회의시간은 가급적 짧아야 한다. 예외적으로 긴급한 사안이 있거나 특별한 경우를 제외하고 2시간이 넘는 회의는 회의가 아니다.

국내 한 저술에 의하면 일반적으로 회의는 2시간 이내를 원칙으로 한다. 이는 인간의 생리적 · 심리적 조건 때문이다. 미국의 경영학자 드러

71] 논어 자로(子路) 편에 나오는 말로서, 군자는 생각이 달라도 존중 · 화합하되 무조건 남에게 동조하지 않고, 소인은 남의 의견에 동조하면서도 화합하지 못한다(君子和而不同 小人同而不和)고 했다.

커(P.F. Drucker)는 55분이 한도라고 주장한 바 있다. 이 시간 내에 결론을 얻지 못한 경우에는 차기 회의를 정하고 종결해야 한다. 부득이 계속 회의가 필요하면 20분 정도 쉬고 속개해야 능률적이라고 한다(전영우, 2013 : 230-231).

물론 짧은 한 회의가 다 좋다는 것은 아니며 그 운용방식도 중요하다. 회의의 리더가 발언을 독점하는 것은 회의가 아니고 지휘방침 전달식에 불과하다. 즉 두뇌폭풍(brain storming) 정도는 아니더라도 의견교환이 자유로워야 한다. 발언시간의 비중이 리더와 구성원 간에 '8 : 2'보다 리더 쪽으로 기울면 좋지 않다.

그러나 이는 구성원들 입장의 비율이고 리더 자신은 '6 : 4'에서 본인 쪽으로 기울지 않도록 노력하며, 되도록 부하들에게 발언 기회를 많이 주어야 한다.

짧은 회의의 실천, 「14-29-55, 그리고 110」이다!

이것은 회의 단축을 위해 시간을 정해서 운용하는 방법이다.

이를 팻말에 써서 각 회의실에 비치해놓고 실천 노력을 하는 것이다. 티타임과 같은 15분짜리 짧은 회의는 목표를 14분 이내로, 30분짜리 회의는 29분 이내로, 1시간짜리 회의는 55분 이내로 끝을 내고, 부득이하게 2시간 정도 걸릴 회의라도 110분 이내에 끝내도록 한다.

과거 공직 재직 시에 정부 A부처에서 이를 실시해보았다. 그 후에 다른 조직에서도 이를 적용해 본 결과 회의가 점점 효율적으로 변해가는 것을 경험한 바 있다.

58 보고와 지시 체계 : 기강 문제이다

'건너뛰기'(skip)는 조직에 망조가 들게 한다.

조직에서 공식적 정보의 전달 · 공유는 대부분 위로는 '보고'(報告), 아래로는 '지시'(指示)를 통해서 이루어진다.

'보고'는 그 방식이 대면(對面) · 비대면(非對面), 온라인(online) · 오프라인(offline) 할 것 없이 조직 의사결정의 최종 단계인 '결재'(決裁)를 위해서도 주된 소통로가 되고 있다.

그리고 '지시'는 그 방식이 어떤 형태이든 목표나 집행방침을 전파 · 숙지시키는 등 조직을 '동작화'(動作化)하는 핵심수단이 되어 왔다.

그러므로 이 보고와 지시는 유기체가 사유하고 행동하며 살듯이 조직에서도 그 생명활동의 기본요소가 된다. 따라서 그 운영 체계와 질서는 조직의 '근본기강' 차원에서 관리되어야 한다.

이 보고 및 지시의 '효율성'등에 관해서는 이론적으로도 상당히 연구되어 왔기 때문에 여기서는 논외이다.

먼저, '보고'는 정해진 '계통'과 '절차'를 따르는 것이 기본이다. 그 진행과정에서 중간 계층을 생략하는 이른바 '건너뛰기'는 금물이다.

예컨대 어떤 사안을 실무자나 계장이 과장 또는 국장을 거치지 않고 그 위 국장 또는 실장에게 바로 보고하는 것이다. 이 건너뛰기는 고의인 경우와 착오인 경우가 있다.

첫째, 고의인 경우에도 악의가 있고 선의가 있다. 전자는 그 중간 상급자를 의도적으로 소외시켜 무력화 또는 고사시키려는 것이다. 후자는 사안의 시급성 등으로 어쩔 수 없이 건너뛰는 것이다.

전자는 죄악이다. 이는 공적행위의 사적 · 감정적 변용에 다름 아니다. 이런 일이 자행되는 조직은 원한과 분란으로 조만간 소멸되거나 창조적 생산성이 영(zero)에 가까운 개체가 되어버린다.

실제 그런 사조직은 모두 단명으로 사라졌다. 공조직은 소멸했거나 그 구성에 지각 변동을 겪고 나서야 새싹이 돋았다.

다음으로 후자 즉 선의인 경우에는 신속히 건너뛴 중간 계층에게 '사후보고'를 하는 것이 요체이다. 문제는 이 사후보고를 하지 않거나 지체하면 전자 즉 악의인 경우와 비슷한 결과가 된다는 점이다.

그러므로 예컨대 기관장이 직접 찾거나 지시해서 바로 보고할 수밖에 없는 경우에 그 보고 전에 중간 상사에게 간략하게 혹은 상황 자체라도 알리는 게 정상이다. 경우에 따라 같이 보고하러 가는 방법도 있다. 그게 안 됐을 때는 즉시 사후보고를 해야 한다. 사후보고는 웬만하면 대면 방식이 좋다.

둘째, 착오로 '건너뛰기' 보고를 해버린 경우이다. 이 때 즉시 지각(知覺)하여 사후보고를 하면 회복된다. 하지만 여기서도 사후보고가 없거나 지체되면 심각해진다.

이 건너뛰기가 한번 정도면 양해가 되기도 하지만 상습적이면 치명적이다. 상습적이면 매번 사후보고를 잘 해도 문제가 된다.

한때 정부 ○부에는 이 건너뛰기에 능한 간부가 있었다. 빈번하지 않았으나 1년에 몇 번 정도 내부에서뿐만 아니라 외부 상급기관으로도 직접 뛰는 경우가 있었다. 대부분 고의라기보다 거의 습관적이었다. 그는 후속 정부에서 요직을 맡았으나 얼마 안 가 본부대기 발령을 받았다.

다음으로, '지시'도 마찬가지로 정해진 '계통'과 '절차'를 따라야 하고, 이 또한 '건너뛰기(skip)는 아니 된다.

이 건너뛰기가 고의라면 그것은 조직을 빨리 죽게 하는 지름길이다. 선의나 착오에 의한 경우는 지시자가 건너뛴 중간계층에게 바로 '사후확인'을 해주는 것이 정도(正道)이다.

다만 '보고'의 경우와 다른 것은, 이 사후확인 서비스가 실제 잘 안 된다는 점이다. 왜냐하면 사후확인을 해주는 수준 높은 상급자가 드물기 때문이다.

그러므로 요체는 언제나 그 지시받은 당사자가 건너뛴 중간 상사에게 직접 '사후보고'를 잘 하는 것이다.

예컨대, 계장이 국장 지시를 직접 받았다면 과장에게 "방금 국장으로부터 지시를 받았다. 또는 보고했다…" 식으로 즉시 보고해야 한다. 그런데 이것도 몇 번 생략되면 그 계장은 위태로워지게 된다.

한편 역으로 보고나 지시를 건너뛰지 않으면 오히려 일을 그르치기 십상인 문제아 중간 계층이 있을 수 있다. 이는 이른바 '해군지마'(害群之馬)[72]에 해당되는 갈등 상황이므로 따로 다룰 사안이다.

오늘날 회의와 같은 수평적 정보 전달 방식이 늘고 있으나 여전히 수직적인 보고 · 지시가 주 통로이다. '건너뛰기'는 안 되며, 불가피했다면 '사후보고'나 '사후확인'을 하되 가급적 빨리 해야 한다.

그야말로 '보고'와 '지시' 체계는 생명체의 혈행(血行)처럼 조직 운행의 기강이요, 생명선이다.

72] 본서 "14. 인사의 본령(1) : '잘못된 임용'을 안 하는 것" 및 "15. 인사의 본령(2) : 해마(害馬) 처리의 딜레마" 참조.

59 보고하는 자세 : 거리, 눈높이가 생명

조직 활동에서 보고는 구두(口頭) · 서면(書面), 단독 · 집단 보고 등 그 형태가 어떠하든 정보의 공유와 조직 의사 결정을 위한 주된 통로이다.

이 '보고'에 대한 논의는 크게 두 영역으로 구분될 수 있다. 하나는 무엇을 보고하느냐 즉 '보고 내용'의 영역이고 다른 하나는 어떻게 보고하느냐 즉 '보고 기법'의 영역이다.

전자는 구두도 있으나 주로 서면 즉 '보고서'의 작성 등에 관한 것으로 종래 '보고' 관련 교육 프로그램들은 여기에 초점을 맞춰 왔다.

후자는 어떤 내용이든 보고를 '잘 하기 위한' 방법에 관한 것이다. 보고서 문제도 영상보고 같은 것은 이 방법론 범주에서 논의될 수 있고 또 상당한 비중으로 다루어져 왔다.

그런데 이 방법론 중에, 보고자의 '자세'나 태도 등에 관해서는 관심이 상대적으로 적었다. 그러나 경험상으로 이 또한 매우 중요하다.

보고하는 자세로서 바람직한 것은,

첫째, 보고에 임하면서 우선 챙길 것은 '몸가짐'이다.

일단 보고받는 자 또는 상급자와의 '거리'를 가깝게 위치하는 것이 중요하다. 그렇다고 너무 밀착하면 안 되고 약 50센티미터 남짓으로 하되 1.5

미터를 넘지 않는 것이 좋다.

이와 함께, 상호 맞보는 대향(對向) 자세는 피해야 한다. 더욱이 멀리서 마주 보면 자칫 대결 구도처럼 되어버린다. 그러므로 앉든 서든 또는 굽히든 옆으로 가까이 하는 측면근접(側面近接)이 제일이다. 이로써 보고서를 서로 '같은 방향'으로 보도록 한다. 즉 이성적(理性的) 위치보다 '정감적'(情感的) 거리를 유지하는 것이다.

이때 주의할 것은 체취이다. 개인 체취는 일반 친교에도 결정적인 작용을 한다. 무취가 좋겠으나 은은한 향기 정도는 무방하다.

그런데 본인이 통제하기 어려운 것이 액취(腋臭)와 '구취'(口臭)이다. 전자는 드물지만 체질적인 것으로 적절한 의료 조치가 필요하다. 후자는 보다 흔하고 정도에 따라 해결책을 강구하지 않으면 안 된다.

또한 구취는 스스로 알지 못할 때가 많으므로 각별히 조심해야 한다. 실제로 대통령 영부인 통역관 K씨는 입 냄새를 걱정해 통역 전에는 먹지 않았다. 어느 날 영부인이 통역 실력이 없다며 바꿔버렸다.

그 통역이 바뀐 진짜 이유는 그의 구취 때문인 것으로 후일 알려졌다. 구취는 공복에서 더 하므로 특히 아침 식사를 하는 것이 좋다.

구취의 원인은 대부분 내장보다 구강에 있다고 한다. 직장 건강강좌에서 양치 후에 잘 헹구지 않으면 오히려 세균이 잔류 치약과 엉켜 붙어 냄새를 유발하므로 칫솔질 후 7번은 헹궈야 한다고 배운 바 있다.

둘째, 보고는 '보고받는 자의 입장'에서 이루어져야 한다.

가장 기본이지만 실천이 잘 안 되는 명제이다. 보고는 '나'를 알리는 게 아니라 '내용'을 전달하는 것이다. 그리고 보고받는 상사는 제일 중요한 내부고객이다. 그러므로 고객인 상사의 '눈높이와 요구'에 맞게 보고해야 한다.

상사의 입맛에 맞는 달콤한 것만 보고하라는 게 아니다. 그것은 아첨일 뿐이다. 방법론 차원에서 '가려운 데'를 긁어줘야 한다는 뜻이다. 예컨대 상급자 중에는 결론부터 알고 싶은 사람이 있는가 하면 쟁점이 궁금한 사람도 있다. 대개는 보고의 '핵심 결론'부터 설명하는 것이 원칙이다.

외교업무 부처에는 2~3분을 들어도 뭘 하자는 건지 알기 어렵게 보고하는 직원도 있었다. 그런 행태를 외교적 표현에 익어 결론을 유보하는 습관 때문인 것으로 이해했다.

또 상관 중에는 내용 따라 설명을 하게 하거나, 반대로 보고서를 직접 읽되 보고자는 묻는 말에만 답하기를 바라는 유형 등 다양하다. 보고서는 보지 않고 요지만 말해보라고 주문하는 사람도 있다.

한편 구두 보고에 급급한 나머지 보고받는 자의 눈은 이미 보고서 하단에 가 있는데도 보고자는 아직 중간쯤을 설명하는 경우도 있다. 이 경우는 짜증을 유발하므로 주의해야 한다.

요는 가장 중요한 내부 고객인 상사의 '스타일'에 맞게 보고하는 것이 핵심이다.

끝으로, 보고나 결재는 되도록 '예약'을 하고 제목과 소요시간도 예고해줘야 한다. 비서를 통하거나 직접 알리는 것도 무방하다. 이 보고의 예약은 상급자인 고객을 또한 편하게 해주는 길이 된다.

60 보고받는 자세 : 섬김이 생명

조직생활에서 매우 소중하면서도 어려운 일 중 하나는 아마도 '보고받는 자의 겸손'(謙遜)을 실천하는 일일 것이다.

겸손은 상대를 높이고 자신을 낮추는 것이니 대인 행위에서 '섬김'으로 표출된다. 보고하는 부하를 섬긴다는 것이 결코 쉬운 게 아니다.

그러나 보고받는 상사들이 명심해야 할 것이 있다. 상사는 보고자인 부하를 평가하지만 동시에 그 부하도 상사를 평가한다는 사실이다.

또한 상급자뿐만 아니라 부하도 가장 중요한 내부 고객이다. 부하를 고객처럼 생각한다면 부하가 보고하러 오는 일은 주요 고객이 방문하는 것과 같다.

보고받는 방법론으로서 보고받는 자세의 근본은 상급자로서 부하에 대한 '섬김'이다. 이 '섬김'을 실행하는 방안으로는 어떤 것들이 있나?

첫째, 보고자를 편안하게 해주는 것이 가장 중요하다.

부하가 보고하러 오면 일단 본인이 하던 일을 멈추고 상급자로서 예의를 갖춰 대해야 한다.

이때 상관의 말투는 어떤 것이 좋은가? 일반적으로 부하들에게 존대하는 것이 좋으나 지나치면 거부감이 생긴다. 개인적인 관계나 경우에 따라 반말이 더 친근하고 자연스럽다는 직원들도 많다.

그리고 내용 보고에 들어가기 전에 보고자의 그날 특징을 간단히 언급해주는 것이 분위기를 편하게 한다.

거기에 그 직원의 근황에 관한 질문 등을 가볍게 덧붙여주면 더욱 좋다. 예컨대, 승진한 지나 현 부서에 온 지가 얼마나 되었는지 등을 알면 그와 관련된 말들을 해주는 것 등이다. 이렇게 하려면 부하들의 신상에 관한 지식이 있어야 하고 이를 위해서는 평소 애정과 관심을 쏟아야 한다.

그 정도의 수준이 되지 않으면 당일의 옷차림이나 얼굴색 등을 기분 좋게 터치 해주는 것이 기본이다. 다만 보기가 좋지 않는 것에 대해서는 언급을 삼간다. '있는 것'(facts) 중 '좋은 것'만 말해야 한다. 이것이 칭찬의 시작이다.

안 좋은 것이라도 걱정을 해주는 것은 무방하다. 예컨대, 얼굴색이 안 좋을 경우 안 좋다고 하지 말고 무슨 걱정이 있느냐고 물어봐야 한다.

둘째, 보고서에 의한 보고인 경우라면 중요 부분은 '밑줄'을 쳐가며 보고받는 것이 한결 돋보인다.

이것은 부하의 작업과 노력을 인정하고 그에 적극 동참하는 표시가 된다. 예전에 Y대통령은 보고서 두 장이 넘어가면 하품을 했다. 대조적으로 D대통령은 사인펜으로 밑줄까지 치면서 보고를 받았다.

두 스타일이 다 그 정도가 지나치면 문제가 있겠지만 일단은 Y대통령보다 D대통령의 태도가 정부 내의 평이 더 좋았다.

셋째, 보고를 마쳤을 때는 그 보고 내용이 좋으면 반드시 "잘 됐다!" 등으로 외쳐주는 것이다.

또 일부 부족함이 있으면 "... 부분만 보완하면 완벽해지겠네!" 등의 전향적인 코멘트를 해주는 게 좋다. 설사 많이 부족하더라도 "고생했다!" 정도는 언급해주는 것이 상당히 중요하다.

대체로 인간이 그러하듯 조직인도 그 이기적인 측면은 어쩔 수 없다. 그래서 상관은 '부하에게 인심 쓰는 부하를 좋아하지 않는다!' 환언하면 대부분의 상관은 '부하 조지는(driving) 부하를 좋아한다.'

왜냐하면 상관 입장에서는 어떤 부하가 그 아래 부하에게 강한 드라이브를 걸었을 때 생기는 '편익'(업무 성과)은 상관 본인에게 공유되지만 '비용'(인심 상실)은 거의 분담되지 않기 때문이다.

그렇지만 윗사람에게만 좋도록 일하라는 법은 없다. 나의 부하들로 하여금 인간적인 동인(動因)과 자율에 의한 업무성과를 거두게 하는 것이 서로에게 좋다. 그러므로 보고를 받을 때에도 '섬김'의 자세로 소통하며 '칭찬'을 통해 일하게 하는 것이 근본이다.

보고받는 자세, '섬김'이 그 생명이다!

정부 청사의 어떤 사무실에 붙어 있던, 정현종의 시 '방문객'의 문구가 기억난다. "사람이 온다는 건 실은 어마어마한 일이다.... 한 사람의 일생이 오기 때문이다!"

부하가 오는 것은 중요 고객의 일생이 오는 것이다.

61 상 · 하 역할의 미학 : 황금비가 있다

피타고라스가 처음 생각했다는 '황금비'(黃金比) 또는 황금비율은 한 선분을 둘로 나눌 때 전체 길이에 대한 긴 부분 길이의 비와 긴 부분에 대한 작은 부분 길이의 비가 같게 되도록 하는 비율(약 1.6 : 1)을 말한다.

정오각형의 꼭짓점들을 대각선으로 연결하면 서로 교차하면서 황금비로 분할되며 내부에 다시 정오각형이 생긴다.

이 '황금비'는 인간의 눈에 가장 안정적이고 아름답게 보이는 비율이라고 한다. 정확성에 대한 논란이 있기는 하나 대표적인 팔등신으로 알려진 밀로 비너스(Venus)상이나 미켈란젤로의 다비드(David)상의 전신 · 하체 · 상체 간의 비율 등이 그렇다고 한다.

어떻든 이 '황금비' 개념은 사회 여러 영역에서 이상적이고 조화로운 비율적 상황을 표현할 때 자주 사용되고 있다.

조직 내 상사와 부하 간의 '협업'에서도 그 역할 분담의 최적 비율로서 황금비가 있는가?

첫째, 보고의 후속 보고를 잘 하는 것이다.

어떤 사안을 보고하고 나더라도 단순한 상황 보고가 아니라면 그로써 종결되는 경우가 많지 않다. 정책(policy)이든 사업(program)이든 계획(plan)이든 그에 관한 일정한 보고가 있으면 그때부터 비로소 공식적으로 진행된다. 즉 일단 '보고'는 '지시'가 되어 추진단계로 넘어간다.

그러므로 '보고'가 '출발'이라 할 수 있다. 따라서 초두 보고가 있고 난 뒤의 후속 보고는 필연적이다. 시작된 일의 진행경과를 보고하는 것도 당연하다. 후속보고는 첫 보고와 마찬가지로 중요하다.

요는, 보고 시에 받은 추가지시나 보완할 사항 등에 관해 그 후속 경과를 '적시'(適時)에 보고하는 것 즉 보고 '타이밍'을 잘 맞추는 것이 중요하다. 타이밍을 놓친 보고는 죽은 보고이기 때문이다.

다만 예외적으로 보고를 위한 보고도 있다. 이런 경우는 보고 그 자체가 큰 공사(公事)가 된다. 종래 대통령에 대한 정부 부처의 신년도 업무보고는 보고 자체가 큰 행사인 때가 있었다. 그 후 연도 중에 실제 추진하기 위해서는 사업별로 사실상 첫 보고를 다시 하는 일이 허다했다.

둘째, 윗사람에게도 일할 거리 즉 일종의 임무를 부여하는 것이다.

상급자도 일의 집행에 '기여'하고 싶은 심리가 있다. 통상 어떤 사안이 보고되면 그 후의 실행은 모두 부하들이 책임지고 추진하는 것으로 생각되기 쉽다.

그러나 오늘날에 옛날 초 · 중학교의 서무과장처럼 도장만 찍으면 된다고 생각하는 상급자는 거의 없다.

H부에 보고의 달인 C국장이 있었다. 주요 보고 시에 가끔 윗사람이 조치해 줄 사항을 매력적으로 주문했다. 자칫 일을 시키는 것으로 오해받을 수 있는 것도 자연스럽게 제시하여 상사의 '참여 보람'을 이끌어낸 것이다. 그는 위로부터 신뢰 받았고 후일 정무직에까지 승진했다.

그 요령은, 첫 보고 시부터 일거리를 부여할 수도 있으나 사안에 따라 후속 경과보고 시에 주는 것이 더 좋을 때가 있다.

이 일거리는 그 상관만이 할 수 있는 명료하고 중요한 것 즉 실무자는 할 수 없거나 하기 어려운 것이 좋다. 예컨대, '현재 진척되어 가기는 한데 ○○○한테 협조 전화 한 통만 해주시라'든지, '행사장에 오셔서 격려를 좀 해주시라'든지 하는 것 등이다. 이런 것들이 추후 상관 칭찬의 소재로도 될 수 있다.

셋째, 역할을 분담하는 데 부하와 상사 간의 비율은, 물론 절대 기준은 없으나, 대략 8대 5 정도의 황금비가 적합할 것이다.

부하 쪽에 치중(예 10 : 1~3)되거나 상사 쪽에 치중(예 1~3 : 10)되는 것도 바람직하지 않다. 전자는 상급자 무임승차를, 후자는 이른바 '똑부'(똑똑하고 부지런한) 상급자로 인한 조직 피로(疲勞)를 야기할 수 있다. 각자 지속될 경우 전자보다 후자의 조직이 더 빨리 문제가 생길 수 있다.

그렇다면 부하가 일을 더 하는데도 상급자는 보수를 더 많이 받으면서 조직을 위해 무엇을 해야 하는가? 상급자는 '부하를 관리'하는 일에 더 비중을 두어야 한다. 즉

〈부하는 업무관리에 치중하고 상사는 부하관리에 치중하는 것이다!〉

이러할 때 조직에서 진정한 '상 · 하 역할의 황금비'가 이루어질 수 있을 것이다.

62 보고서 문제 : 토톨로지(tautology)와 플리어내즘(pleonasm)

보고서는 짧을수록 좋다. 말이 짧아야 하듯 보고도 짧아야 한다. 대체로 보고서가 간략하면 보고 시간도 짧아지는 것이 이치이다. 보고서 중에는 길고 충실해 보이지만 그 요지가 정확하지 않는 것이 있다. 반면에, 비록 짧지만 그 골자는 분명하고 알찬 것이 있다.

스마트한 '보고서'가 되기 위한 기본적인 사항은 다음과 같을 것이다.

첫째, 우선 보고서 '목적'이 분명해야 한다.

가끔은 목적 대신에 '배경'을 쓰기도 하나 엄밀한 의미에서 이 둘은 약간 다르다. '배경'은 보고하게 된 동기로서 현재완료 진행형의 상황이고, '목적'은 보고를 통해 달성하기 위한 미래완료형 상태를 말한다. 그 미래 상태가 계량적이라면 '목표'라고 하는 편이 낫다.

사업계획서 등에 '목표'는 필수이다. 목표는 달성 가능한 수준이어야 한다. 또 그 목표 달성을 위한 수단이 제대로 제시되어야 한다. 그리고 수단은 현실에서 동원 가능한 자원과 방법으로 구성되도록 한다.

수단이 어려우면 그 자체가 목표로 변신해버리는 '목표 수단의 전도'(轉倒)[73] 현상이 되기 쉬우므로 주의해야 한다.

73] 관료제 이론에서 관료제의 역기능 중 하나로 논의되는 '동조과잉'(overconformity)이라는 것도 이 현상의 원인이 된다.

둘째, 본론에 들어가서는 그 보고서에서 전달하고자 하는 '결론'부터 제시하는 것이 좋다.

이때 수식어나 관형적 표현은 자제하고 핵심 용어(key words)만을 사용한다. 전체 내용이 다소 길어질 수밖에 없다면 따로 '요약보고서'를 한 페이지 이내로 작성해서 앞에 붙일 필요가 있다.

셋째, 문장은 중언부언(重言復言:tautology)을 피해야 한다.

이 토톨로지는 실제 웬만한 보고서에서 흔히 발견되는 것으로, 장황해지고 초점을 흐리게 하는 주범 중의 하나이다. 예컨대, 보고서가 '조직문화 혁신 추진실적에 대한 평가계획'에 관한 것이라고 할 때,

중간 제목이 "**ㅁ 조직문화 혁신 추진실적의 평가 방안**"이고 그 아래에

소제목이 **1. <u>조직문화 혁신 추진실적의</u> 평가 주체**

라고 되어 있다면, 여기서 밑줄 친 '조직문화 혁신 추진실적의' 부분은 위의 제목 문장과 겹치는 토톨로지로서 보고서를 너절하게 하므로 필요 없는 것이다.

넷째, 쓸 데 없는 군더더기 말 즉 췌언(贅言:pleonasm)을 피해야 한다.

예컨대, "<u>각</u> 부서별", "<u>눈으로 직접</u> 철저히 관찰함", "산하단체를 <u>모두</u> 포함한 <u>전체</u> 조직 전반에 <u>걸친 광범한</u> 전수조사"라는 글에서 밑줄 친 '각', '눈으로 직접'과 '모두, 전체, 걸친 광범한'은 췌언에 해당한다.

이런 것들이 간혹 강조할 의도로 쓰일 수도 있으나 일반적으로 간결한 보고서를 위해서는 부적절하다.

다섯째, 지시에 따라 작성되는 보고서는 지시자의 '가려운 데'를 긁어주어야 한다.

가끔 동문서답인 경우도 있는데, 이는 지시 요지가 잘 파악되지 않아

핀트(pint)가 틀렸거나 작성자의 담으려는 욕심이 과도할 때 주로 발생한다. 상급자는 업무지시를 할 때 그 요지를 최대한 명료하게 하고 지시받는 자는 그 핵심을 정확히 파악하는 자세가 중요하다.

끝으로, '6하 원칙'에 의한 점검이 필요하다.

문장 작성의 기본원칙인 6하 원칙은 누구나 잘 아는 보석 같은 도구이면서도 실제 상황에서 잘 써먹히지 않는다.

이 원칙은 보고서 작성 도중이나 초안을 완료한 다음에 꼭 적용해 봐야 할 기준이며, 실제로 매우 유용한 도움을 준다.

이 여섯 요소 중 목적에 해당하는 '왜'(why)와 대상에 해당하는 '무엇을'(what)을 빼먹는 사례는 별로 없다. 그러나 실행 주체에 해당하는 '누가'(who)와 방법에 해당하는 '어떻게'(how) 그리고 시간적 요소에 해당하는 '언제'(when) 부분을 빼먹는 경우는 종종 발견된다. 그러므로 보고서의 완성도를 높이기 위해서는 이 6하 원칙에 의한 최종 점검이 매우 요긴한 것이다.

보고서에는 글이라고 그냥 다 쓰일 수는 없다. 특히 집행 보고서는 짧아야 하고 표현은 간명해야 한다. 경우에 따라 아까운 내용이 있더라도 과감히 버리는 자세가 필요하다.

그리고 항상 '목적'이나 '목표'가 먼저 제시되어야 한다. 또한 '토톨로지'나 '플리어내즘' 등에 관한 인식이 실천되고, '6하 원칙' 적용이 습관화되면 보고서가 상당히 깔끔해짐을 실감할 수 있다.

63 인적 상대성의 추억 : 조직에도 천적이 있다

'변하지 않는 것은 없다는 것만이 변하지 않는 것이다!'

언젠가 노련한 기업 경영자(CEO) 선배 한 사람을 만났다. 그는 "세상에 정의(正義)란 따로 없다. 이념적으로 보수 · 진보, 민주 · 독재 할 것 없이 내게 좋으면 옳은 것이고 정의인 것이다."라고 한 말이 생각난다.

물론 이런 시각은 제일의 가치로서 이윤을 추구하는 전형적인 기업인의 실용주의라 할 수 있다. 그러면서 동시에 우리 사회 인간관계의 상대적 속성의 한 단면을 솔직하게 언급한 것이다.

공직 초급 간부로 한창 일하던 시절이었다. 관료 출신의 새 장관 L씨가 왔다. 그는 어릴 때부터 천재로 불렸다고 한다. 국내 최고학부를 수석 입학 · 졸업하고 고등고시도 수석 합격한 것으로 알려졌다.

너무 똑똑해서 그런지 언제나 유아독존적이며 성질은 불과 같아서 그 행적에 관해 유별난 일화가 많았다.

그때 필자가 모시던 S국장은 정부 내에서 행정관리 능력이 탁월하고 특히 보고서 작성에는 달인으로 평가되었다. 실무급에서 웬만한 보고서를 가져가도 쉽게 핵심이 지적당하고 간단히 수정하면 수준이 훨씬 좋아질 정도로 뛰어났다. 그런데 이 달인의 보고서가 그 L장관에게만 가면 박살이 나듯 퇴짜를 맞곤 했다.

부처 대부분의 간부들이 장관으로부터 막말 욕설을 듣기 일쑤였고 업무는 혹사에 가까웠다. 그중 S국장이 특히 심한 편이어서 그 휘하 실무자들은 자정을 넘기는 야근도 잦았다. 어떤 때는 근 한 달씩을 연속해 밤을 새우기도 했다. 오랜만에 일찍 귀가했을 때 어린 딸이 아버지가 낯설어 울며 도망가는 일도 있었다.

한편 머리가 좋으면서 악랄한 고위 공직자는 지방에도 있었다. 그중 한 사람이 모 광역시 P부시장이었다. 골프장 캐디(caddie)를 클럽으로 때린 이야기는 한동안 인구에 회자되기도 했다.

본인 관련한 텔레비전 보도가 맘에 안 든다고 일요일에 사무실에서 공보 계장을 심하게 발로 차고 때렸다. 공무원 단체와 지방 언론이 일어났고 결국 그는 공직에서 물러났다.

천재 급은 아니나 성벽이 별나고 행동이 요란하여 정부 내에 소문이 자자한 간부들도 있었다. 옛 C부처 Y씨는 차관급 직위까지 오르면서 열정이 넘쳐 거칠고 전투적인 면조차 있었다. 학생 때 레슬링을 했다는 그는 타 부처와 업무 협의를 할 때뿐만 아니라 부하 직원과도 마음대로 잘 안 되면 웃통을 벗고 싸울 자세를 취하는 스타일이었다.

과거 상급 조정기관의 R간부도 열정에 경계가 없었다. 그의 부하들에 대한 드라이브는 밤낮이 없었다. 직원이 야근하는 밤 11시에 사무실에 나오기도 했으며 확대 간부회의도 언제 소집될지 알 수가 없었다. 회의 때 욕먹고 깨지는 것은 일상에 속했다.

조직에는 이들처럼 본인만 뛰어나서 독선에 찬 변형적 엘리트들이 있었다. 앞으로도 이러한 관리자들이 있을 것이다. 이들은 타인에 대한 인간적 배려가 없었고 부하들의 신음 소리도 듣지 못했다.

그런데 이들에게서 발견되는 공통적 현상 중 하나는 이들도 꼼짝 못하는 일종의 생태계 '천적'(天敵)과 같은 직원이 한 명 정도 있다는 점이다.

천재 장관 L씨에게는 심의관 C씨가 있었다. 그는 장관 앞에서 당당했고 어떠한 보고서를 가져가도 쉽게 통과(OK) 되었다.

부하를 때린 그 부시장은 직원 ○씨한테는 얌전했고, 레슬링 출신 차관 Y씨도 K사무관의 말에는 온순했으며, 종합정책의 절정고수 R씨도 M 서기관에게 조용했다.

부하에 대해 상사(上司)는 아무리 더 세더라도 천적이라고 하지 않는다. 그리고 원수지간처럼 쌍방형도 아니다. 천적은 상급자가 일방적으로 맥을 추지 못하는 어떤 부하에게 붙는 이름이다.

조직 사회에서 가치나 인간관계도 상대적인 것이다. "내게 이로우면 정의"라고 한 기업 경영자 선배의 말처럼, 위에 예시된 폭압적 상관들도 그 천적들에게는 좋은 간부들이었음이 틀림없다.

공 · 사 영역에 영원하고 절대적인 선(善)이나 인간관계가 어디 있겠는가? 천적도 변하며 세상 모든 일에 상대성 · 유동성 자체가 원리이다.

64 실무자의 소신 : "○○님 지시사항이다."는 없다

조직에는 그 본래 목표가 있다. 조직인의 '소신'(所信)은 이 목표에 대한 흔들림 없는 의지를 말한다.

그러므로 조직목표 외에 상급자 의중이나 다른 정황을 살피는 것은 이른바 정무적(政務的)일 수는 있어도 소신과는 거리가 있다.

중앙 · 지방의 공직에서 국장급(또는 그 상당 직위) 이상이라면 사업을 기획 또는 집행할 때 어느 정도 정무적인 판단도 필요하다.

그러나 과장급 이하는 정무적인 고려보다 원칙적인 사고와 논리적 기준이 더 중요하다. 이 점에서 실무자의 소신론이 제기되는 것이며 '과장급' 직위는 이 실무 계층의 꽃이라 할 수 있다.

또한 국장급 이상은 어떤 일의 기본 방향을 설정하고 부하들이 그 일을 잘 할 수 있도록 환경을 조성 · 지원하는 역할이 본연이다.

이에 부응해 과장급 이하 실무자들은 '원칙에 충실'해야 한다는 것이 고금(古今)의 금언(金言)이다. 실무자의 원칙론적 접근은 일을 올바르게 하고 조직의 전통과 생명선을 이어가는 기본이 된다.

조직의 하위직원 중에 유독 정무적 판단에 능하거나 타협적인 접근에 아이디어가 뛰어난 사람이 있다. 이런 통 큰 실무자를 통상 '거물'이라고 부르기도 하며, 이런 자도 조직에 긴요한 경우가 있지만 그 용도는 제한

적이다.

소위 '거물'이 수행한 일들 중에는 원칙을 벗어난 것들이 종종 발견되어 후일에 조직이 힘들거나 위험하게 될 수도 있으니 관리자는 주의해야 한다.

2000년대 초 구중앙공무원교육원 교육 팀장(과장급) 시절의 일이다. 소관 업무 중 '5급 승진자 과정' 운영도 있었다. 이 과정은 각 부처 6급(주사) 직원들이 5급(사무관)으로 승진하기 위해 이수해야 하는 교육이었다.

그 교육 과정이 당시는 3주였고 그 기간 중 마지막 3주째는 현장 교육의 일환으로 2박 3일간의 단체 '산업시찰' 프로그램이 있었다.

이 프로그램은 한국 개발연대의 대표적인 산업 현장을 위주로 국내 명소를 돌아보는 견학 코스였다. 그러나 교육생 동료들 간 소통과 친목을 도모하는 시간으로서 의미도 상당했다.

어느 날 직속 상관인 교수부장(국장급)과 교육원장(차관급)이 약속이나 한 듯 산업시찰 프로그램을 폐지하라는 지시를 했다.

그 이유는 짧은 교육기간에서 3일간의 외부 여행은 낭비일 뿐만 아니라 이제 국내 산업 현장은 웬만한 곳은 다 가봤으므로 시대에도 맞지 않는다는 것이었다.

분명 타당성이 있는 지시였다. 그러나 그것이 전부가 아닐 것 같다는 생각이 들어 당사자인 교육생들의 반응을 조사했다.

조사 결과 폐지 반대 의견이 압도적이었다. 하나의 수학여행으로서 교육 동기생들 간 친목 도모와 네트워크 형성을 위해서도 소중한 기회라고 했다.

그래서 이를 보고하자 두 상관들은 무슨 소리냐며 공직자들이 놀러가자는 것이라고 입장이 완강했다. 그렇지만 20여 년을 넘게 종사하여 대부분 40대 후반이 된 중견실무급 공무원들의 원망(願望)을 생각할 때 존치되어야 한다는 생각이 들었다. 그러나 당사자들의 반응만을 가지고 상관들의 지시나 방침에 반대할 수 없었다.

'대안'을 찾아야 한다! 밤새 고민한 결과 취지와 개념을 전환하여 접근했다. 확실히 산업 현장은 한물이 갔다. 그 대신 세상에는 각자의 영역에서 탁월한 성취에 이른 모범적인 사례가 있다. 그 현장에서 얼마든지 배울 것이 있다.

그래서 프로그램 이름을 '문화탐방'으로 변경하고 방문대상 지역도 산업 현장에서 감동적인 문화 현장 위주로 바꿨다.

이런 내용의 보고서를 작성하여 교수부장부터 차례대로 밀어붙였다. 꼬박 이틀이 걸려 두 상관들이 양보를 했다.

그리하여 그 '산업시찰' 프로그램이 죽지 않고 '문화탐방'으로 재생되어 요즘도 교육생들 간 의미 있는 학습과 소통의 과정이 되고 있다.

실무자는 무엇보다 '소신'이 그 생명이다. 다만 아집(我執)의 소신이 아니라 규정과 원칙에 충실한 소신이어야 한다. 또한 대부분의 경우 그냥 반대도 아니 된다. 대안이 있어야 한다.

그리고 사적(私的)인 동기는 관리자에게도 마찬가지이지만 실무자의 소신에도 끼어들어서는 안 된다.

소신 있는 실무자에게 처음부터 "○○님 지시사항이다!"는 없다.

65 소신 방법 : 대통령 친구를 때리고, 장관 잡고 울고

공자의 가르침에, 부모의 잘못 행위에 대해 자식은 어떻게 해야 하느냐고 제자가 묻자 '먼저 말려야 하고 말려도 듣지 않으면 울어라.'고 가르쳤다고 한다.

조직에서 바른말 잘 하는 '직언거사'(直言居士)[74]의 행동방침에는 처음부터 "○○님 지시사항이다."는 없다.

규정과 원칙에 충실한 실무자의 '소신'은 조직 생명선의 근간이 된다. 건강한 조직이 되려면 '원칙'에 충실하면서 대안도 잘 제시하는 직원들이 많아져야 한다. 그러나 실제 상황에서 원칙을 지키고 '소신'을 견지하기가 그리 쉬운 일은 아니다.

필자의 추억은 깔끔하지 못하다. 실무 사무관으로 공직생활 6년쯤 됐을 때였다. 소임 중에 산하 공공기관인 Y공단의 정관 · 직제규정 등을 심사 · 승인하는 일도 포함되어 있었다. 그 공단의 이사장은 전직 차관으로서 소위 실세 기관장에 속했다.

한 번은 공단 직제규정 개정안 중 위인설관(爲人設官)으로 판단되는 부서 두 개를 불승인하자 발칵 뒤집혔다. 재승인 요청이 왔고 과장 이상 간

74] 본서 "03. 강한 조직 : 직언거사(直言居士)가 있다" 참조.

부 모두가 승인해주자고 했으나 실무자인 필자 혼자 거부했다.

일주일 정도 지나자 계통적 압박이 거세졌다. 담당 국장도 압박에 가세했다. 국장실에 불려가 호통 지시에 세게 맞선 뒤 사무실을 벗어나버렸다. 그 후 국장이 통사정 하는 바람에 결국 마음이 약해져 '출구' 명분을 붙여서 승인해줬다.

그런데 일은 거기서 끝난 것이 아니었다. 소위 '거역'에 대한 보복으로 인사조치 압력이 가해졌다. 어느 날 새벽 국장과 과장이 그 이사장에게 대신 빌고 나서야 상황이 종료되었다.

1990년에는 젊은 공무원의 매우 과격한 소신이 국회에서 발생했다. 공무원에 의한 폭행 사건이었다. 당시 D부 P사무관은 필자의 공직 동기생이었다. 그가 D부 산하 공공기관의 장을 국회 회의실에서 때려버린 것이다.

예비역 장성인 그 공공기관장은 현직 대통령의 사관학교 동기로서 서슬 퍼런 군 장성 출신의 정권 실세였다.

자회사 S공사 설립과 관련해 그 기관장과 D부 의견이 대립되다가 D부 간부들 모두 굴복했지만 담당 P사무관만 반대했다. 그는 본래 다혈질인데다 정의파에 속했다.

끝까지 굽히지 않는 그에게 다양한 압력이 가해졌다. 권력기관까지 동원된 협박에 눌려 지낸 것으로 알려졌다.

그러던 어느 날 국회 상임위원회 법안심사소위 회의실에서 사무관의 젊은 울분이 폭발했다. 잠시 정회가 선언되자 곧바로 회의탁자 위를 날아 그 실세 기관장의 따귀를 몇 차례 갈긴 것이다. 그의 안경도 튀어 날아갔다.

언론보도를 비롯해 한동안 정부 내 · 외가 요란했다. 그로 인해 결국 그 사무관은 징계 해임되어 공직을 떠났다.

멀리 한(前漢)나라 문제(文帝) 시절의 우승상 주발(周勃)과 좌승상 진평(鎭平)[75]의 소신 이야기도 있다.

어느 날 제(帝)가 1년 동안의 재판 건수와 국고 수지(收支)를 묻자 그들은 모른다고 하며 책임자인 정위(廷尉:법무장관)와 대사농(大司農:농정장관)에게 각각 물으시라고 답했다.

그러면 승상이 하는 일이 뭐냐고 다시 묻자, 그들은 "천자를 보좌하여 나라 전체를 돌보고 제후들을 다스리며 관리들이 임무를 잘 완수하게 하는 것"이라고 답했다고 한다. 이처럼 분담된 역할에 충실한 것도 다름 아닌 소신에 해당된다.

한편 소신이란 것이 반드시 위로 향한 자세와 관련된 것만은 아닌 것 같다. 아래로의 태도도 소신일 수가 있다. 군대 시절에 알던 K중대장은 부하 직원들이 패싸움을 벌여 말렸으나 듣지 않았다. 그래서 똥통 속에 뛰어 들어가 버리자 싸움을 그치고 잘못을 빌더라고 했다.

소신을 관철하는 최종적인 방법 중에 울어버리는 것보다 더 나은 것이 아직은 없어 보인다. 오래전에 모 부처 K과장은 장관을 상대로 한 달 동안 소신을 펼치다가 결국 설득이 안 되자 장관의 무릎을 껴안고 울어서 승복을 받아냈다는 교훈적인 일화가 전해지고 있다.

상급자의 지시에는 복종하는 것이 기본이다. 그러나 위법 · 부당한 지시에 따랐을 때 생기는 결과에 대해서는 본인도 책임져야 한다.

위법한 지시는 거부할 수 있다. 그러나 실제는 '위법성'의 판단이 그리

75] 장군 주발과 책사 진평은 한고조 유방을 도와 천하 평정에 공을 세운 인물들이다. 이들은 유방 사후 여씨 일족의 쿠데타를 진압하고 문제(文帝)를 옹립했다. 진평은 본래 항우 휘하에 있다가 유방한테로 간 지략가로서 다양한 계략으로 유명했다.

쉽지 않다는 점이 문제이다. 더욱이 '부당성' 여부에 대한 판단은 더 어렵다.

그러므로 진정한 '소신'이 중요하다. 소신 원칙 제 1조, 상급자의 지시가 부당하더라도 사정이 급박한 경우를 제외하고 즉석에서 반대하지 말아야 한다.

대부분의 경우에 설득을 위한 논리를 만드는 시간이 꼭 필요하다. 그리고 논리로도 되지 않으면 울어버리는 것이다.

66 허위보고 회상 : 간이 부었던 시절의 추억

허위보고에도 고의가 있고 착오가 있다. 그리고 허위보고한 결과는 안 좋은 경우가 많지만 좋은 경우도 있다. 여기서 '좋은 경우'는 그 허위보고를 하게 된 본래 취지가 달성된 것을 의미한다. 선의의 허위보고가 위력을 발휘할 때도 있다.

고의로 허위보고한 추억이다. 한창 펄펄 뛰며 일하던 사무관 시절 공무원 연금제도를 담당할 당시는 소위 간이 부었던 것 같다. 공무원연금법은 기본적으로 '주는 법' 즉 급부(給付)의 법이라 이에 온갖 이기적인 힘들이 달려들어 부당한 법 개정을 요구한 일도 많았다.

한 번은 그 연금법상 퇴직급여 산정의 기초가 되는 기준 보수액 계산방식을 바꾸자는 압력이 장관을 통해 들어왔다.

당시 규정은 퇴직 시의 최종 보수를 기준으로 하되 승진 등으로 보수액이 인상된 지 1년 안에 퇴직하는 경우는 인상 전 · 후 보수액을 평균한 금액을 기준으로 퇴직급여를 산정하게 되어 있었다.[76]

여기에 욕심들이 작동한 것이다. 위 기준 1년을 6개월로 단축하자는 것

76] 이런 기준은 나중에 제도 개선이 되어 퇴직 전 3년간 보수의 평균으로 되었다가 또 그 후에 재직기간 전체 보수 평균으로 바뀌었다.

이었다. 주로 정치권 보좌관들의 요구였다.

사실, 기존의 1년이란 기준도 그 때문에 퇴직예정 1년 전에 선심성 승진을 시켜 퇴직급여가 과다히 지급되는 남용 사례가 잦고 연금 원리에는 맞지 않는 기준이었다. 그럼에도 그 기준을 단축한다면 더욱 부당해지는 것이다.

당시 압력 논리는 기준 보수가 어차피 재직기간 전체 평균이 아닌 이상 1년 기준 자체도 인위적인 것인데 퇴직자에게 더 이득이 되는 6개월로 고치는 것이 무슨 문제냐는 것이었다. 또 그로 인한 추가 소요재원도 별로 많지 않을 거라고 했다.

실무적으로 반대했으나 국장이 매일 아침 장관의 압력을 받았다. 논리로는 안 될 상황으로 가고 있었다. 그러나 눈 뜨고 불합리한 개정을 할 수는 없었다. 대처 방안은 추가 재원이 너무 많이 든다고 하는 수밖에 없었다.

토요일 오후 주무관과 둘이서 추가 소요재원 추산을 해보니 아무리 넓게 잡아도 연간 2억 원이 되지 않았다. 난감했다. 고민하다가 저질러버리기로 했다. 연간 약 95억 원으로 국장에게 보고했다. 국장이 미심쩍어하면서 물었다.

"이렇게 많이 들어?"

순간 그의 표정에 묘한 웃음 같은 것이 스쳐갔다. 그리고 장관실로 갔다. 국장이 장관에게 보고하는 동안 별 생각이 다 들었다. 장관이 소요재원 추산내역을 보자고 하면 사직할 생각까지 했다.

국장이 장관실에서 나왔다. 돈이 너무 많이 소요되므로 개정하지 않기로 했다고 했다. 안도의 한숨이 나왔다. 그리하여 그 연금법 개악을 막았다. 선의의 허위보고가 성공했던 것이다.

당시 실무자의 배짱을 눈치채고 모른 척해준 그 국장도, 부하의 보고를 믿고 결단해준 그 장관도 훌륭한 관리자였음이 틀림없다.

또 한 번은 착오로 허위보고한 사례이다. 공무원연금법을 개정할 때였다. 기존의 중복 수혜를 제한하는 내용도 있었다. 법령을 고칠 때는 항상 그로 인해 이익 보는 자와 손해 보는 자를 생각하고 특히 기득권 침해가 없는지를 따져봐야 한다.

당시 그 개정으로 영향을 받을 기득권자는 전국에 단 2명인 것으로 조사 · 보고되었다. 좀 이상하긴 했으나 그들에 대한 조치는 따로 강구하기로 하고 법 개정을 추진했다. 그런데 개정안이 국회에 제출되자 기득권자가 수백 명 넘게 쏟아져 나왔다. 애초에 이를 알았더라면 개정 추진조차 안 했을 것이었다.

강한 반발 집회와 면담 시위가 이어지는 가운데 지휘부로부터 '정책 미스'라는 질책까지 들어가며 혼쭐났다. 결국 개정안 부칙에 기득권에 관한 경과조치를 추가하고 협의한 결과 법안이 통과되었다. 이처럼 기득권에 대한 고려는 항상 중요하다.

그 후 담당국장은 그 입법 소란을 안정시킨 실적으로 영전을 했다. 후일의 평가는 그처럼 힘들게라도 개정을 함으로써 점차 정착되었다는 것이다. 처음의 잘못된 조사 · 보고가 약이 되었다고들 했다. 착오에 의한 허위보고가 결과는 잘 된 것이다.

아무리 간이 부었더라도 악의적인 허위보고는 안 된다. 또한 선의의 허위보고도 함부로 할 일은 아니다. 다만 불가피하게 그렇게 할 때에는 상 · 하 간의 배짱이 맞아야 성공할 수 있다.

67 협력조직원 관리 : 호모 루덴스는 장난을 즐긴다

일체의 사상(事象)은 개체로 구성된다. 행정의 '체제이론'(體制理論)은 정치 · 행정 현상을 사회 구성 요소 또는 기능들 간의 유기적인 상호작용으로 본다. 실제로 세상에 혼자서 되는 일은 없다. 하나의 벽돌로 집을 지을 수 없듯이 어떤 목표 달성을 위해 협업이란 필수적이다.

조직 활동도 언제나 '관계성'(關係性) 속에서 진행된다. 개방체제 환경에서 대외 '협력조직원'(counterparts)과의 협조체계는 조직 생존을 위해서도 불가결하다.

사람 간 친교에는 '유머'와 '노력'이 최고 수단이다. 처음에 '유머' · '농담' · '장난' 만큼 좋은 것도 없다. 물론 '감동'이 효과적이긴 하나 감동을 생산하려면 어느 정도 시간과 노력이란 '비용'이 든다. 그러나 유머 등은 처음 만나서도 잘만 하면 바로 친구가 될 수도 있을 정도로 그 비용이 저렴하다

미국에서 협력 조직원 머피(Declan Murphy) 박사와 처음 만난 날 화장실 앞에서 친구가 되었다. 하루 만에 친구가 된 것은 '장난'(gag) 때문이었다.

연방정부에 인사관리처(OPM)가 있고 그 산하 '고위공무원연수원'(FEI

: Federal Executive Institute)은 버지니아 주 샤롯츠빌(Charlottes-ville) 시에 있다.

2005년 초가을 그 연수원을 방문했을 때 국제협력관이던 머피가 현관 입구에 영접을 나왔다. 그가 기관장인 '연수원장'(Director) 방에 가서 인사부터 하자고 안내해서 가던 중 화장실(rest room)이 보였다. 한국에서 누가 빌딩 '화장실'에서 '화'자의 오른쪽 획이 없어 '회장실'인 줄 알고 인사하러 들어갔다는 이야기가 생각났다.

순간 내심의 장난기가 발동하여 불쑥 화장실 입구로 들어가며 "여기가 연수원장 방이냐?"(Here, Director's room?)라고 하자 그는 폭소를 터뜨리듯 웃어 젖혔다. 그때부터 우리는 친구가 되었다.

그 후 그와는 공 · 사를 넘나들며 수시로 만났다. 휴가 때는 두 가족이 함께 그랜드 캐년(Grand Canyon)에 여행도 다녀왔다. 그를 한국의 공무원 연수원에 출장을 가게 하여 특강하게도 했다.

네덜란드 역사학자 호이징아(J.Huizinga)는 인간 본성을 '호모 루덴스'(Homo Ludens)로 진단했다. 이는 '놀이하는 인간' 즉 유희인(遊戱人)이란 뜻이다.

인간은 본질적으로 즐기고 경쟁하고 음악 · 운동을 하게 되어 있다는 것이다. 어릴 때 익히 들었던 "노세노세 젊어서 노세..."와 같은 유행가 가락이나 우리의 '신바람'과 같은 개념으로부터도 이런 인간 본성이 감지된다. 사실 농사나 제조업 등에서처럼 생산 활동도 아닌 체육경기에서 사람들이 그렇게 진지한 것을 보면 오직 즐길 수밖에 없는 '호모 루덴스'가 이해된다.

이 놀이하는 '호모 루덴스'는 유머나 익살을 떠는 행위도 그 자체를 즐기는 것임이 분명하다. 인간사회에 '웃음'이 관계성(relationship)을 형성하는 본질적 요소라는 논지에 동조되기 때문이다. 조직 내 · 외 생활에서 인간 본성에 충실하게 가끔 장난이라도 쳐보자!

맺어진 협력 조직원 관계는 '일상의 소통관리'로 공감대를 넓힘으로써 보다 원만해진다. 당장 협조사항이 없더라도 평소에 수시로 연락하고 문안하는 것이 긴요하다. 명절 등이나 무슨 일이 있을 때는 말할 것도 없다.

설사 대등 관계가 아닌 갑 · 을 간이라도 항상 상대를 먼저 챙겨야 한다. 입장을 바꿔 생각하는 습관도 필요하다. 이런 일에 부지런해야 한다.

예전에 정부조직을 총괄하는 C부처 인사과에 드나들던 D부처 인사담당관 P씨는 현역 군인이면서도 이렇게 했다. 매일 한 번 이상 연락하며 소통에 정성을 쏟는 그의 소신 같은 모습을 인사과 직원들은 칭찬했다. 시간이 흘러도 그와의 인간적인 관계가 오랫동안 지속되는 것을 보았다.

한편, 개별적 노력보다 그 속한 조직이나 집단의 속성 때문에 협력이 잘 되는 일도 있다. 이는 개인이 통제할 수 있거나 일시적으로 형성되는 게 아니다. 다만 잘 활용하는 것이 중요하다. 미국에서는 주한 미군 출신자들의 한국에 대한 이미지가 좋아 그들이 있는 곳에서는 협조가 잘 되는 편이다. 300만 명이 넘는 그들은 매우 소중한 협력 자산이다.

영 · 미 권에서 느끼는 일본인의 평가는 높다. 일본의 경제력이 인정되고 일본인들의 깔끔과 공손(politeness)은 잘 알려져 있다. 이 때문에 서구에서 일본인은 다른 나라 사람보다 신뢰를 쉽게 얻고 초기 정착도 용이하다.

'유머'는 사람을 쉽게 친하게 하고 '노력'은 그 관계를 지속 · 발전하게 해 준다. '협력조직원' 관계에서도 출신 도시나 · 나라의 개인들이 오랜 노력으로 형성한 '문화 수준'이 저력으로 작용한다. 결국 국력도 이처럼 총체적으로 신장되어 가는 것이다.

68 조직인의 향기 : 의리

'장부(丈夫)는 자기를 알아주는 자를 위해 목숨을 바친다!' 우리 사회에 '의리'의 표어(標語)로 널리 알려진 말이지만 이를 행동으로 끝까지 보여준 사람은 고래(古來)로 몇 되지 않는다.

이 말은 원래 조폭 사회에서 나온 게 아니다. 중국 진(晉) 나라 시절에 주군의 복수를 도모하다가 죽은 충신 '예양'(豫讓)이 했다는 "선비는 자기를 알아주는 자를 위해 죽고…" (士爲知己者死…)라는 말에서 비롯되었다.[77]

조직생활의 보람은 목표의 성취에 있다고 한다. 그러나 조직인의 향기는 바로 '의리'에 있다. 의리의 세계에서는 어떤 보상이나 직위, 또는 정치적 여야나 전 · 현직 여부가 크게 중요시되지 않는다.

또 의리의 영역에서 과거의 신분 여하도 별 문제가 되지 않는다. 인구에 회자되는 해병의 얘기까지 할 것도 없다. 한번 상관은 영원한 상관이며 한번 맺은 우정은 변하지 않는 것이 주된 가치이다.

정부의 한창 젊은 과장급 시절에는 '나를 부르는 자에게 간다!'는 자세

77] 기원전 5세기경 진(晉)나라의 실세 가문 6경(卿) 중 가장 셌던 지(智)씨 가문의 지백(智伯)은 예양을 높이 평가하고 잘 모셨다. 그 지백이 조씨 가문(趙襄子)과의 전쟁에서 패해 죽임을 당하자 예양이 지백의 원수를 갚으러 가며 '사나이는 자신을 알아주는 이를 위해 죽고, 여인은 자신을 기쁘게 해주는 이를 위해 얼굴을 가꾼다'(士爲知己者死 女爲悅己者容)고 했다(사마천/김창 편역, 2011 : 247).

로 펄펄 뛰듯이 일하며 돌아다녔다.

2003년 상반기쯤으로 기억된다. 필자 소속 부서의 정부조직상 문제를 둘러싸고 관련 부처 간에 심한 영역 쟁탈전이 벌어졌다.

종국에는 대통령까지 나서서 말릴 정도로 몹시 힘든 상황에서 부처 내 타 부서로부터 실무 인력을 영입할 일이 생겼다. 고시 출신 J사무관과 S 사무관을 물색해 본인 의사를 물었다.

그러나 그들은 합류하기를 거절했다. 조직 변환기에 본인 선택 의사도 중요하므로 강제하지 않고 없었던 것으로 했다.

당시 조직 상황으로 볼 때 당사자들의 거부 입장이 이해는 되었다. 그러나 능력을 인정해서 같이 일하자고 했는데도 뿌리친 것이어서 솔직히 서운하기도 했고 스스로 반성도 했다. '노'(No)라고 한 그 본인들도 마음이 편할 리는 없었다.

그런데 그 기억은 오래토록 남아서 공직에서 퇴직한 뒤에까지도 남아 있었다. 다만 J와 S가 다른 점은, J는 그 후 그때의 거절에 늘 미안한 생각을 기회가 될 때마다 피력해 온 반면, S는 기억조차 하지 못하는 듯 했다.

이와는 반대의 추억으로, H부 실장급 시절의 일이다. 갑자기 조직을 뒤흔든 인사파동이 발생한 ○부 조직관리 책임자로 전출(신규 채용)되어 갈 때였다. 낯선 곳에 힘든 일을 하러 가게 된 것이다.

이번에는 과장급 중 L과장, P과장 두 명에게 각각 같이 가자고 했다. 둘 다 흔쾌히 따라가겠다고 했다.

그들과 같이 전출 가서 ○부 직원들과 어울려 혁신 업무를 수행하다가 해가 두 번 바뀌어 H부로 함께 돌아왔다. 이들에 대한 기억은 퇴직한 후에도 생각하면 고맙고 유쾌하게 남아 있었다.

의리의 조직인은 ***〈자기를 알아주는 자에게 가는 것〉***이다. 평상시에도 그러하지만 어려울 때 일수록 기꺼이 응해야 한다. 얼마나 급했으면 찍어서 같이 일하자고 했겠는가! 이렇게 생각하는 것이 기본이다.

위 두 사례를 보면 조직이 당면한 상황은 각각 달랐으나 힘들고 어려운 순간이었다는 점은 같다. 그런데 앞의 두 사람에 대한 추억과 뒤의 두 사람에 대한 것은 이처럼 다른 것이다.

〈알아주는 사람이 어려울 때일수록 조건 없이 가는 모습이 아름다운 법이다.〉

이번에는 필자가 부름을 당한 추억이다. 공직에서 나와 대학에서 강의하고 있던 중 예전에 지방자치단체 근무 시에 인연이 있던 국회의원 J씨가 5선을 앞두고 같이 일하자고 했다.

순간 정무직 퇴직자가 그래도 되는지를 생각했다. 그리고 직급은 퇴직 당시보다 낮았고 근무 환경은 거의 실무급 수준이었다. 그 다음의 행보도 불투명했다. '알아주는 자에게 간다는 것'이 쉬운 게 아니구나! 고민하다가 결심하고 국회로 갔다. 정치권에서 짧은 기간이었지만 많은 것을 배우고 돌아왔다.

나를 부르는 사람에게 가자! 따뜻할 때나 추울 때나 나를 알아주는 자에게 의리를 다하자. 이제껏 더러 보이던 의리의 돌쇠도 요즘은 잘 보이지 않는다.

작금의 세태들이 변화무쌍하다. 그러나 가끔 옛 진나라 '예양'의 서릿발 같은 '의리'의 혼 앞에 경의를 표해보자.

69 조직의 베푼 정 : 누구라도 잊지 못한다

조직은 개인의 '쓸모'를 사랑한다. 그러나 번창일로의 그 회사는 개인에게 '정'(情)을 먼저 주었다.

정이란 꼭 개인에게만 있거나 개인 차원에서만 논의될 수 있는 것은 아닌 것 같다. 의리도 마찬가지이다. 조직에도 정과 의리가 있다.

물론 이것들도 개인이라는 조직인들에 의해 현실 조직에 투영되어 형성된다. 그리하여 유한한 구성원들이 영원한 조직에 뿌려 키우는 하나의 '조직 문화'로 정착되어 나타나는 것이다.

그런데 조직이 그 정을 아무한테나 주지 않는다. 조직은 '쓸모' 있는 자를 필요로 하며, 이 쓸모는 주로 그 조직에 대한 기여와 충성 또는 가능성을 통해 평가된다.

그러나 실제에서는 반드시 그렇지만은 않아 보인다. 왜냐하면 이기적(利己的)인 구성원도 조직의 '정'을 받은 일이 있었기 때문이다.

1980년대 초반, 공직에 임용되기 전에 한 민간 조직의 '정'을 잠시나마 듬뿍 받은 적이 있다. 지금도 잊지 못하는 그 조직은 누구나 아는 L그룹의 D사이다.

그룹 대졸 공채 사원으로 채용되어 D사에 배치되었다. 보직은 회사의 살림과 인사 등 지원업무를 담당하는 총무과에 보임되었다.

신년 정초 찬바람 속에 입사하면서 입사 동기들과는 서너 달만 다니다가 그만둘 거라고 쑥덕대며 회사에 다녔다.

당시의 취업 풍경은 이처럼 초기 직장을 탐색하는 들뜬 신입 사원들이 많이 눈에 띄었다. 기업들도 이를 고려하여 모집했다.

그러나 시간이 지나면서 일보다 조직 내 선배 · 동료들과 인간적으로 친해졌다. 그렇게 봄 · 여름 가는 조직생활에 빠져 지내다보니 어느덧 7월이 되었다.

빈번히 허드렛일까지 하면서도 사회에서 처음으로 하는 젊은 날의 직장생활을 정말 재미있게 보냈다.

점차 국가고시 시험 날짜가 다가오자 한 번은 더 응해봐야 한다는 생각이 들면서 초조해지기 시작했다. 그러나 '인생은 재미있게 사는 것'이라면 이 즐거운 회사 조직에 평생을 담는 것도 좋겠다는 생각도 들었다. 한 열흘 정도 갈등하다가 사직하기로 결심했다. 총무과장에게 힘들게 얘기하고 사직서를 제출했다.

그리고 7월 중순부터 경북 동남쪽의 심산에 있는 산사에 들어가 집중적으로 공부하여 그 해 10월 초에 시험을 쳤다.

시험을 마치고 늦잠 자며 며칠을 쉬던 중 회사의 모시던 과장으로부터 차나 한 잔 하러 오라고 연락이 왔다. 별로 할 일도 없었으므로 회사에 나갔더니, 퇴직이 아니라 휴직으로 처리되어 있었다.

알고 보니 휴직 처리된 이유는 이러했다. 총무과장이 7월 당시 필자의 퇴직발령 결재 받으러 중역실에 갔더니 중역이 퇴직사유가 뭐냐고 물어 고시시험을 치러 가기 위해 그만두는 것이라고 말했다.

그러자 위에서 "회사가 싫거나 직장을 옮기려고 퇴직하는 것도 아니며 또 시험이란 낙방할 수도 있는 것이다. 만약 떨어지면 다시 같이 일해야 하지 않겠느냐?"며 사규(社規)에도 없는 휴직 발령을 내도록 했다는 것이다.

그래서 석 달 만에 회사에 복직해 다니던 중 그해 12월에 최종합격 발표가 났다. 이제는 정말 그만두겠다고 보고하러 가자 또 윗선에서 공직연수 입교할 때까지 계속 근무하라고 했다.

원래 조직은 개인의 '쓸모'를 사랑하는 법이다. 이기적인 자가 쓸모 있겠는가! 그럼에도 그런 구성원에게 조직이 먼저 '정'을 준 것이다.

그에 따라 이듬해 3월 말까지 일하다가 퇴직하고 바로 이틀 후에 공직시보로 중앙공무원교육원에 입교했다.

긴 세월이 흘렀으나 그 쓸모없던 개인은 조직이 베푼 그때의 '정'을 아직도 잊지 못하고 앞으로도 잊지 못할 것이다.

당시의 회사 상사들 대부분이 이제는 이 세상에 없다. 다만 그 시절 정든 입사 동기들은 바람처럼 가는 인생에서 어느덧 60대의 초로(初老)가 되어 지금도 가끔씩 만나고 있다.

조직문화 차원에서 '정'이 있는 조직이 있고 없는 조직도 있다. 이 둘 중 전자의 생명력이 더 강하다고 확신한다. 왜냐하면 '정'을 받은 자는 떠나서도 마음의 직원으로 계속 남아주기 때문이다.

그 D사는 날로 번창하여 그 분야 굴지의 알찬 기업으로 성장했고 사세는 지금도 계속 뻗어 나가고 있다.

오늘날 경제 · 사회적 환경이 달라졌다고 할 수 있으나, 우리의 조직들도 실적과 성과만 따질 게 아니라 조직 차원의 '정' 베푸는 노력을 좀 해보면 어떨까!

제5장
직무와 행사 관리

"일은 언제나 마지막 순간의 '선택 그리고 집중'이 승부를 좌우한다... 승부 관리도 언제나 '모래 위 십 센티', '목표지점 1미터 앞'에서 최선을 다하듯 그렇게 하는 것이다.

[75. 승부는 모래 위 십 센티 : 한미 FTA의 추억]

70 직무관리 : 남의 일 시키면 안 된다. 남의 일도 피하면 안 된다

임무 부여는 칼같이 하고 임무 수행은 전투처럼 하는 것이다! 조직에서 개인별 직무를 합리적으로 책정·배분하고 과업을 적정하게 부여하는 것은 목표의 달성을 위한 기본수단이다. 그뿐만 아니라 구성원의 사기(士氣)와도 직결되는 요소의 하나이다.

부하 직원에 대한 임무의 부여는 업무분장 규정에 '정해진 대로' 해야 한다. 이것이 과업(task) 부여 기준의 고전이요, 대원칙이다.

조직인의 사기에 관한 조사연구에 의하면, 사기 저하 요인 중에 남의 일을 자기에게 시키거나 또는 자기 일을 남에게 시키는 것이 있다. 전자는 "왜 나만 시켜!", 후자는 "나를 인정 안 해!"가 된다. 인간이라면 누구에게나 이렇게 양면적인 가벼움이 내재해 있다.

만약 부득이 그렇게 할 수밖에 없는 사정이 있다면 사전에 설명해서 당사자가 충분히 수용한 후 맡기는 게 합리적이다. 또 새로운 일이나 돌발적인 업무 등은 일단 총괄 팀이 맡을 수밖에 없다. 아니면 평소에 미리 '유동적 임무'나 '순환 분담'의 체계를 마련해두는 것도 하나의 방법이 될 수 있다.

그리고 임무를 부여할 때는 '개별적'으로 해주는 것이 기본이다. 또 그 역할 범위와 분량 및 방법을 '분명히' 해줄 필요가 있다.

당면 현안과 관련된 과업은 그 '경중'과 '완급'도 정해주는 것이 좋다. 특히 부하가 복잡하거나 막막한 난제를 가지고 왔을 때는 그 처리 '방침'을 명확히 제시해 주어야 한다.

이와 함께 직원의 업무에 대한 공포가 없게 해야 한다. "어려운 일은 다 같이 달려든다." 이것은 신규 과제 또는 난제에 대한 협업체계로서 총체적 조직관리 측면에서 상당히 중요하다.

한편, 과제를 수행하는 부하 입장에서는 위에서 시킬 때 그 일이 설사 낯설거나 남의 소관으로 보이더라도 이를 피하면 아니 된다.

왜냐하면 이는 직무명령에 대한 복종이라는 제도적 취지를 떠나서 상급자가 인정해주는데도 거부하는 것은 자세의 불량을 넘어 일종의 배신으로 연결될 수도 있기 때문이다.

그런데 새로운 업무 사안이 발생할 때 소관이 어디인지 애매할 때가 종종 있다. 이럴 때일수록 '업무 회피' 현상이 자주 발견된다.

실례로, ○부에서 근무할 때의 일이다. 평가와 관련된 새로운 일이 생기자 이를 A과에서 처리하도록 했다. 그러나 그 과장은 자기 소관이 아니라고 주장했다.

회의를 열어 설득해 보았으나 굽히지 않았다. 그는 그 이전에도 더러 그러한 '업무 회피' 자세를 보인 것으로 알려졌다. 일부 간부들 사이에 "일을 피하는 직원"으로 은연중 평가되고 있었다.

그러다가 그는 얼마 후 정기인사 시에 소속기관으로 좌천되었다. 말려 볼 여유도 없었다. 본래 실무자 시절에는 총명하고 일도 잘 했던 사람이었다. 발령 나는 날 심한 불만으로 낙심하며 떠났다.

그 후 그는 인사가 있을 때마다 본부 복귀를 희망했으나 성사되지 않았다. 하향 보직에 대한 좌절의 눈물을 흘린 지 5년여 만에 본부 직위에 복귀되었다.

사실 난감한 것은, 직접 일하는 실무자라면 일단 본인만 감수하면 되지만 과장급 정도의 중간 관리자가 새로운 과제를 떠맡아 오면 대개 그 부하 직원들이 좋아하지 않는다는 점이다.

즉 과장이 논리도 없이 일거리만 덥석덥석 받아올 경우 '영혼 없는 상사(上司)'가 되어 리더십에 손상이 가기 십상이다. 그러므로 이는 중간관리자의 직무 및 통솔 역량에 관한 문제로 귀착된다.

실제, 상사의 '과업 부여'와 부하의 '과업 회피' 사이에서 갈피를 못 잡는 중간관리자가 있다. 중간관리자는 직무에 대해 항상 불가피성과 당위성에 관한 자신의 논리를 확립해 나가는 내공이 필요하다.

이 내공은 업무 내 · 외를 막론하고 언제나 조직인으로서 '자주적인 자세'(隨處作主)를 견지할 때 쌓일 수 있다.

위에서는 일을 기피하는 소극적인 인력으로, 아래에서는 무능한 상사로 평이 나버리면 인사이동 시에 갈 데가 없다. 이 때문에 그 수렁을 극복하는 데 위의 사례처럼 상당한 시일이 걸릴 수밖에 없다.

물론, 관리자는 '부하에게 함부로 남의 일을 시키면 안 된다. 그러나 부하는 남의 일이라도 함부로 피하면 안 된다.' 그리고 상 · 하를 막론하고 업무를 수행할 때는 순간순간 전투처럼 임해야 한다. 산다는 것은 전쟁이기 때문이다.

71 무서운 이해관점 일수사견(一水四見) : KTX 울산역 명칭 사건

이름도 그렇게 중요했다. 조직에 몸담은 자는 어떤 일이든 그 것을 도모할 때 그에 작용하는 요소 변수와 영향 등에 대해 항상 '입체적'으로 접근하고 살피는 노력이 요구된다.

물이라는 하나의 객체를 인식하는 데 4가지 견해가 있다는 의미로 일수사견(一水四見) 또는 일처사견(一處四見)이라는 말이 있다.

이는, 물을 보되 인간은 마시고 씻는 '물'로 인식하고 물고기는 자기들이 사는 '집'(또는 공기)으로 여기며, 하늘의 천인들은 '보석'으로 생각하는 반면에 지옥 아귀들은 '피고름'으로 본다는 의미이다.

물이 '물'인 것은 우리 인간을 비롯한 육상의 포유류 등 일정 생명체들이 공유하는 주관적 인식이다. 절대 객관이 아니라는 것이다.

물이라는 하나의 객체를 두고 가지는 인식은 그 인식을 공유하는 집단의 집단적 표상일 뿐이다. 아가미로 호흡하는 물고기들에게 물은 분명히 그들의 '거주 공간'일 것이다.

주관의 아집을 떠나 절대적 객관의 차원에서 보면 산은 산이고 물은 물이며 동시에 산이 산 아니요, 물이 '물' 아니기도 한 것이다.

시각을 좁혀서, 같은 마시는 '물'이라도 그 활용과 용처 또한 전혀 다를 수 있다. 산양과 독사가 똑같은 골짜기의 물을 마시고 살아도 각자 생산하는 산물은 똑같지 아니하다.

금속공학자들에 의하면 세상에 제일 강한 것이 물이라고 한다. 쇠를 깨끗하게 자르는 데 물이 쓰인다고 하니 이해하기 어렵지만 납득은 된다. 여기서 물은 마시는 것이 아니라 금속보다 강한 칼이 된다.

울산광역시 행정부시장으로 재직할 때의 일이다. 전국적으로 고속철도(KTX) 사업이 막바지에 이르렀고 새로 개통할 역 명칭들도 지어야 할 때가 되었다.

KTX 울산 노선은 동대구 · 경주를 지나 관내 울주군 지역을 거쳐 부산으로 가는 것이다. 역 명칭 제정을 위해 구성된 울산 자체 '역 명칭 선정위원회'를 중심으로 다양한 논의와 여론조사까지 거친 결과 '울산역'으로 잠정 결정되었다. 시내 동쪽에 위치한 기존의 울산역은 그 전통의 이름을 신생 KTX에 양보하고 '태화강역'으로 변경하기로 했다.

그러던 중 울주군에 인접한 경남 양산시에서 협조를 요청해왔다. 역 이름에 통도사(通度寺)가 표시될 수 있도록 예컨대 '울산역 · 통도사' 등 어떤 형태로든 병기 또는 추가 해달라는 내용이었다. 양산 관내 북쪽에 위치한 통도사가 울산역에서 훨씬 가깝다는 이유였다.

울산 측의 반응이 처음에는 부정적이었다. '울산'에 있는 공공시설 명칭에는 '울산의 것'만 들어가야 된다는 지역 중심적 정서 때문이었다. 또 역 이름은 간단명료해야 한다는 형식적 논리도 작용했다.

그러다가 여러 검토 과정에서 울산과 양산, 두 자치단체 간에 대승적인 협조 차원에서 통도사 방문객의 편의를 위해 역 명칭을 '울산역(통도사)'로 하여 중앙(한국철도공사 역 명칭 선정위원회)에 건의했다.

그런데 갑자기 지역 기독교계에서 강한 반대가 제기되었다. 공공시설 명칭에 특정 종교시설 이름이 붙는 것을 용인할 수 없다는 논리였다.

울산광역시 관계자 모두 놀랐다. 그동안 논의 과정에서 통도사 자체를 오직 국보 명승지 자산으로 인식해 검토했기 때문이다. 이처럼 종교시설로 보는 관점은 거론조차 되지 않은 부분이었다.

역 명칭에 대한 중앙의 심의절차가 기독교계의 집단방문 · 농성 · 방송국 성명 등 심한 저지로 인해 몇 번이나 결정이 보류되는 등 상당히 힘든 과정을 겪었다.

결국 '울산역'으로 하되 '(통도사)'를 부기하는 절충안으로 겨우 통과되었다. 그래서 승강장 안내표시 · 티켓 등에는 통도사가 표기되고, 출발지 전광판 등에는 표기되지 않게 된 것이다.

그동안 역 명칭과 관련된 지역 간 갈등 사례들이 있었지만, 이 건은 동일 지역 내 종교적인 시각 등 인식 차이에 따른 희귀한 갈등 사례의 하나라고 할 수 있다.

이처럼 우리 사회의 일반 사물과 현상에 대해서도 일수사견이요, 각물각견(各物各見)이다. 인간끼리도 얼마든지 서로가 판이하게 인식할 수 있으며, 절대 주관도 절대 객관도 없다.

조직인 특히 공조직인은 여하한 공적 봉사(service)에도 언제나 차원이 다른 시각과 인식이 있다는 것을 명심하자.

그래서 하나의 일이 전혀 다른 이해에 관계되고 아무도 예상하지 못한 반응과 결과로 이어질 수 있다는 점을 염두에 두자. 그러면 그를 수용하거나 절충할 수도 있을 것이다.

72 갑(甲)의 짓 : 부메랑은 돌아온다

'갑'(甲)은 '칼자루'를 잡은 편이다. 그래서 '칼날' 잡은 '을'(乙)을 통제할 수가 있다. 을에 대한 갑의 횡포를 뜻하는 의미로 요즘 '갑질'이란 말이 유행이다. 나아가 수퍼 갑질, 울트라 갑질이란 용어까지 등장했다.

그런데 '갑'도 언젠가는 '을'이 될 수 있다. 또 소위 먹이사슬 구조에서는 한쪽으로 갑이면서 동시에 다른 쪽으로는 을인 경우도 있다.

갑을 관계에서 갑은 을에 대해 권한을 행사하기 쉬우면서도, 대등한 관계에 있을 때보다 사람을 사귀기도 더 용이하다.

이에 따라, ***〈갑으로 있을 때 '소인'(小人)은 '힘'을 행사하지만 '대인'(大人)은 '인간관계'를 넓힌다.〉***

갑일 때의 인간관계 넓히기, '역지사지'(易地思之)가 그 출발선이다. 갑이 을의 처지를 생각하는 것, 쉽지 않겠지만 어렵기만 한 것도 아니다.

과장급 시절에 원소속 부처를 떠나 타 부처에서 근무한 적이 있다. 대개 1년 정도 지나면 돌아가

는 것이 일반적이다. 그러나 당시는 인사 상황이 좋지 않아 3년이 되어 가는데도 원소속에서 불러주지 않았다. 인사가 있을 때마다 복귀 신청을 했으나 성사되지 않았다. 이러다가 여기서 공직을 마치는 것이 아닌가 하는 갑갑한 심정으로 일하고 있었다.

그러던 어느 날 원소속 인사과장 K씨가 전화로 복귀 의사를 물어왔다. 그는 지방에서 전입한 지 얼마 되지 않아 얼굴도 잘 모르던 공직 선배였다. 예정보직이 소속기관의 과장급 초임직위로 마음에 차지 않겠지만 그래도 돌아오겠느냐고 했다. 그렇게 해서 거의 3년 만에 원조직으로 복귀한 적이 있다.

조직의 인사과장은 바쁜 직위이고 일반 직원에 대해서는 갑이다. 수퍼갑인 경우도 있다. 그러므로 당시 K과장이 초면 수준에 전화 연락을 해준 것은 꽤 친절한 '갑짓'[78] 에 해당한다고 볼 수 있다.

갑이자 바쁜 인사과장이 부하를 시키지 않고 직접 챙겨준 데 매우 감사하다는 인사를 했다. 그 후 어떤 저녁 자리에서 K과장을 만났을 때도 감사를 표했다. 다른 사람들한테도 K과장이 고맙다고 말했다.

세월이 흘러 필자가 워싱턴의 주재관이었고 그 K과장은 두 번 승진하여 J도 부지사로 있을 때 J도 직원들이 워싱턴에 출장을 왔다. 귀국하는 그 직원들한테 K부지사에게 전언을 부탁했다. '아직도 감사하고 있더라고 미국에서.' 그리고 20년이 다 되어 가는데도 그 K선배에 대한 고마운 생각이 남아 있다.

그는 그 후 국회의원도 지내고 장관직을 거쳐 도지사가 되었다. 갑일 때 역지사지로 베풀 줄 아는 사람은 관운(官運)도 있는 법인가!

갑은 '자원'을 관리하거나 권리의무를 통제하는 자다. 자원은 유한하

78] '~짓'도 좋은 의미는 아니나 여기서는 '갑질'에 대조되는 용어로 '갑짓'을 사용했다.

다. 을이 바라는 것을 다 줄 수 없다. 다 못해주기 때문에 갑이다.

그러므로 을이 원하는 만큼 도움을 주지 못하더라도 갑의 진정성 있는 '설명'은 '인간관계'에 있어 매우 중요한 것이다.

〈을의 말은 갑에 대해 별 '힘'이 없지만, 갑의 말은 을에 대해 '위력'이 있다. 을의 설명은 '논리'가 있어야 겨우 '들리지'만, 갑의 설명은 '해명' 수준이라도 을에게 '울리게' 된다.〉

갑이면서 중간관리자 이상의 조직인은 훌륭한 '갑짓'을 하기가 비교적 용이하다. 세세한 부분은 실무선에 맡기고 본인은 보다 전체적인 시각에서 고객과 을의 입장을 역지사지해 볼 수 있기 때문이다.

갑의 '최악'의 행동은 '화내는 것'이다. '갑의 화'는 '을의 원한'으로 싹이 튼다. 차악(次惡)의 행태는 앞에서 예스(yes) 해놓고 뒤에서 노(no) 하는 즉 '표리부동'(表裏不同)한 것이다. 갑이 표리부동하면 인심이 떠나고 후일 갑을이 바뀌었을 때 부메랑이 되어 돌아온다.

갑의 위치에 있는 사람은 가끔 한 번씩 실제로 칼날을 잡아보자! 을의 심정을 알기 위해 반대로 칼날을 쥐고 성찰해보자는 의미다. '갑질'이 아니라 좋은 '갑짓'을 하기 위해서다.

갑은 '가진 자'이다. 가지고 '있을 때 잘 해야' 하고 베풀 수 있을 때 베풀어야 한다. '가져야' 베푸는 것도 가능할 것이기 때문이다.

그래서 갑일 때가 덕을 베풀고 인간을 사귀는 절호의 기회가 된다.

〈갑질하면 갑질로 돌아오고 '갑짓' 잘하면 복으로 돌아오게 되어 있다.〉

73 을(乙)의 짓 : 지성이면 감천이다

'을'(乙)은 '칼날'을 잡은 편이다. 그래서 '칼자루' 잡은 '갑'(甲)의 통제 아래에 있다. 을은 '자원'을 관리하는 갑으로부터 뭔가를 얻어내야 하는 입장이다.

'갑질'에 대응하는 의미로 '을질'이란 말도 있다. 이 '을질'을 사전에서는 "약자이지만 갑에게 횡포를 부리는 것"쯤으로 정의되고 있다. 이 말을 생각하면 갑자기 주변이 서글퍼지는 느낌이다.

'을'도 언젠가는 '갑'이 될 수 있다. 또 이른바 먹이사슬 구조에서 한쪽으로 을이면서 동시에 다른 쪽으로 갑인 경우도 있다. 을로 지낸 경험은 인간을 보다 성숙하게 하고 후일에 갑이 되었을 때 좋은 '갑짓'을 하도록 하는 토양이 될 수 있다.

'을짓'을 잘 하려면 무엇보다 을로서 근성이 필요하다. 목표가 달성될 때까지 최선을 다하는 것이다. 무조건 긴다는 자세가 중요하다. 갑의 가랑이 사이로도 기어갈 수 있는 내공이 필요하다.

과거에 갑이었다가 을이 된 경우에 갑으로부터 원하는 바를 얻어내려면 갑 시절 추억을 잊어야 한다. 그러므로 을은 항상 겸허하게, 칼날 잡은 자가 조심(操心)을 하듯이, 조심(調心)하고 조신(調身)해야 한다.

실무 사무관 시절에 약 5년간 갑이면서 을로서 일을 한 적이 있다. 국가 재정 분야에서는 집중적으로 을의 위치에 있었다. 수시로 재정 관련 협의를 해야 하고 매년 정기적으로 예산을 확보하기 위해 예산부처에 협의하러 다녔다.

그러던 1990년대 초에 영속적으로 국비예산이 소요될 프로젝트 하나를 추진하게 되었다. 공무원 퇴직금(퇴직수당)제 도입이었다. 법률을 개정해야 하고 조직 윗선에서 관심을 크게 가진 사업이었다. 그 해 봄부터 정부 법률안과 예산안이 국회에 제출될 때까지 약 40번은 예산부처에 드나들었다.

한 번은 직속상관 K과장과 함께 예산부처에 갔다. 그날 K과장으로부터 그야말로 '을로서 최선을 다하는 모습'을 보았다.

워낙 큰 신규 사업이라 예산실 K국장은 설명 자체를 들으려 하지 않았다. 통사정을 했으나 보고받기를 거부하며 사무실을 빠져 나갔다.

K과장이 한 마디만 들어 달라고 붙잡았다. 그러나 그 국장은 도망가다시피 달아났다. 그러자 K과장은 그 국장의 다리에 매달려 사무실 복도 바닥에서 질질 끌려갔다. 뒤따라가는 필자 눈에 눈물이 돌았다.

결국 K국장이 포기하고 사무실에 돌아와 설명을 들었다. 여름이 가고 가을 국회에서 그 법안과 예산안은 통과되었다. 그 제도는 전체 공직자 가족의 주요한 복지 항목으로 자리하고 있다.

젊은 그날 그 K과장으로부터 평생에 을의 행동 하나를 배웠던 것이다. 그래서 20여 년 후에 부처 책임자로서 상급기관 조정회의에 갔을 때 수용할 수 없는 사안에 대해 혼자서 끝까지 버텼다. 이제는 따라온 오늘의 후배 실무자가 뒤에 배석해 눈물을 글썽이고 있었다.

을의 '최악'의 행동은 '을질'을 하는 것이다. 그 행위의 근저에는 '거만'이 자리 잡고 있음이 틀림없다. 예전의 갑 추억을 벗어나지 못해 과거의 지위나 사건을 갑 앞에서 떠들어대는 것도 이에 해당된다.

2011년 가을, 국회에 정기예산 협의를 하러 다니던 때였다. 간부 하나가 나름대로 일조를 하겠다고 드나들며 달리 잘못한 게 아니라 본인 경력을 들이대며 국회의원 누구와 친하다는 식으로 인사하고 다녔다.

그 당시 국회 핵심 L수석은 본래 사람이 양반이었다. 그 마음 좋은 수석이 필자 앞에서 그 간부를 지칭해 "×만한 ×끼!"라고 했다. 그래서 그 간부에 대해 국회 금족령을 내리게 한 바 있다.

을의 '차악'(次惡)의 행태는 갑의 경우와 마찬가지로 '화내는 것'이다. 화내어 얻는다면 화 안 내는 자 없을 것이다. ***〈갑 앞에서 화내는 것은 이제껏 쌓은 탑을 한 번에 무너뜨리는 짓과 같다.〉*** 섶을 지고 불 속에 들어가는 것이 될 수 있다.

을의 행동 계율에는 갑의 그것보다 하나가 더 있다. 그것은 '포기하지 마라'는 것이다. 포기는 구하는 자의 근성이 부족한 데 기인한다. 을로서 을의 본분을 망각하는 태도다. 그래서는 실제 성취하는 바가 별로 없게 된다.

을은 을로서 성실해야 한다. '거만'은 언제나 '독(毒)'이다. 좋은 '을짓'은 겸손하되 비굴하지 않으며 끝까지 물고 늘어지는 것이다. 지성이면 감천이다.

74 부탁 법칙 : 친밀이냐? 빽이냐? 감동이냐?

세상에 독불장군은 없다. 엄밀한 의미에서 우리 사회에 실로 혼자 살아가는 존재는 없다. 누구나 서로 기대어 살 수밖에 없다. 인간끼리 도움 없이 단 한 발짝도 움직이지 못한다.

어떠한 부문 단위조직의 제반 활동에서도 내 · 외적인 협조 없이 되는 일이 없다. 좁게는 부서 내 단일 계선의 상 · 하 간에서부터 넓게는 부서 외적인 협력이나 견제 · 균형 관계에 이르기까지 다양한 형태의 협업으로 일이 이루어진다.

그러므로 인간사회의 유지 · 발전에 협조라는 것은 필수적이다. 2016년에 시행된 '청탁방지법'(김영란법)의 취지를 부인하는 것이 아니다. 그 법은 부정한 청탁을 방지하기 위한 제도로서 오직 교조적(敎條的)으로만 적용될 경우 삶의 본질에 부합하지 않을 수 있다.

그러면 이 협조를 구하는 일 즉 '부탁'(付託)은 어떻게 해야 하나? 부탁의 유형에는 그 내용에 따라 공적인, 사적인, 그리고 공 · 사 혼합적인 것이 있을 수 있다.

어떤 유형이든 가장 효과적인 방법은 무엇일까? 특히 공적인 일로 부탁을 할 때 어떤 입장과 자세로 하면 부탁받은 측이 성의를 가지고 협조를 잘 해주겠는가 하는 문제이다.

첫째, 친밀을 활용하는 것이다. 사안에 관계되는 자들(counterparts) 간 평소에 상호 소통이 이루어지고 있어야 한다. 그래서 협조 상황에 대한 인식이 공유되고 서로 다른 입장도 이해되어야 한다.

'아는 것이 빽이다.'라는 말이 있다. 그러므로 평상시에 인간관계를 잘 영위하는 것이 긴요하다. 지연 · 학연 · 혈연 등을 이용하는 것도 이에 속한다.

안면(顔面) 관계의 중요성에 관한 고사로 맹자의 이양역지(以羊易之) 이야기가 있다. 왕이 죽으러 끌려가는 소를 보고 불쌍해서 양으로 바꾸게 했다는 것으로, '소는 보았고 양은 보지 않았기 때문'(見牛未見羊)이라고 설파했다.[79]

소위 '마당발'이라고 불리는 사람들의 활동 패턴이 상당 부분 이에 해당한다. 이 방법은 친밀로 인해 부탁하기는 쉬우나 심리적 강제성이 적으므로 그 효과는 미지수인 경우가 많다.

둘째, 먹이사슬을 이용하는 것이다. 이는 '갑 · 을 관계'의 상황에서 갑의 지위를 이용하여 을에게 부탁하는 것으로 가장 강력한 효과를 가져올 수 있는 방법이다.

앞의 친밀 활용 부탁의 경우는 그것을 거절할 때나 들어주지 못했을 때의 해명이 쉽다. 그러나 이 먹이사슬 방법은 업무상 생존에 영향을 미칠 수 있기 때문에 부탁받은 측이 신경을 쓰지 않을 수 없다.

인사나 인 · 허가, 계약 등 각종 사업 추진에 있어 브로커들이 전통적으로 잘 사용해 온 부탁 패턴이다. 또 직장 상사가 부하에게 하는 부탁은

79] 맹자 양혜왕(梁惠王) 상편 제환진문장(齊桓晋文章)에 나오는 이야기로, 제(齊)나라 선왕(宣王)이 어떤 신하에게 흔종((釁鍾:종을 만들 때 틈이 생기는데 여기에 짐승의 피를 바르는 것)하러 가는 '소를 놓아주고 양으로 바꾸라'고 한 데서 나온 말로서, 왜 그랬는지에 대한 맹자의 해석이다. 불쌍하긴 마찬가지인데 소는 보았고 양은 안 보았기 때문이라는 것이다. 여기서 '본 것'과 '안 본 것'의 차이라는 것 즉 '만남'의 여부가 중요하다는 것이 된다.

가끔 지시에 가까울 수도 있다. 세칭 '좋은 빽'이라고 하는 것이 이에 해당한다.

이 방법은 효과적일 수 있는 반면에, 대부분의 경우 부작용이나 후유증이 따르게 마련이다. 왜냐하면 마음에 내키지 않더라도 일종의 강압에 의한 협조가 되어 종종 대가(代價)를 바라거나 앙갚음의 정서가 배태되기 때문이다.

부조리나 소위 적폐라고 하는 것 등도 주로 이런 형태의 부탁에서 싹이 트게 되어있다.

셋째, 감동을 불러일으키는 것이다. 이 방법은 진정성(眞情性)을 가지고 직접 부탁하는 것으로 매우 효과적이며 후유증도 거의 없다.

예전에 중앙부처 실무자들 간에 예산부서의 최고로 악명 높은 담당자에게 열두 번을 찾아갔더니 태도가 달라지더라는 얘기가 있었다.

필자가 법제 부서의 까칠하기로 소문 난 법제관에게 시급한 법령개정 업무를 협의하러 갔을 때 처음에는 접수조차 해주지 않았다. 그러나 매일 오전, 오후 두 번씩 일주일을 찾아갔더니 어느 순간 팔 걷어붙이고 단 3일 만에 처리해준 적이 있다. 그와 친해져서 퇴직한 후에도 종종 연락하며 지내고 있다.

다만 이 방법은 감동을 만들어내기가 쉽지 않다는 점에 어려움이 있다.

한편, 평소에 무심하다가 급할 때 부탁하는 것은 인간관계의 기본에도 맞지 않는다. 업무협조의 관리 방식은 더더욱 아니다.

고금의 인간사회에서 어떤 분야에서 어떤 형태이든 '협조를 위한 부탁'을 하지 않고 살 수가 없다.

우리 사회 부탁에는 보편적으로 친밀이나 먹이사슬의 '빽'이 주로 작동해왔다. 미국이나 영국 같은 데서도 빽과 같은 것이 있지만 공식적인 '추천(recommendation)'의 형태가 대세이다.

실제 위의 유형들이 혼합될 수도 있다. 그러나 무슨 부탁이든 평소의 인간관계 내지 협력관계 위에서 하는 것이 기본이다. 그러나 단지 '아는 것'을 활용하는 방법은 온정주의 문화의 소산이므로 시대적으로 정리할 때가 되었다.

또한 먹이사슬을 활용하는 것은 불합리와 부조리로 이어질 수 있는 것이므로 이제는 정신적으로 청산해야 한다.

'감동의 부탁'을 해야 한다. '남산 호랑이도 내 인심만 좋으면 사귈 수 있다'고 했다. 무슨 일이든 정성을 다하되 비굴하지 않으면 된다.

감동을 낳는 데는 어느 정도 시간이 필요하다. 하지만 시간이 없으면 없는 대로 작은 감동을 낳을 수 있다. 진정성이 있으면 초면에도 초면의 감동이 있는 법이다. 언제나 최선을 다하면 의외의 효과를 얻을 수도 있다.

75 승부는 모래 위 십 센티 : 한미 FTA의 추억

공 · 사를 막론하고 일에는 목표가 있고 그 목표를 달성하면 성공이다. 반대로 달성하지 못하면 실패이다. 이는 사후 평가적 개념이다.

그러면 일의 성패(成敗)는 언제 결정되는가? 즉 실질적인 승부(勝負)는 언제 판가름 나는 것인가? 인생살이는 어떤 의미에서 오직 '선택'의 연속이라 할 수 있다. 항상 복수의 대안 중 어느 것을 선택할지 문제가 된다.

객관식 시험문제처럼 주어진 대안들 중에서 답을 골라야 할 때도 있다. 정책분석(政策分析)에서처럼 목표 달성을 위한 수단들을 탐색 · 설계하고 평가하여 최적 방안을 '선택'해야 하는 경우도 있다.

이 '선택'이 곧 '승부'를 향한 분기점이 될 수 있다. 치킨게임(game of chicken)에서 결단의 시점도 바로 결정적인 순간(moment of truth)의 선택 문제이다.

그런데 일이 일련으로 진행되는 경우에는 그 경로를 따라 이 선택의 상황이 계속 발생하게 된다.

그렇다면 다양한 쟁취적 과정에서 실로 '승부'가 결정되는 시점은 언제인가?

씨름의 승부는 '모래 위 십 센티미터'에서 결정된다. 다른 대부분의 승부도 거의 '막판'에 결정된다. 승리하기 위해서는 마지막 1미터에서 힘 빼지 말아야 한다. 경기 종료 1분 전에 절대 포기하면 안 된다는 얘기다.

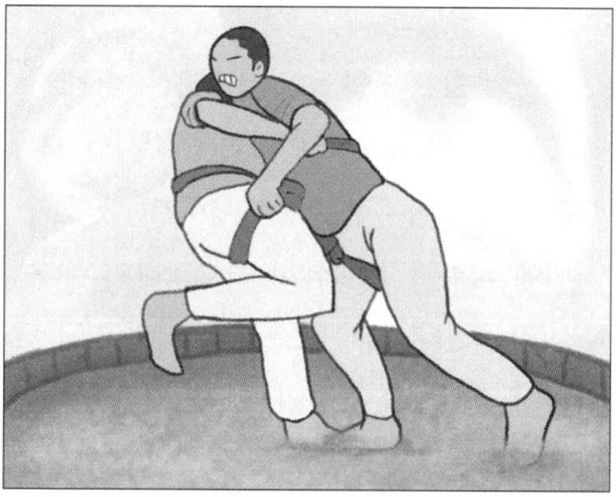

공부에서도 시험 전날과 당일 마지막 순간의 집중이 성적을 좌우한다. 예전에 고등고시 합격자 중에는 최종 단계에서 눈물을 흘리며 집중하는 사람도 있었다.

조직의 업무수행에서도 매 순간 집중하되 마무리 단계에는 더욱 몰입하는 자세가 중요하다. 어떤 일이든 '최종 단계'의 '종합 점검'은 그 일의 성패를 좌우할 수 있다. 특히 행사 · 의전 업무에서는 사소한 사항이 큰 사고가 되기도 한다.

악마는 디테일 속에 있다(devil is in the details). 그래서 치밀한 최종 점검은 언제나 업무 추진의 요체이다.

2011년 11월 22일 범사회적으로 격심한 진통을 겪던 '한 · 미 자유무역협정'(FTA)안이 국회를 통과하였다.

국회가 3~4년간 끌며 소관 상임위원회(당시 통일외교통상위원회)에서 교착 상태에 있던 것을 국회의장이 본회의에 직권상정함으로써 단행된 것이다.

그때 필자는 정부 소관부처(당시 외교통상부) 기획조정실장이었다. 국회 의사국장이 점심 때 극비리에 연락을 해왔다. 조용히 장관의 본회의 출석을 준비했다.

그런데 일단 조약안만 처리하는 것으로 보고하고 준비했다고 했다. 통상교섭 책임자에게 확인하니 부수법안 14개를 같이 처리하지 않으면 실행력이 없어 아무런 소용이 없다고 했다.

이에 의사국장이 급히 재보고하여 부수법안들도 같이 상정하는 안을 다시 만들었다. 긴박한 시간을 거쳐 여당 단독으로 처리했다.

국회 경위들로 겹겹이 둘러싸이고 밀폐된 본회의장에서 반대하던 K의원이 터뜨린 최루탄을 장관과 함께 흠뻑 마셨다. 길고 힘든 정치 · 행정 여정에서 일의 성패는 '마지막 순간'에 결정되었던 것이다.

그토록 심한 갈등 속에 체결된 한미 FTA가 시행 8년이 넘었다. 그 펄펄 뛰던 반대 논리들은 자취 없이 사라지고 미국 측의 개정요구만 무성해왔다. 미국 소고기 먹은 사람의 뇌가 흐물거리게 될 거라든지 미국 자동차가 전국에 깔릴 것이라는 등의 목소리들은 다 어디로 갔나?

어떻든 마무리되는 바로 그 시점의 '최종점검'은 그 조약이 그렇게라도 처리되는 데 매우 긴요하였다.

일은 언제나 마지막 순간의 '선택 그리고 집중'이 승부를 좌우한다. 세계적 투자가 워렌 버핏(W. Buffett)이 "썰물이 빠졌을 때 비로소 누가 벌거벗고 헤엄쳤는지 알게 된다."고 한 말처럼 진실도 때가 되면 그 진위가 가려지게 마련이다.

승부 관리도 언제나 '모래 위 십 센티', '목표지점 1미터 앞'에서 최선을 다하듯 그렇게 하는 것이다.

76 결재의 정도(正道)는 정직 : 국무총리 위필(僞筆) 연습

계층제 조직의 의사결정은 대부분 '결재'(決裁)를 통해 이루어진다. 이 결재로써 공식적인 문서도 생산되는 것이다. 그중 인사에 관한 결재문서는 공 · 사 부문에 공히 거의 다 영구 보존이 될 정도로 중요한 자료가 되고 있다.

2000년대 초 전자문서가 도입되기 전까지 모두 오프라인(offline)으로 종이 문서에 직접 서명하거나 날인하는 방식을 취했다.

1990년대 중반 경, 중앙정부의 인사기능 총괄 부서이던 구총무처 인사과에 근무할 때의 일이다.

당시 대통령 인사결재 문서는 그 바탕 종이와 서식이 일반 인사문서와는 달랐다. 결재는 보임계장의 날인으로 시작되어 과장, 국장, 차관, 장관을 거쳐 국무총리가 서명한 후 청와대로 가서 대통령 재가를 받는 순서로 이루어진다. 이 인사결재는 대부분 신속히 진행되며 매우 긴박하게 처리되는 경우도 있다.

그날도 여느 때처럼 서둘러 인사결재가 진행되는 과정에서 그때까지 한 번도 없었던 일이 벌어졌다. 아무리 급해도 그런 일이 없었는데 문서가 장관 서명 후 국무총리를 건너뛰고 곧바로 청와대로 보내어져 대통령 결재가 나버렸던 것이다.

인사권자인 대통령 서명만 있으면 되느냐, 아니면 국무총리 서명이 없으면 그 효력이 없느냐 하는 점에 대해 논란이 있었다. 그러나 당시 효력의 문제는 제기가 되지 않았다.[80]

그리고 대통령의 인사결재 진행 과정에 일종의 보조기관으로서 국무총리는 관행적으로 그 내용에 관여하지 않는 법이다.

그래서 총리는 통상 요식적인 서명을 할 뿐이어서 본인이 그 기억도 잘 하지 못하는 경우가 많았다. 총리가 해외 출장 등으로 서명할 수 없을 경우에는 대통령 결재 후 나중에 후열(後閱) 서명을 하는 것이 원칙이었다.

그러나 그날은 총리가 국내에 있었으나 서명이 빠져 실무적으로 찜찜한 처지가 되었다. 그래서 엉뚱한 발상이 고개를 들게 되었다. 어차피 본인이 기억도 하지 못할 것이므로 위필(僞筆)(세칭 '가라사인')해 넣자는 의견이 나왔다. 서명 필체 또한 평이해서 흉내 내기도 쉬웠다.

그리하여 직원 중 테스트를 거쳐 가장 비슷하게 쓰는 자로 하여금 막 '가라사인' 하려던 순간, 노련한 별정직 선배가 단호히 말렸다. 효력에 별 관계가 없다면 그냥 비워 두어야지 그렇게 위조하면 안 된다고 일침을 놓은 것이다. 그 말에 모두 움찔해져 그만두었다.

그리고 며칠 후 모두들 깜짝 놀랐다. 아픈 부위가 더 잘 부딪히듯 하필 국무총리가 그 인사문서를 찾았기 때문이다.

그동안 총리 결재를 건너뛴 일도 없었거니와 결재 끝난 서류를 총리가 찾는 경우 또한 매우 드문데다 '가라사인'을 하려다가 미수에 그친 그 인사서류가 아닌가!

결국 차관에게 사실 그대로 보고하여 국무총리께 이실직고하고 건너뛴 데 대해 용서를 받았다. 알고 보니 그 인사 대상자 중 총리의 지인이

80] 대한민국 헌법(제82조)은 국법상 행위의 요건으로 대통령의 문서에는 국무총리 및 관계 국무위원이 부서(副署)를 하도록 규정하고 있다. 부서 없는 문서의 효력에 관해 의견 대립은 있으나, 대통령의 공무원 임용행위는 국법행위이고 이에 부서 즉 총리 등의 서명이 없으면 효력이 없다고 봐야할 것이다.

전화로 인사하는 바람에 발령 사실을 알게 되었으나 결재한 기억이 없어 찾았던 것이다.

만약 그날 그 총리 서명 칸에 '가라사인'을 해 넣었더라면 어떻게 되었을까? 그 총리의 성품은 온화한 스타일이긴 했다. 그럼에도 아마 인사과장을 비롯한 실무자 몇 명은 중징계를 면치 못했을 것이다.

20년이 훨씬 지난 지금도 그날의 일련의 풍경을 생각하면 우습기조차 하다. 몇 명이 둘러서서 '가라사인' 연습을 하던 장면이나 며칠 후 국무총리가 그 서류를 찾았을 때 놀랐던 상황을 잊을 수 없다.

다소 비약일 수도 있다. 이 세상에 죄도 악도 멀리 있지 아니하다. 또한 죄악은 아무런 의식조차 없이 그리고 집단적으로 저질러질 수 있다.

위의 인사문서 사례에서 그 노 선배 직원이 말리지 않았더라면 어떤 일이 일어났을까! 비록 미수에 그친 제어된 '정직'이었지만, '정직'은 중요했다.

결재의 정도(正道)! 그 덕목 제 1조는 '정직'이다. 공적으로나 사적으로나 또 가정에서조차 어떠한 경우에도 위조는 결코 아니 된다.

여하한 형태의 문서행위나 의사결정에 있어 어느 단계의 결재자도 양심에 따라 '정직'해야 한다. '정직'은 언제나 보물이다.

77 공공 기획 : 철저히 신경 쓰는 것

기획(planning)이란 한마디로 '철저히 신경 쓰는 것'이다. 그러나 이론적으로는 "어떤 목표를 향한 또는 달성하기 위한 행동(대안)을 설계하거나 지시하는 것으로서 미래지향적이며 능동적 · 동태적 과정"으로 정의될 수 있다.

이론적으로 '정책 기획'이든 '행사 기획'이든 그 목표 달성을 위한 대안을 마련하는 과정인 것은 분명하다. 그러나 이 순진한(naive) 개념의 숙지만으로는 기획의 '실제 상황'(field)에서 맥을 출 수가 없다.

대학 졸업 후 20대에 광고대행 D회사에서 직장 초년생으로 일할 때였다. 당시만 해도 정책론이니 기획론이니 하면서 학교에서 공부한 개념들이 머릿속에 팔팔하게 살아 있을 때였다.

그러나 현실 사회에 나와 실제 부닥치는 사건들 속에서 단일 행사 설계조차 원만히 추진하기에 늘 부족함이 있었다.

그러던 어느 날 저녁 노련한 기획과장에게

"한마디로 기획이 무엇입니까?"

라고 진지하게 물어봤다. 그는 잠시 생각한 뒤

"철저히 신경 쓰는 것이다."

라고 말했다. 순간 그 말이 강하게 머리를 스쳐갔다.

그 기획과장은 대학에서 화학을 전공했다. 행정학이나 기획론 따위는 접해본 적도 없었다고 했다. 그냥 직장 실무에서 다년간 경험과 시행착오를 겪으면서 몸으로 익힌 기획이었다. 그에게서 우러나는 것으로 보이는 기획은 바로 살아 있는 기획이었다.

실제, 기획은 최선의 설계를 위해 '꾸준히' '집중적'으로 탐색 · 점검하는 작업이다. 어떤 목적 사안에 접근하되 숲을 봤다가 나무를 봤다가 다시 숲을 보는 것이다.

또한 목표 달성을 위한 수단의 울타리 안에 머물다가 울타리 밖으로 나와도 보는 과정이다. 그리고 또 들어도 보고 놓아도 보고 뒤집어도 보는 일이다.

사람의 마음을 얻는 것이 정치라고 한다면 소비자의 마음을 얻는 것은 광고이다. 이 때문에 '광고기획'이라고 한다. 그 속성이 '철저하게 신경'을 써서 정성을 다 하는 업종이다. 이 때문에 광고회사에는 머리가 하얗게 센 직원들이 상대적으로 많다는 이야기가 있다.

널리 사업에 얽힌 이해관계는 영리를 추구하는 민간 영역보다 공익을 추구하는 공공 영역에서 그 정도가 훨씬 다양하고 복잡하다. 그래서 공공의 기획은 다각도로 부딪히는 이익들의 최대공약수를 추구하는 노력이다.

기본적으로, 나라의 제도나 정책은 보편성을 전제로 마련된다. 이에 따라 일반적인 국내 법규는 중앙 정부에 있어서든 지방자치 단체에 있어서든 그 영역 내의 적용 대상은 무차별성을 가지고 있다.

이 영속성이 있는 제도나 정책이 아닌 일시적인 공적 규율이나 처분 등은 그 대상이 특정될 수 있다. 그러나 이 또한 근저에는 공행정의 보편성이 깔려 있다. 그래서 개별 처지에 따라 보는 입장이나 이해가 다양하다.

또 각자 일리도 있는 법이다. 이쪽에서 보는 시각이 이유 있으면 저쪽에서 보는 시각도 이유가 있다.

따라서 하나의 제도 · 정책뿐만 아니라 집행기준 등도 새로 만들거나 바꾸려 할 때 이러한 '다면성'(多面性)을 철저히 분석해보지 않으면 안 된다. 이는 곧 입체적이면서 시계열적으로 '철저히 신경을 써야 함'을 의미한다.

더구나 정책은 정치적이되 공익적 목표를 달성하기 위해 수립된다. 그러므로 여하한 경우에도 그 설계를 하는 데 사적 목표나 이익이 개입되어서는 안 된다. 또 기획하는 본인이 개인 차원에서 설사 집단적으로 겪은 '경험'이나 '감정'도 일반화의 검증 없이 영향을 미치면 안 된다.

결국, 공공 기획은 공익과 공공 목표 달성에 '철저히 신경 쓰는 것'이다. 언제나 이익과 관점의 다각성을 고려해야 한다. 또 공익성과 균형성을 동시에 고민하지 않으면 안 된다.

그러므로 공직자로서 사적(私的)인 동기에 따라 철저히 신경 쓰는 것은 공공 기획이 아니다. 공적(公的)인 일에 대충 신경 쓰는 것도 기획이 아니다. 기획은 '철저히 신경 쓰는 것'이기 때문이다.

공공 기획은 실로 시공(時空)의 '다면성'과 이념의 '공익성'을 기준하여 복합적으로 '철저히 신경 써야 하는 일'이다.

'기획은 철저히 신경 쓰는 것'이라고 말하던 옛날의 그 선배가 지금도 가끔씩 생각이 난다.

78 기획과 서무 : 바람을 보고도 바람을 생각하지 못했다

공항에는 어떤 바람이 불고 있을까? 공항 가는 날은 바람도 생각해야 한다.

개념적으로, '기획'이란 어떤 목표의 달성을 위한 최적 대안을 탐색하는 미래지향적 과정이라면 상당히 지적(知的)인 활동인가?

반면에 '서무'(庶務)는 말 그대로 잡다한 업무 과정이라면 이는 누구나 할 수 있는 비지적인 활동에 해당되는가?

그러나 현실 세계에서는, '기획'이란 그야말로 '철저히 신경 쓰는 것'이다. 그리고 '서무'는 단지 수동적인 지원 역할만이 아니라 이 또한 미리 검토하고 조직 살림을 고민하는 즉 '철저히 신경 쓰는 것'이다.

그렇다면 기획과 서무는 서로 차원이 다른 것 같으면서도 동시에 동질적인 속성이 있다고 할 수 있다.

본래, 조직에서 '기획'은 각 부서의 일을 총괄해 끌고 가는 기능이며, '서무'는 각 부서 소관에 속하지 않는 일들을 총괄해 담당하므로 총무라고도 한다.

그러므로 '기획'과 '서무'는 둘 다 끊임없이 살펴야 하는 종합적인 기능에 해당한다. 이 점에서도 상호 본질적인 유사점이 있다고 할 수 있다.

국회 고위직(부의장) 비서실장직에 잠시 있을 때였다. 바람이 몹시 불던 어느 봄날 점심때 한강변의 식당에서 직원 전체가 같이 식사했다.

식사 중에 바람 부는 것을 보았고 바람 이야기를 했다. 그 고위직은 식사 후 국내선 비행기로 지방에 가기 위해 공항으로 출발했다. 그런데 공항 근처에 가서야 바람 때문에 비행기 결항이라는 통보를 받고 차를 돌려 기차역으로 향한다는 전갈이 왔다.

식당에서 심상찮은 바람을 보았으면 당연히 미리 결항 여부를 확인해 봤어야 하나 어찌된 일인지 아무도 챙기지 못했다. 그것은 아주 기본적인 '서무' 행위 수행상의 흠결이었다.

'바람을 보고도 바람을 생각하지 못했다!' 그 봄날의 바람에 대한 몰각(沒覺)을 잊을 수 없다.

이처럼, 기획이란 것이 쉽지 아니하듯, '서무'도 쉬운 것 같지만 어려운 기능이다. 서무라고 하는 임무를 결코 우습게 보면 안 된다.

이들은 언제나 '철저히 그리고 끊임없이 신경을 쓰는 일'이다. 그러므로 이들 기능은 기본적으로 무서운 것이다.

『하이테크 시대의 로테크』(허원순, 2012)라는 책에서 미국의 9·11 테러를 '하이테크(hightech)의 아성이 로테크(lowtech)에 의해 박살난 사건'이라고 규정했다. 고도의 하이테크 시대에 테러범은 저급 기술 즉 로테크에 해당하는 단검 한 자루만 가지고 조종실로 침투해 일을 벌였다고 한다. 저자는 잘 다져진 로테크를 사회의 '기본기'로 간주하고 기본을 되찾을 것을 강조했다.

이 로테크처럼 '서무'는 조직에서 '기본기능'이다. 잘 훈련된 로테크의 위력처럼 기본이 잘된 조직이 강하다. 조직의 기본인 '서무'는 일면 특별한 기법도 없이 '철저히 신경 쓰는 것'이라 할 수 있다.

서무 또는 총무는 조직 운용에서 마치 인체의 기혈(氣血)이 통과하는 경혈(經穴)과 같은 기능이요, 인체 내 조직들 사이에 두루 존재하면서 면역 항체를 전달해주는 림프(lymph)와 같은 역할을 한다.

나아가 서무 · 총무는 아무도 하지 않는 일을 한다. 항상 먼저 가 있고 또 마지막 설거지를 담당하며, 전쟁에서 보병(步兵)과 같은 역할을 한다. 보병이 최종 정리해 주어야만 전투가 끝이 나는 법이다.

한편 '기획은 젊은 엘리트들이 하고 서무는 나이 든 꼰대들이 하는 것인가? 그렇게 본다면 분명 잘못된 인사 기준이 되고 말 것이다. '기획'이 아이디어 많고 종합적이어야 한다면 '서무'는 빈틈없고 입체적이어야 한다. 그리고 이 둘의 본질은 공히 '철저히 신경 쓰는 것'이다.

그러므로 서무 담당자의 기본 자질은 먼저 '철저성'이다. 이는 매사에 주도면밀해야 함을 의미한다.다음으로 서무는 '헌신적'이어야 한다. 이는 언제나 솔선하고자기희생적이어야 한다는 의미다.

그리고 서무자의 또 다른 자질은 '공익성'이다. 사안 판단의 이념적 기준으로서 항상 공 · 사를 구분하고 공적인 잣대에 따르는 것을 말한다.

조직에 기획도 필요하고 서무도 소중하다.

〈기획이 없으면 하루를 나아가지 못하고 서무가 없으면 하루를 먹지 못한다.〉

바람을 보고도 바람을 생각하지 못한다면 서무라고 할 수 없다. '서무'가 살아야 조직이 산다.

79 소송의 추억 : 끝날 때까지 끝난 게 아니다

"살다보면 누구나 송사(訟事)에 휘말릴 수가 있다. 송사 없이 사는 것도 복이다." 예전에 어른들이 하던 말이다. 세상에 공 · 사적으로 분쟁이 없을 수 없고 재판까지 가는 일도 허다하다.

어떤 소송이든 그 당사자는 피가 마르게 된다. 그러나 끝까지 최선을 다할 수밖에 없다. '지기 위한 소송은 없는 것'이기 때문이다.

그러므로 합법적인 범위 내에서 동원 가능한 자료 · 논리 · 조언 등 물적 · 인적 지원 체계를 모두 활용해야 한다. 그리고 여하한 형태라도 감성적인 접근은 결코 도움이 되지 않는다.

특히 변호사가 있는 경우, 자료 · 논리 등에 대해 그와 의논 없이 본인만의 판단으로 '배제'해버리는 것은 금물이다. 시시하거나 별 도움이 되지 않아 보이더라도 전문가와 상의하는 자세가 긴요하다.

왜냐하면 전문가에게 전문가의 눈이 있고, 내가 볼 때는 별거 아닌 것이 의외의 위력을 발휘하는 수가 있기 때문이다.

관계된 입법의 '본래목적'을 소명하는 것도 필요하고, 경우에 따라 나의 주장이 수용되지 않는다 하더라도 "○○만은 ○○이다"고 하는 즉 '예비적 항변'(豫備的抗辯)도 필요하다.

재판은 어떤 사실에 적용하기 위해 법을 '해석'하는 것이다. 그리고 판사는 전지전능한 존재가 아니다. 건전한 상식에 입각해 주장 중 옳게 보이는 편의 손을 들어주는 직업일 뿐이라고 했다.

그래서 우선은 법규의 문리(文理) 해석이지만 그 법을 만들게 된 목적을 살피는 즉 목적론적(目的論的) 해석도 필요하므로 입법자의 의도를 규명하여 제시하는 것은 중요하다.

업무 소송 중에 특히 기억에 남는 건이 있다. 1990년대 초 공무원연금법 제 50조(공사화 관련 퇴직급여의 연계)의 적용 문제로 국가 J공사(公社)와 그 퇴직자 간, 지방 M공사와 그 퇴직자 간에 각각 발생한 퇴직금 분쟁이었다. 그 두 소송이 각자 원 · 피고가 다르고 시차도 있는 별건이었으나 문제가 된 법 규정은 같았다.

필자 부서로서는 그 두 건의 직접 당사자는 아니지만 당해 법규와 제도를 관리하는 입장에서 매우 중요한 사건이었다.

각 소송에서 원고인 공사 퇴직자들의 승소가 이어졌다. 피고 J공사는 1심에서 져 고등법원에 항소했고, 피고 M공사는 항소심에서도 패해 대법원에 상고했다.

만약 피고 공사들의 패소로 끝나고 다른 퇴직자의 후속 소송이 이어질 경우 재정 부담액이 당시 기준으로 J공사는 약 350억 원, M공사는 약 700억 원에 육박할 것으로 추산되는 중차대한 사안이었다.

사실 그 조항 신설 당시에 적용 대상으로 고려된 공사들은 초대형 국가공사로서 따로 있었다. 그러나 법조문 어디에도 그들만 대상이고 J공사 · M공사 등은 대상이 아니라는 해석은 여지조차 없었다.

각 피고 공사 측은 온갖 입법 자료까지 동원해 주장했다. 그러나 1,2심들의 판시(判示)는 설사 입법 시 규율 대상이 한정되었더라도 그에 관한 명문이 없는 한, 법은 보편적으로 동일 · 유사 사건에 대비해 존재하는 것이라는 취지로 피고 패소를 선고한 것이다.

이에 두 공사들은 공식적으로 손 놓을 수 없었을 뿐 실은 거의 포기한 상태였고, 엄청난 규모의 재정 추계에 크게 낙심하고 있었다. 그럼에도 상고한 M공사 측은 최선을 다한다는 자세로 소송대리인을 법무부장관 출신 L변호사로 변경 추진했다. 당시로서 거물(?)이던 L씨는 개요를 파악하고 수임을 거절했다. 패소할 것이 뻔한데 왜 맡느냐고 했다. 공사 측이 맡아만 달라고 통사정해서 겨우 의뢰했다.

그러던 어느 날 저녁 M공사 송무 담당자가 힘없는 목소리로 전화를 했다. L변호사에게 최종으로 보내 볼 사소한 자료나 추가 논리라도 있으면 달라고 했다.

마침 사건 초기에 원로 법조인 면담 후 적어둔 메모 쪽지가 생각났다. 필기 두 쪽 분량으로, 대충 갈겨 쓴데다 내용도 신통치 않아 보여 예의에 안 맞지만 제출은 해보라고 팩스로 보내줬다.

이튿날 오전에 M공사에서 다시 전화가 왔다. L변호사가 그 쪽지를 보고,

"이런 논리가 있었느냐, 이 정도면 해볼 만하다."고 했다고 했다. 전혀 예상 밖이었다.

두어 달 후 대법원에서 피고 M공사 측이 승소했다. 또 후속 J공사도 고법에서 뒤집어 승소했다. 소식을 접하고 필자 부서원들은 하이파이브를 했다. 당시 거의 '충격에 가까운 학습'이 스미는 느낌이었다. 말 한 마디 논리 한 조각이 이렇게 결정적일 수가 있단 말인가!

소송은 끝날 때까지 끝난 게 아니다! 좋은 말(名馬)인지 나쁜 말(害馬)인지는 그 주인만이 알 듯이 '논리의 값' 매김도 그 사용자에 따라 전혀 다를 수 있다. 승부는 주로 최후 순간에 판가름 나는 것이다.

80 직무의 달인 : 맹금(猛禽)은 졸고 있다

고수(高手)는 평소에 힘쓰지 않는다.

본인 소관 영역에서 최고가 되기 위해서는 물론 소임 내용과 처리 요령을 숙달하는 것이 우선이다.

구체적으로는 먼저 당면 현안(懸案)을 포함한 과업(task)의 현황을 완벽하게 파악한다. 이를 출발선으로 관련 법규나 제도를 비롯해 제도의 역사 즉 연혁까지 숙지해야 한다.

그 다음으로는 '협업'(協業) 관리이다. 소속된 부서나 팀의 내부적 협조뿐만 아니라 관련 부서, 외부 협력조직(counterparts) 및 고객과의 협조체계도 평소에 유지 · 발전해 나가야 한다.

고금의 조직에서 독불장군은 결코 최고가 되지 못한다. 개인 차원에서 조직 내 · 외의 고객이나 파트너와 하는 협업 외에 가끔 외부 전문가의 힘을 빌리는 차력(借力)이 요구될 때도 있다.

'예술가의 창의력은 팀워크가 없어도 되나 비즈니스의 창의력은 팀워크가 필수이다. 에디슨도 라이트 형제도 스티브 잡스도 혼자 발명하지 않았고 협력해서 만들었다.'는 것이다(김용섭, 2010 : 250-251).

그러나 여기까지만 해서는 어떤 분야의 초절정고수 즉 '달인'이 되는데 다소 부족함이 있다.

명실상부한 달인이 되기 위해서는 업무의 '완급 조절'이 중요하고 '선택과 집중'도 필요하다. 예전부터 학업을 할 때도, '쉴 때는 쉬고 공부할 때는 공부하는' 패턴이 주로 성공했다.

정신없이 놀다가도 공부할 때는 삼엄하게 했다. 손가락에 칼로 피를 내며 공부하는 자도 있었다. 이들은 고시에 합격했다. 그러나 1학년 때부터 법전 들고 다니던 사람은 합격하지 못했다.

업무에서도 마찬가지다. 우직하게 일 전체를 움켜잡고 밤낮 씨름하거나 종일 바쁘게 왔다 갔다 하는 조직인이 있다. 꽤 성실해 보이지만 대부분 산출물(outputs)은 별로 신통하지 않는 하수 스타일이다.

팽두이숙(烹頭耳熟)이라고 머리를 삶으면 귀는 저절로 익는 법이다. 고수는 업무의 구상이 끝나고 집행 단계에서는 항상 맥(脈)을 짚고 추진한다. 일에 끌려가는 게 아니라 일을 장악하여 끌고 가는 것(command and control)이다.

맹수는 씩씩하게 걷지 않는다. 사자 · 호랑이 등을 보면 마치 아픈 것처럼 온 힘을 빼고 어슬렁댄다. 그러다가 토끼라도 잡을 때는 최선을 다하지만 그 후에 쉴 때는 또 축 늘어져 있다.

마찬가지로 인간 절정고수도 평상시 업무에 진을 빼지 않는다. 더군다나 쉬고 있을 때 번쩍이는 법이 없다.

진광불휘(眞光不輝)라는 말이 있다. 실로 평시에 눈에 별이 빛나는 사람은 당차 보이긴 하나 초고수는 되지 못한다. 독수리 같은 맹금(猛禽)도 평소에 힘을 빼고 졸리는 듯이 앉아 있다. 그러나 사냥할 먹이가 나타나면 전력으로 집중 공격한다.

조직의 직무관리도 이와 같다. 철저히 쉬다가 일단 해결해야 할 과제가 생기면 눈에 불을 튀기며 달려들어야 한다. 그리고 대외적인 업무는

항상 소리 없이 남들이 진행 사실조차 모르게 해치우는 것이 정석이다.

한편 조직 환경의 변혁기에는 언제나 인수인계 사항을 비롯해 단기간에 처리해야 할 업무량이 많게 마련이다.

이때 지나치게 지속되는 초과업무는 당시에는 잘 모르다가 그 과로의 잔재가 쌓여 후일에 병이 되어 드러날 수 있다. 그러므로 아무리 숨 가쁜 상황의 직무수행에서도 '완급'(tension and relaxation)의 리듬 조절을 잘 해야 한다.

조직 실무자급에서 '달인' 되는 길은 이러한 완급 조절의 패턴하에서, 주어진 과제를 집중하여 단기간에 처리하는 습관을 기르는 것이다. 업무의 속도는 연습하기에 따라 얼마든지 단축될 수 있다.

그리고 관리자급에서 '달인' 되는 길은 평소 게으른 듯 쉬는 자세를 취하되, 안으로는 다각도에서 입체적으로 생각하고 환경과의 교호작용을 치열하게 점검하는 내공을 배양하는 것이다.

직위가 높은 자는 평상시 조용히 운기조식(運氣調息)[81]을 하며 내면의 노화(爐火)[82]를 달구어야 한다. 그러다 일단 유사시에 범처럼 달려드는, 이것이 멋이기도 하다.

평소에는 힘을 내리자! 나날이 숨 막히게 바쁘더라도 틈틈이 힘을 빼자. 그래서 그 순간만은 독수리처럼 졸고 있어 보자.

81] 몸의 기를 돌리고 호흡을 조절하는 도가(道家)의 양생법으로 무협지에 자주 나오는 말이다.

82] 몸 안의 뜨거운 화롯불 즉 단전의 기운을 의미한다.

81 모사재인 인명재천(謀事在人人命在天) : 얼음에 빠진 당대표

겨울 댐의 얼음은 두꺼웠다. 그리고 이듬해 봄날의 운동장은 넓었다.

조직인의 업무처리 기본 자세는 언제나 '입체적'으로 최선을 다하는 것이다. 입체적인 최선을 다한다는 것은 어떤 일이든 시간적 · 공간적으로 면밀하게 전력을 기울인다는 의미다. 전투에서 소위 팔면육비(八面六臂)[83] 의 고수 같은 모습이다.

특히 공적인 '행사' 등에 있어서는 그 준비 상황에 대한 끝마무리 단계의 확인점검도 필수적이다.

그러나 최선을 다해도 뚫리는 수가 있다. 문제는 종종 예상하지 못한 데서 발생하기 때문이다. 최선을 다했는데도 생기는 사고, 이것을 극복하는 정신적 · 기술적 방안은 없는가?

광역시 행정부시장 시절이다. 그 지역 상수원인 사연댐을 둘러싸고 갈등이 상존했다. 댐 안쪽 암벽에 위치한 국보(제285호) '반구대암각화'의 보존을 위해 물을 빼자는 주장과 주민 식수를 위해 수량을 유지해야 한다는 입장, 그리고 그 대안에 대한 논란이 뜨거운 이슈였다.

83] 8개의 얼굴과 6개의 팔이라는 뜻으로 극히 어렵고 급박한 처지라도 능히 대처하는 능력을 말한다.

그러던 중 2010년 2월 초 당시 여당 대표 J의원이 그 암각화 현장을 방문한 날이었다. 그날도 영하의 날씨에 댐의 물은 전체가 얼어 있었다. 대표 일행으로부터 얼음판이 괜찮다면 그 위를 걸어가서 암각화 벽을 점검해보겠다는 전갈이 왔다.

이에 행정부시장이 관리 및 상황 보고 책임을 지고 오후 방문 예정시간 두 시간 전에 미리 현장에 나가 얼음판부터 체크했다.

산촌 출신이라 겨울 얼음 보는 눈은 있었다. 얼음판 두께가 육안으로 거의 30센티미터가 되었으며 직원 20여 명이 그 위에서 뛰기도 해본 결과 도보 스무 명까지는 안전하다는 결론을 내렸다.

일행이 도착해 상황 브리핑이 끝난 뒤 얼음 위로 최대한의 안전을 위해 J대표를 포함한 10명 정도만 걸어가기로 했다. 그때 보도진 20여 명이 앞으로 뛰어들어 셔터를 눌러댔지만 얼음판은 끄떡없었다.

그런데 그 후 일행이 암각화 벽면까지 가서 살펴보고 되돌아올 때였다. 갑자기 다른 사람도 아닌 하필 J대표가 내려딛자 얼음판이 깨져 물에 빠지는 일이 벌어졌다. 빙판 가장자리 근처 약한 부분을 밟은 것 같았다.

마침 갈수기라 수심이 깊지 않아서 금방 빠져 나오긴 했으나, 그 상황은 상당히 난처했다. 생각해보니 아찔했다. 그 대표가 만약 얼음판 밑으로 미끄러져 들어가기라도 했더라면 어찌 되었을까! 추운 겨울날 젖은 바지로 얼음 위를 걸어 나오던 모습이 눈에 선하다. 행사의 사고는 이처럼 엉뚱하게도 생기는 것이다.

지방 근무를 마친 뒤 중앙정부의 ○부 관리실장에 부임했다. 부임 첫날부터 조직 살리기 혁신 작업에 착수했다. 직원들과 손잡고 영일(寧日) 없이 혁신에 전념하던 2011년 5월 어느 날 범부처 차원의 소통과 사기를 위해 전 직원 연찬회를 가졌다. 직원 900명을 관광버스 30대에 태워 충남 아산 소재 경찰교육원에 1박 2일의 일정으로 갔다.

수송뿐만 아니라 안전사고 문제까지 팀별로 역할을 분담하고 행사 전반의 진행에 만전을 기했다.

오후 도착해서 바로 시작된 체육대회의 피날레로 남녀혼성 8백 미터 계주경기를 할 때였다. 여자 주자 하나가 마지막 남자 주자에게 바톤을 건네주고 난 바로 다음 순간 넘어지면서 트랙 옆에서 응원하는 직원이 들고 있던 깃발에 눈 옆을 스치면서 찔렸다.

대기하던 응급차로 급히 후송했고, 천만 다행으로 자상이 눈을 비껴가는 바람에 간단한 치료 후 복귀했다. 그 외는 별 탈 없이 이튿날 오전까지 행사한 결과 직원들의 반응도 좋고 성공적이었다.

그러나 저녁에 생각하니 이 또한 아찔했다. 그 여직원이 만약 눈이라도 찔렸더라면 어떻게 되었을까! 개인의 불행은 말할 것도 없고, 행사 추진에 대한 책임문제도 제기되었을 것이다.

모든 일에는 최선을 다해도 문제가 발생할 수가 있다. '모사재인 인명재천'(謀事在人 人命在天)! 인간은 최선을 다하되 사고 여부는 하늘의 뜻이다.

이러한 사고 상황에서 최선은 당장에 신속히 수습하는 것이고 그 뒤에 정서적으로 깨끗이 놓아버리는 방법뿐이다. 그리고 추후 유사한 일에 충실히 환류(feed back)하는 것이다.

82 상 · 하 동행 출장 : 서로가 평가된다

상사(上司)와 함께 출장 가는 것은 내 운명이 함께 출장 가는 것이다.

거기서 인정받으면 영원히 인정받고 거기서 찍히면 영원히 찍힌다. 그러므로 그 출장은 조직생활에서 '기회이자 위기'이다. 평소에는 매일 삶의 반쪽만 보이지만, 출장에서는 24시간이 공유되어 생활 전체가 평가될 수 있기 때문이다.

상관 눈에는 부하의 성실성과 역량이 바로 보인다. 행동을 진정으로 하는지 마지못해 하는지 또 상황에 잘 대처하는지 등을 금방 알 수 있다. 따라서 출장 수행자(隨行者)의 우선적인 덕목은 '진정성'과 '민첩성'이 되는 것이다.

실례로, 1990년대 후반 정부 H부의 신임 장관 K씨는 성품이 강하고 급한데다 당시 부하 간부들의 능력을 별로 믿지 않았다.

그런데 한직에 있던 1급 간부 M씨가 장관 해외출장에 수행하게 되었다. 그는 영어를 잘 하고 경험도 많았다. 장관은 출장에서 복귀 후 그만 찾았다. 그 후 M씨는 승승장구했다.

또, 기관장을 모신 해외출장에서 단체로 비행기를 놓친 실무책임자도 있었다. 대통령 예방 수행 중 아침 집결시간에 아직 자고 있었던 수행자도 있었다. 이들이 신분상 조치를 당하지 않은 것은 기적에 가깝다.

상사 모시는 출장에서 꼭 지켜야 할 주요 사항은 무엇인가?

우선, 출장의 종류를 불문하고 사전에 그 일정을 '직접' 보고하는 것이다. 이때 상사와 본인의 역할을 명확히 확인해주는 것이 핵심이다. 이는 일종의 '계획보고'로서 아주 기본이 된다.

그 다음은, '이동 서비스' 과정이며, 여기서 요체는 그 상사의 '동선'(動線) 관리이다. 동선은 사전보고에서부터 사후정리까지 그림자처럼 챙겨야 한다. 본래 비서가 아니더라도 이때만큼은 수행비서가 되어야 한다.

특히 행사 출장인 경우 행사장에서의 '포지셔닝'(positioning)이 문제다. 행사에서 상사가 어색해지게 하는 것은 곧 수행의전의 실패이다. 그 행사에서 상사의 위치와 행동요령을 분명히 해주어야 한다.

종종 사전에 통보받은 배치도나 식순(program) 등만 믿었다가 낭패를 보는 경우가 있으므로 항상 현장 재확인을 해야 한다. '행사'에는 언제나 돌발 상황이 일어날 수 있기 때문이다.

그리고 상사의 움직임에서 눈을 떼면 안 된다. 사람이 많고 복잡한 행사에서 깜빡하는 순간 시야에서 사라질 때가 있다. 그러면 이미 의전의 틈이 발생한다.

또 조직 계층에서 직위가 높을수록 스스로 어울릴 동료의 수가 줄어든다. 이 때문에 고위직은 고독해지기 쉬운 법이다. 특히 출장 행사 등에서 수시로 혼자되기 십상이다. 그래서 그들에게는 수행자나 비서가 필요한 것이다.

그러므로 본인이 원하는 경우 외에는 홀로 있게 하면 안 된다. 예부터 '시자(侍者)를 마다하는 상사는 없다!'

끝으로, 사후 정리보고이다. 출장을 마치면 결과를 요약 보고해야 한다. 이때 평가나 반성 또는 피드백이 추가되면 더욱 좋다.

반대로, 부하 입장에서도 그 상사의 '인간성'이 쉽게 보인다. "윗사람과 해외출장을 가보면 그의 본성품을 알 수 있다."고 했다. 권위적인지 편협한지 또는 이기적이거나 독선적인지 등도 알 수 있다.

사실 상사와 함께 가는 출장 그중에서도 해외출장은 부하들에게 대체로 피곤한 여정이다. '아무리 좋은 상사라도 없는 상사만 못하다.'는 말처럼 윗사람 모시는 일은 언제나 신경 쓰이기 때문이다. 따라서 출장 리더의 기본적인 덕목은 부하에 대한 '배려'가 되는 것이다.

사례로, 모 종합조정기관에 추진력이 넘치고 성질 급한 C국장이 있었다. 그 국장은 일요일에도 거의 출근했고 회의 시에 호통을 치며 핏대를 올리는 일도 다반사였다. 언젠가 M사무관이 그를 모시고 해외출장을 다녀왔다. 상당히 고생했으리라 생각하고 어떠하더냐고 물었더니 의외로

"그 국장님 인간성은 괜찮더라!"

고 한 적이 있다.

또, 모 청의 W청장은 업무열정이 강하고 박사학위도 2개나 되는 등 아는 것이 많아 부하들이 따라가지를 못했다. 특히 그와의 해외출장은 '죽음의 조'로 불렸을 정도로 기피 대상이었다.

단체출장 중 기관장이 간부들과 유관단체 멤버들까지 동반하는 프로젝트 출장의 경우 많게는 수십 명이 될 때도 있다. 이런 대규모 출장도 그 수장(leader) 한 사람을 제외하고 두 번째 직위 즉 "차석(vice-)부터는 모두 피곤하다."고 한다.

그러므로 리더는 언제 어떠한 형태의 출장에서도 항상 '전체' 부하들이 힘들여 서비스하고 있다는 점을 사무쳐 생각해야 한다.

유명한 '피터 법칙'(Peter Principle)[84] 을 거론하지 않더라도, 고위직은 일상에 무능하고 대부분은 홀로 할 줄 아는 것이 거의 없다. 그래서 보

84] 본서 "44. 리더십 비판(1) : 게으른 리더가 좋다." 참조.

좌해주지 않으면 안 된다. 그러면 상사들은 부하들에게 얹혀서만 살아가는가? 그들의 할 일은 따로 있다.

무엇보다, 부하가 어려움에 처했을 때 결단을 내려주고 책임지는 것이다. 그리고 신상을 챙기고 보호해주는 역할이다. 경우에 따라 부하의 사활을 결정하게 될 때도 있다. 그러므로 이런 일들을 해주지 못하는 상사는 상사가 아니다.

〈부하는 상사의 동선을 살피고 상사는 부하의 신상을 살핀다!〉

이것이 조직 내 '상 · 하 간 분업'이다. 이는 행사나 출장 시 뿐만 아니라 평상시에 있어서도 같은 원리이다.

83 행사 의전 : 좌석 배치, 거명, 그리고 포커스

'행사(行事)가 인생이다.'라고 했다. 행사장은 인간 욕구의 향연장이다. 가정이나 사회생활에 두루 시작과 마침에는 언제나 크고 작은 행사가 있다.

행사는 본래 칭찬이란 것과 친한 영역이 아니어서 행사가 끝난 후에 '아무 말이 없으면 잘 된 것'이라는 이야기도 상식에 속한다. 그만큼 어렵다.

행사의 기본사항은 참석자의 '좌석 배치'이다.

예전에 시장 · 군수가 주빈인 행사장에서 지역 경찰서장이 자리 배치에 대한 불만으로 행사 시작 직전에 퇴장을 해버린 일과 같은 유사 사례는 오늘날에도 항상 발생할 수가 있다.

근래에도 전국체육대회(전국체전) 개막식장 좌석 배치에 대해 상당한 비판이 지역 언론에서조차 제기된 일이 있었다. 주최 측의 인사말이나 축사 등에서 그 지역 기관장 이름이 거명되지 않았다고 그 주민들로부터 강한 불만이 표출되기도 했다.

좌석은 앉는 자리이며 '한자리'라는 말이 '중요한 또는 일정한 직위'를 의미하는 데서 보듯, 행사에서 '좌석 배치'는 곧 지위와 서열 매김의 표식(表式)이 된다.

이는 다름 아닌 공식 석상의 예우 문제로서 인간의 기본적인 존경욕구

(尊敬欲求)[85] 와 직결되는 것이다. 그러므로 '좌석 배치'를 따진다고 권위주의나 형식주의 등으로 폄하해버리는 것은 적절하지 못하다. 오히려 사회 기본질서에 관한 일종의 합의에 충실하려는 것이므로 꼼꼼히 점검하는 것이 옳다고 보는 것이다.

그런데 좌석배치에 관해 다양한 행사에 만능(萬能)으로 적용될 유일기준은 없으며 또 현장 사정에 따라 완벽하게 하기는 실제로 어렵다.

행사장의 물리적 · 환경적 구조, 주관 · 주최 · 참석자의 구성, 심지어 보도 장비의 초점(focus) 범위 등에 따라서도 우선순위가 달라질 수 있기 때문이다.

그러나 기본원칙은 맨 앞 그리고 관중에 대한 전망이 제일 좋은 곳이 우선이다. 그러므로 주빈(VIP)의 자리는 당연 제1열 한가운데이다.

만약 좌석이 짝수인 경우에는 맞은편에서 봤을 때 좌측 중앙 즉 앉는 자 편에서 보면 우측 중앙이 우선이다. 그리고 주빈 입장에서 볼 때 왼쪽이 오른쪽보다 우선이다. 배우자는 주빈의 왼쪽에 위치한다.

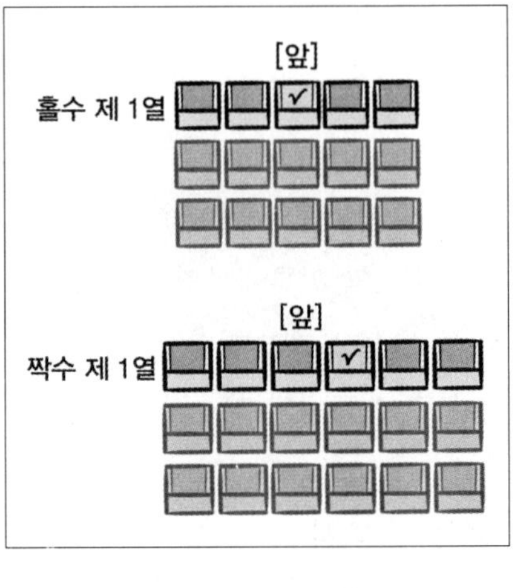

과거 영의정 입장에서 왼쪽이 좌의정, 오른쪽이 우의정이었다. 경복궁 근정전에 가보면 왕좌에서 봤을 때 왼쪽이 동반 즉 문관, 오른쪽이 서반 즉 무관 자리이다.

그런데 일단 제1열이 우선이긴 하나 좌석 구조상 열 간격 등에 따라 달라진다. 즉 열간 거리가 짧은데다 좌우는 긴 경우에 특히 방

85] 마슬로우(A.H.Maslow)의 욕구단계 중 4단계 욕구로 남으로부터 인정 · 존경을 받고 싶은 욕구이다.

송을 타는 행사라면 카메라의 포커스 영역을 확인해볼 필요가 있다. 이때 제1열 좌·우 가장자리와 제2열 가운데 자리 중 어느 것이 우선일까?

보도 측의 소관이긴 하나 텔레비전에 얼굴 한번 안 비춰지는 구석 좌석에 앉으면 아무리 제1열이라도 불만이 생기게 마련이다.

이런 경우 제2열 가운데가 앞줄 가장자리보다 더 선호될 수 있다. 그러므로 도표만 보고 정하지 말고 현장 점검 후 당사자 측과 의논해 볼 필요가 있다. 여하한 행사에서도 반드시 행사장 구조와 좌석 배치를 직접 보고 확인해야 한다.

또 '주된 개최지' 기관장과 그 행사의 '주역'에 해당되는 사람이나 그룹은 지위나 서열에 관계없이 최대한 가운데로 위치시킬 필요가 있다.

테이블에 앉을 때는 사각형이냐, 원형이냐, 타원형이냐에 따라 달라진다. 가장 일반적인 횡 장방형의 경우 안쪽 가운데가 주빈석이고 마주 보는 자리가 2번이며 주빈의 우측이 3번, 2번의 우측이 4번, 주빈의 좌측이 5번, 2번의 좌측이 6번 등으로 순서가 된다. 타원형인 때도 이와 같으나 원형인 경우는 주빈 좌우부터 2번, 3번으로 배치되고 주빈 맞은편이 말석이다(울산광역시, 2011 : 27-35.).

다음으로 신경을 써야 할 것은 내빈이나 관중들 중 또는 참석하지 않았더라도 그 행사에 기여한 사람이나 그룹을 거명(擧名)해주는 것이다. 인사말·축사 등에서 이들을 칭찬하는 것으로 이는 그 행사의 활력적 요소가 된다.

이때 주의할 것은 누구 하나를 빼먹지 말아야 한다는 점이다. 빼먹으면 강한 반발을 피하기가 어렵다. 빈틈없이 거명을 하되 경우에 따라 관중들의 박수를 유도해주는 것도 매우 효과적이다.

끝으로 방송을 타는 행사뿐만 아니라 기타 사정에 따라 좌석의 우선순

안 쪽

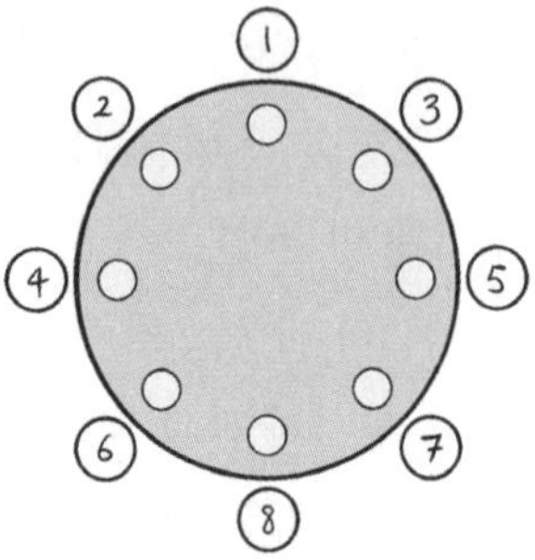

[원형 · 정사각형]

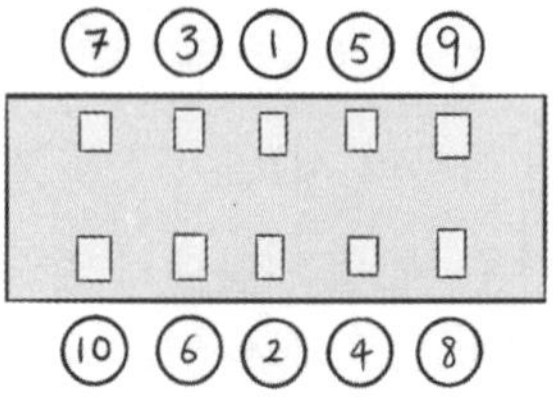

[장방형 · 타원형]

위 판단이 애매한 경우에는 그 지정에 대해 미리 간단히 당사자 측에 알려 양해를 구하는 것도 좋은 방법이다.

우리 사회의 '행사'는 인간 욕구들이 한자리에 집약되어 서로 지위와 서열 · 역할 등을 확인하고 시현하는 종합장이다. 여기 참석자가 모두 욕구에서 초연하기를 바랄 수 없는 법이다.

그러므로 좌석 배치는 항상 '현장'에서 확인 점검하고 필요에 따라 응용하는 것이 교범이다. 그리고 가능한 범위에서 이름을 불러주고 칭찬해 주는 것이 좋다.

제6장 현장의 제도개선 스토리

"내 · 외부의 보편적 정서는 '민심'이라 할 수 있을 것이다... 과학성이 결여되었더라도 경우에 따라 정치 · 행정 서비스의 대상이 될 만한 가치가 있다고 봐야 하지 않을까."

[86. 행정, 과학이냐, 민심이냐? : 관악산 음곡(陰谷) 이야기]

84 정치행정의 책임 : 서울과 워싱턴, 그리고 세종시

세종에서 근무하는 공무원들은 세종시를 '세종섬'이라고 부른다. 정치와 행정이 존재하는 근본 이유는 '주민복지'이다. 주민이 사는 '지역현장'은 정치 · 행정이 '시작'되는 곳이고 동시에 '종착역'이다. 나라의 '수도'(首都)는 정치 · 행정의 지역적 대표지가 된다.

대한민국 서울은 1394년부터 조선왕조 수도가 된 이래 현재까지 이어져 오고 있다. 초기 백제 수도 위례성 터였고 조선의 수도로서는 처음에 도성(都城)을 외곽 경계로 하여 경복궁을 중심으로 유교적 이념에 따라 설계된 일종의 계획도시에 해당한다고 할 수 있다.

여기에 입법 · 사법 · 행정 3부의 정부기관이 모여 있다가, 2012년부터 행정부 17개 기관이 세종특별자치시(세종시)로 이전함에 따라 2020년 현재 서울권에는 내치와 외치를 직접 담당하는 법무부 · 외교부와 통일부 등 일부 기관이 남아 있다.

미국의 수도는 '워싱턴디시'(Washington D.C.)이다. 1789년에 미합중국(USA)이 출범하면서 뉴욕이 수도였다가 잠시 필라델피아를 거쳐 1800년부터 공식 정치 · 행정의 수도가 되었다.

디시(D.C.)는 연방정부의 콜럼비아 직할구(District of Columbia)를 줄인 말이다. '콜럼비아'는 영국과의 독립전쟁 당시 수호여신의 이름이며 연방 의사당 꼭대기에 대서양을 향해 동상으로 서있다.

이 디시(D.C.)는 합중국을 결성한 기존 13개 주의 중간 지점에 있는 버지니아(Virginia) 주와 매릴랜드(Maryland) 주로부터 포토맥(Potomac) 강을 중심으로 일정한 지역(사방 길이 10마일에 면적 100평방 마일)을 할양받아 처음에는 '마름모꼴'로 형성되었던 계획도시이다.

그 후 1847년에 포토맥 강 남서부 버지니아 지역은 반환하여 현재는 포토맥 강을 포함한 매릴랜드 지역만 디시(D.C.)이다. 그래서 그 형태는 마름모꼴 오른쪽만 각진 직선 경계이고 왼쪽 면은 포토맥 강 곡선을 따라 꾸불꾸불하게 되어 있다.

디시(D.C.)의 인구는 약 60만 명이고 전역이 의사당(U.S. Capitol Hill)을 중심으로 북서(NW), 남서(SW), 북동(NE), 남동(SE)의 4분위(quadrants)로 나누어져 있다.

도로는 의사당을 기점으로 흡사 바둑판처럼 동서 방향 길은 영어 알파벳순으로, 남북 방향 길은 아라비아 숫자순으로 각각 양쪽으로 늘어나면서 이름이 붙여져 있다. 처음 가도 이 구조를 알면 길 찾기가 쉽다. 이들 동서 방향 도로 중 "J"도로는 4분위 지역 어디에도 없다. 그리고 대각선 방향 길은 미국 50개 주의 이름들이 붙여져 있다.

미국의 연방정부 기관들은 의사당과 백악관 주변의 대략 20분 이내 서로 도달할 수 있는 위치에 성냥갑처럼 배치되어 상호 '접근과 소통'이 매우 용이하다.

이 워싱턴디시(D.C.)는 계획적으로 형성된 정치 · 행정 수도로서 성공한 사례라고 할 수 있다. 국제 외교가에서도 외교관들이 근무를 선호하는 최상급 지역이며 명문 중 · 고 · 대학교들도 상당수 있다.

한편 또 다른 대표적인 행정수도로서 호주의 '캔버라'(Canberra)와 브라질의 '브라질리아'(Brasilia)가 있다. 이들은 그 나라 중심 도시들인 멜버른 · 시드니, 상파울루 · 리우데자네이루 등과 각각 분리되어 연방 또는 중앙 정부가 위치한 계획도시들이다.

이 지역들이 행정수도가 된 지 이미 60~90여 년이 넘었다. 그런데도 아직 외교관들 사이에는 한국에서 한때 귀양지 대명사였던 '백담사' 이름을 갖다 붙여 '캔담사', '브담사' 등으로 각각 불리고 있다. 그만큼 살기가 힘들고 일종의 유배지처럼 여겨지고 있다는 의미이다.

대한민국 '세종시'는 현재 어떠한가? '중앙정부' 기관이 간 곳도 아니다. 행정부의 기관들만 가 있을 뿐이고 주요한 국가 의사결정 기관들은 여전히 서울에 있다.

그래서 중간급 이상 고위 공무원들은 세종청사에서 보기 힘들다. 중 · 하위직 공무원들은 관리자 없는 세종섬에서 나침반도 없이 행정의 바다에 표류하고 있다.

공직자가 주민 접촉도 거의 없다. 국민의 소리를 잘 듣지도 못한다. '지역주민'이 근본인 행정의 정책 · 시책들을 그들이 대부분 수립 · 집행하고 있다. 그들은 그들의 말대로 '세종섬'에 갇혀 행정하고 있는 것이다. 정부가 다 옮겨간 캔버라, 브라질리아가 반 세기를 훨씬 지난 지금도 '~담사'로 불리고 있다.

한국의 세종은 어느 세월에 '섬'에서 벗어날 것인가. 이에 대해 책임 있는 자들이 있다면 모두 책임져야 할 것이다.

85 행복지수의 허구 : 다카(Dhaka)의 그림자

방글라데시(Bangladesh)의 수도 '다카'에 도착했을 때는 저녁 퇴근 무렵의 시간이었다. 2011년 5월 업무 차 서남아시아 · 아프리카 몇 개국을 거쳐서 간 곳이다.

그 나라는 면적이 한반도의 반을 조금 넘지만 인구는 1억 6천만에 육박해 세계에서 인구 밀도가 제일 높은 편이고 경제적으로 가장 가난한 나라로 알려져 있다.

국토는 대부분 평지에 강 · 늪지 등으로 구성되어 있다. 우기에는 범람으로 피해가 막대한데도 신통한 대책이 없다. 무서운 뎅기열병(dengue fever)을 일으키는 뎅기모기가 낮에도 설쳐댄다.

퀴퀴한 냄새가 배어나는 도시 거리는 검은색이었다. 시내버스는 온통 낙서에 차창 유리는 깨진 채 달렸다. 매달리듯 타고 가는 승객들은 흡사 폐허를 가는 모습이었다. 차량들 사이로 달리는 낡은 오토바이 변형택시(일명 툭툭이)를 보니 눈물이 날 지경이었다.

이튿날 본 전통시장은 아예 인간 세상으로 보이지도 않고 도저히 글로 묘사하기 민망한 어떤 생명체들의 서식(?) 지대처럼 보였다. 어쩌다 내비치는 소형 텔레비전 불빛이 대조적으로 신기할 뿐이었다.

"내가 여기 와본 것은 잘한 것인가!"라는 생각이 들었다.

이 나라의 '행복지수'(幸福指數)가 세계 1~2위를 기록했다고 한다. 과연 그러할까?

행복이 본래 주관적인 것이라면 개인마다 행복을 느끼는 조건이나 상황이 다를 수 있다. 그러나 '행복지수'는 인간의 행복 수준을 측정하는 종합지수이다. 경제성장이 행복 수준을 보여주는 데 한계가 있어 이를 보완하기 위한 것이 경제 후생지표(measure of economic welfare)개념이다. 그중에 국민 총 행복지수(Gross National Happiness)라는 것도 있다.

이런 행복에 관한 자료로는 UN의 '연도별 세계 행복 보고서'(World Happiness Report), 경제협력개발기구(OECD)나 유럽 신경제재단(NEF)의 '국가별 행복지수' 등이 있다.

평가의 공통적 요소는 경제(GDP)나 환경 · 건강 · 안전 · 수명 등 '생존조건', 개인에 대한 지원 · 문화 · 자유 · 인간관계 등 '사회적 욕구', 자존심 · 발전 가능성 등 '존경과 자아발전 욕구'에 관한 것 등 다양하다.

그런데 어떠한 보고서에도 '경제 · 건강 · 인간관계'는 필수적이며 이들은 다른 요소보다 더 비중 있게 취급되고 있다.

솔직히 보통 인간 누구에게나 먹고사는 것과 안전 문제 등 '생존의 기본'이 충족되지 않는 상태에서 행복이란 이미 위선일 가능성이 농후하다. 여기에 또 '인간관계'가 중요한 까닭은 그로부터 편안과 스트레스가 양극화되어 직격으로 발생하고, 보람과 허무도 그 속에서 확인되기 때문이다.

행복에 관한 일반적 지표가 이러한데도, 방글라데시가 그렇게 행복하다고 한다면 그것은 측정의 오류이거나 잘못 전달된 정보일 것이다. 아니면 진정한 행복이 아니라 일종의 체념지수(諦念指數)가 높기 때문이거나 체념론(諦念論) 신봉자들의 주장에 불과할 수도 있다. 또는 극히 제한된 일부 항목에 관한 것일지도 모른다.

그 나라는 자살률이 한국보다 훨씬 높고 아동 · 여성 학대도 매우 심한 것으로 알려져 있다. 자생적인 기쁨이란 것과 억압 또는 포기에 의한 체념은 본질적으로 다른 것이다.

또 부탄(Bhutan)이라는 나라도 행복지수가 높다는데 그 진실성에도 의문이 있다. 혹시 통제된 평가 수치라면 이도 문제가 있다.

최근 유엔 행복보고서에 노르웨이가 수위권(首位圈)에 있다고 하나 이 또한 쉽게만 받아들일 것은 아니다.

일개 조직에서의 행복도 마찬가지이다. 우선 '생리적 욕구'와 '안정 욕구'는 마슬로우(A.H.Maslow)의 욕구 단계를 거론하지 않더라도 가장 기초적인 동기요인이다.

이들이 충족되지 않으면 그 다음 단계의 만족은 어려운 법이다. 맹자도 먹고사는 문제가 해결되지 않으면 도덕적인 문제에 관심을 가질 수 없다고 했다.[86]

그 다음 단계의 요소는 개인별 과업(task) 성취도와 조직 목표 달성에 직접 영향을 미치는 내부 '인간관계' 문제이다.

예컨대 구성원 상호 간의 알력은 그 개인들의 피를 말릴 뿐만 아니라 조직 전체에 기능적 장애를 일으키는 독소이다.

따라서 내부 갈등을 여하히 잘 조정하느냐 하는 것은 조직 '행복지수'에 결정적인 작용을 한다. 만약 월요일이 기다려지는 직장이라면 일단 행복한 조직이라고 해도 무방하다.

86] 맹자 등문공(滕文公)장에 나오는 이야기로, 생업이 있어야 바른 마음을 가질 수 있고 생업이 없으면 바른 마음을 가지기 어렵다(有恒産者 有恒心 無恒産者 無恒心)고 했다.

86 행정, 과학이냐, 민심이냐? : 관악산 음곡(陰谷) 이야기

관악산 남쪽에 음기(陰氣)가 센 골짜기가 있다. 거기에 한때 '내부고객'의 민심이 무르녹고 있었다.

공공기관 경영평가단이 구성되어 정기평가를 하러 왔을 때였다. 평가위원 중 한 사람이 고객만족과 관련된 질의를 하면서도 '내부고객'이란 개념 자체를 모르는 듯했다.

우리 사회에서 내부고객의 개념은 그 중요성이 인식되기 시작한 지도 이십 년이 흘렀다. 이제는 고객만족 경영을 논하거나 평가 등을 할 때 하나의 상식적인 용어가 되고 있다.

행정의 근본가치는 '민주성'이다. 이 행정의 민주주의도 조직 내 민주주의가 우선이며 그 이념이 고객관리 차원에서 발현된 것이 '내부고객' 개념이다.

가장 가까운 1차 내부고객은 직근 상급자와 부하 · 동료들이다. 이들의 불만이 있는 상태에서 외부고객에게 만족스러운 서비스가 제공되기는 어렵다. 그러므로 내부고객 관리가 바로 고객 관계의 출발점이 되는 것이다.

한편으로 행정은 오직 '과학'이어야만 하는가? 행정은 '법치주의'에 따라 운행되며 '법'은 과학성과 최대공약수적 '합의'가 반영되어 만들어지는 규범이다.

그러므로 원칙적으로 행정에 비과학적이거나 산발적인 요소가 그 동기로 작용되어서도 또 그렇게 집행되어서도 아니 된다.

그러나 행정 변수에 비과학적인 요소로서 '민심'이 있다면 어떻게 할 것인가? 민심에는 외부 일반민심도 있고 '내부민심'도 있다. 이 내부민심은 곧 내부고객의 정서이다. 그리고 내부고객 이념이 행정의 민주성을 향한 출발이라고 했다.

관악산 남쪽 기슭인 경기도 과천에 국가공무원 인재개발원 과천 캠퍼스(구중앙공무원교육원)가 있다. 1981년 말 대전에서 이곳으로 이전해 온 이래 1990년까지 약 9년 동안 그 교육원 직원 중 남자만 11명이 죽었다. 필자의 공직 동기생도 있었다.

이 일련의 사건들과 관련된 불확실한 이야기도 나도는 가운데 남자 직원들 중에 그 교육원으로 발령 나는 것을 꺼림칙하게 생각하는 사람도 있었다.

풍수지리 전문가도 다녀갔다. 교육원 터가 명당이긴 하지만 뒤에 위치한 관악산 골짜기의 음기가 너무 세다고 진단했다고 한다. 그 골짜기는 익히 알려진 경주시 건천읍에 있는 여근곡(女根谷)과 같은 형상은 아닌 것으로 보이지만 전문가가 음곡(陰谷)이라 했다 하여 다들 그렇게 여겼다.

남자 직원 중 주로 몸이 아프거나 건강이 안 좋은 상태에서 변을 당했다. 가끔은 겉으로 멀쩡하던 사람도 급사했다. 약해진 양기가 그 강한 음기 때문에 견디지 못해 사고가 난 것으로 해석되기도 했다.

문제 해결을 위해서는 양(陽)의 형상의 말뚝을 골짜기의 일정 지점에 심어서 음양의 균형이 맞도록 해줘야 한다는 처방까지 나왔다. 당시로서는 내부고객의 절실한 '민심'이었다.

그러던 1991년도 어느 날 드디어 지역 등산 동호회의 협조를 받아 그 골짜기 세 곳에 처방했다. 그 처방 조치가 완료된 뒤 당시 교육원 서무과장 Y씨로부터 온 전화 내용의 요지는

"이제 괜찮다~!"

였다. 그리고 그 후 이십여 년이 지나는 동안 한 명의 사고도 없었다.

그 조치는 비록 지역 동호회를 통해 간접적으로 행해진 것이었지만 행정은 과학이어야 한다는 명제에는 적합하지 않았다.

그러나 그 처리 전후의 상황이 우연이라고 하기에는 매우 뚜렷이 서로 구분된 것이다. 그 동기에도 과학적 요소가 없었다. 결국 내부의 '민심'을 반영한 조치라고 할 수밖에 없다.

내부민심은 내부고객의 '소원이다. 내부고객의 소원을 비록 비과학적이긴 해도 현실적으로 가능한 방법을 동원하여 해결했다고 볼 수 있다. 그리고 그 효과는 신기할 정도로 깔끔하게 나타났다.

주역에서 이인동심 기리단금(二人同心 其利斷金)[87]이라 했다. 두 사람의 마음이 모이면 그 예리함이 쇠도 끊을 수 있다는 뜻이다. 사람 마음이 집약된 것이 민심이고 민심은 곧 천심이다.

내 · 외부의 보편적 정서는 '민심'이라 할 수 있을 것이다. 그렇다면 설사 과학성이 결여되었더라도 경우에 따라 정치 · 행정 서비스의 대상이 될 만한 가치가 있다고 봐야 하지 않을까.

87] 역경(易經) 계사전(繫辭傳) 상편에 나오는 말이다.

87 집 크기와 통 크기 : 백악관 이야기

거(居)하는 공간이 권위(權威)의 원천이 될 수 있는가? 물체의 몸집은 그 자체로 작은 것보다 큰 것이 더 위력적으로 보인다. 그러나 집이 크다고 사는 사람의 통도 큰 것은 아닐 것이다.

중국의 자금성은 세계 최대 규모의 궁궐 유산이다. 각국의 재외공관은 대체로 그 본국이 큰 나라이면 그것도 크다. 자카르타에 있는 미국 대사관은 부지가 어마어마하고 러시아 대사관도 엄청 크다.

재외공관은 대사 · 공사 · 참사관 등 외교관들이 일하는 대사관, 총영사 · 영사 등 영사들이 근무하는 총영사관, 그 외 대표부 · 출장소와 같은 사무공간과 공관장이 거주하는 '관저'(官邸)까지도 포함되는 개념이다.

그중에 특히 관저는 그 크기나 구조도 중요하다. 본국의 국력과 관계가 있다고들 인식되고 있는 이유는 주요 외교활동의 거의 대부분이 거기서 이루어지기 때문이다.

워싱턴의 한국 대사관저는 정원에서 천 명 정도는 충분히 파티를 할 수 있을 정도이다. 그와 멀지 않는 곳에 있는 일본 대사관저도 외양부터가 대단하다.

이처럼 재외공관 건물은 외교적 차원에서 외형적 효과를 고려해 어느 정도 규모 이상으로 구축될 필요성이 인정되고 실제로도 그렇게 추진되어 왔다.

한편, 국내 고위직의 공적인 거주공간에 대해서는 관저라는 말도 쓰나 주로 '공관'이라고 한다. 한국의 경우 대통령이 거주하는 청와대 관저, 국무총리 공관, 외교부장관 공관 등이 있다.

지방에도 중앙 소속의 지방 기관장을 위한 '관사'(官舍) 또는 사택(舍宅)이 있다. 상당한 규모의 저택도 아직 남아 있으나 대부분 공동주택 형태로 바뀌었다. 지방자치단체의 장이나 간부들을 위한 관사가 따로 있는 경우도 있으나 단체장의 관사가 저택 형태로 남아 있는 곳은 소수이다.

이들 국내 공관의 경우는 재외공관과 달리 외모적 권위에 치중하게 되면 이는 곧 허장성세(虛張聲勢)요 낭비가 된다. 설사 모양을 고려하더라도 크기 자체보다 형상의 설계와 그 기능성이 더 중요하다고 봐야 한다.

'미국 힘'의 지휘부인 백악관(White House)은 연방 의회(Capitol Hill)나 대법원(Supreme Court)의 웅자에 비하면 그 외형은 4층 수준의 그냥 소박한 공공건물에 불과하다.

가운데 빌딩(main building)이 대통령 가족이 거주하는 중앙관저(Executive Residence)이다. 나중에 지어진 서관인 웨스트 윙(West Wing)에 대통령 집무실과 국무회의실(Cabinet Meeting Room), 비서실 간부 회의실 · 사무실 등이 있으며, 동관인 이스트 윙(East Wing)에는 영부인 집무실 등이 있다. 각 사무실 간의 왕래가 몇 분 이내 다 가능하다.

국무회의실 크기는 한국 그것의 절반도 안 된다. 장관급인 캐비닛 멤버들의 의자가 똑같이 따닥따닥 붙어 있고 가운데의 대통령 의자만 조금 크다. 그 의자들의 뒤 윗부분에 직위와 당시 재직자 이름이 쓰여 있어 퇴임할 때 본인이 원하면 그

이 백악관은 워싱턴(D. C.)이 미국의 정치 · 행정 수도가 된 1800년 제 2대 애담스(J. Adams) 때부터 대통령 공관이 되었다.

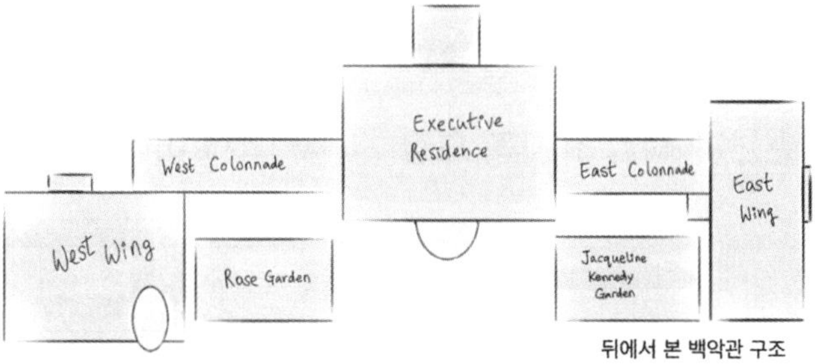

뒤에서 본 백악관 구조

값을 지불하고 가져가도록 하고 있다.

대통령 집무실은 타원형이어서 '오벌 오피스'(Oval Office)라고 하며 크기가 20평 남짓해 청와대 집무실 크기의 절반도 되지 않는다.

그 집무실 책상 이름은 '결단의 책상'(Resolute Desk)이다. 19세기 중반 영국과 미국이 크림전쟁 등으로 전운이 감돌던 시절, 북극해에 실종되어 표류하던 영국 탐험선 '레졸루트'(Resolute)호를 미국이 구출해 영국에 보내주어 양국 간 화해가 이루어졌다고 한다.

그 후 빅토리아 여왕 때 그 배를 해체했다. 그때 나온 원목으로 책상을 제작해서 미국에 선물한 것이 바로 이 책상이다. 이것은 오늘날까지 돈독한 양국 관계의 상징이 되고 있다.

세계를 이끈다는 백악관은 이처럼 아담한 모습이지만 그 구성원 간 소통에 매우 효율적이고 나름 의미와 역사적 사연을 품고 자존감 있게 자리하고 있다. 영국 스코틀랜드 하일랜드(Highland) 지역에 가보면 산들이 그리 크지 않으면서도 보는 사람을 압도한다. 한국 U광역시의 신축 본 청사는 주변 건물들에 비해 큰 편이 아니지만 그 위용이 넘친다.

지방자치단체의 독립 관사도 중앙의 관선 단체장이 내려오던 시대의 유산이므로 이제는 정리되어야 할 것이다.

집의 규모도 그 주인의 도량(度量)의 크기와는 관계가 없다. 큰 집에서 통이 커지는 것도 아니요, 힘이 더 생기는 것도 아니다. 오히려 집이 크면 바깥을 보기 어려워 세상 보는 시야가 좁아져버릴 수 있다.

88 권한과 책임 표시의 도장 : 미국 국새 이야기

미국에도 나라 도장 '국새'(the Great Seal)가 있다. 이 모양을 기초로 비슷하게 만들어진 대통령직인(the Seal of the President)도 있다.

6천년 인류 문화사를 통해 도장(圖章) 또는 인장(印章)은 국가 · 기업 · 가정 등에서 각종 공식적인 표지(標識)의 도구로서 이만큼 소중하게 취급된 물건도 별로 없을 것이다.

어떤 사안에 대한 최종 의사결정과 책임은 그에 권한 있는 자가 도장을 날인하거나 서명(署名)을 함으로써 확정된다. 또한 그로써 대내 · 외에 공시(公示)되는 효력도 발생한다.

직장생활을 처음 시작했을 때 선배 한 사람이

"조직생활에서 도장을 잘 찍어야 한다."

고 한 말이 생각난다. 그 말에 상당한 의미가 함축되어 있는 듯했다.

오늘날은 개인의 도장보다 서명이 보편화됐고 서명도 전자문서 체제에서는 클릭(click)하는 것으로 대체되었다. 즉 도장책임에서 서명책임을 거쳐 이제 클릭책임의 시대인 것이다.

그러나 여전히 조직 차원의 권한과 책임의 표시에는 직인(또는 관인)이 사용되고 있다. 나라의 도장은 '국새'(國璽), 왕의 직인은 옥새(玉璽) 또는 금보(金寶) 등으로 불려 그 권위의 상징도 되어왔다.

이러한 도장이 한국 · 중국 · 일본 등에서 널리 사용되어 왔으나 동양권의 전유물은 아니다. 서양에도 국가나 관직에는 도장(seal)이 사용되고 있었다. 고대 로마 때도 있었고 현 교황의 반지에도 직인이 새겨져 있다. 영국에도 국새(the Great Seal)와 옥새(Privy Seal)가 있다.

한편, 서명(signature)도 서양에만 있어 온 것이 아니다. 조선시대에도 왕이나 고관들은 공식 업무에 수결(手決)이라 하여 일종의 서명을 사용했다.

미국의 경우 주권국가로서 공식적인 필요성에 따라, 1776년 독립선언 당시부터 대륙회의(The Continental Congress)에서 나라문장(Coat of Arms)과 국새를 제작하기로 의결했다.

이에 따라 제작위원회를 구성하여 수차례 회의를 통해 6년 만인 1782년에 처음 마련했다. 그 후 여덟 차례 변경 또는 재제작되어 1986년 이래 현재의 국새가 사용되고 있다.

이 미국의 현재 국새는 재료가 강철(steel)이고 그 전면(바닥)은 지름 3인치 원형이다. 각 변 약 10센티미터 정사각형에 단순히 「대한민국」이라고 새겨진 한국 것보다 약간 작으나, 그 안에 몇 가지 상징 그림과 글자가 들어 있다.

국새의 전면은 기록물 등에 찍히는 부분으로서 원 안에 미국의 상징 새 '흰머리 독수리'(Bald Eagle)가 13개의 줄무늬 방패를 안고 올리브 가지와 13개의 화살을 잡고 있다. 그 윗부분에 표어 '여럿으로 구성된 하나'(E Pluribus Unum)가 써진 리본 등이 새겨져있다.

배면은 '신의 눈'(The Eye of Providence), 13계층의 '피라미드', 독립기념일 로마자 등 몇 가지 도형과 글자로 구성되어 있다. 앞뒷면의 13개 그림들은 미합중국이 결성될 당시의 독립 13개 주(States)를 의미한다.

[미국 국새 전면 예시 이미지 : 지름 3인치]

미국 국새(배면)

이 국새의 모양은 미화 1달러 지폐의 뒷면에 있으며, 실제 용도는 각종 조약이나 협정에 대한 비준문서, 대통령이 임명하는 공직자의 임명장 등에 날인된다.

다만 음각(die)으로 되어 인주를 사용하는 것이 아니고 찍을 대상의 좌측 하단(날짜 왼쪽)에 은회색 둥근 조개형의 봉함지(3.75인치)를 붙인 후 국새 윗부분의 볼트로 연결된 큰 손잡이 두 개를 돌림으로써 양각(relief)으로 내려 찍히게 된다.

국새 관리부서는 국무부(State Department)의 공무국(Bureau of Public Affairs)이며 국무부 청사 1층 보관소(Exhibit Hall) 안에 고정되어 있다. 그 사용은 대통령의 서명과 국무부 장관의 부서(countersign)를 먼저 받은 후에 그 서류를 가져와서 찍게 된다.

'국새'와 '나라 문장'(紋章)이 미국의 것들은 서로 거의 같게 생겼으나 한국의 경우는 모습이 서로 전혀 다르다. 또 미국 국새에는 건국 당시의 의지와 소망과 기록 등이 메시지로 집약되어 있다. 이에 비해 한국의 국새는 쌍봉(雙鳳)과 무궁화 외에 그 모양이 단순해 상대적으로 다소 싱거운 느낌도 든다.

한국 국새 예시 이미지
(가로 · 세로 10.4cm / 3.38kg)

89 애국심이란 것 : 미국의 국기에 대한 맹세

지난 세기 이스라엘에는 해 지는 광야에 홀로 서서 눈물 흘리며 결의를 다짐하는 소년들의 모습이 종종 눈에 띄었다고 한다. 그런 나라는 망하지 않는다.

애국심은 여러 경로로 형성되는 것이다. 선열의 행적에 대한 학습, 국가 대항 스포츠 경기대회, 외국 여행을 통한 비교 등 나라 사랑이 움트는 계기는 다양하다.

이렇게 생긴 애국심을 재확인 하도록 하는 의식 중 대표적인 것이 국기에 대한 예(禮)일 것이다.

워싱턴(D.C.)에서 일할 때다. 9학년(highschool 초년으로 한국 기준으로는 중3에 해당)인 아들이 집에서 뭘 중얼대고 있었다.

미국의 '국기에 대한 맹세'(Pledge of Allegiance)였다. 미국은 학교에서 학생들이 이를 암송한다.

그 맹세문과 실시방법은 미합중국 법전 제 4편 제 1장(USC Title 4 Chapter 1) 등 및 그 시행령(Executive Order 10834)에서 규정하고 있다.

맹세문은,

"I pledge allegiance to the Flag of the United States of America,

and to the Republic for which it stands, one Nation under God, indivisible, with liberty and justice for all." (나는 미합중국 국기와 그 상징하는 이 나라에 대한 충성을 맹세합니다. 우리는 하느님 아래 하나이고 나누어질 수 없으며, 모든 이를 위한 자유와 정의의 나라입니다)이다.

실시 방법은,

"서서 국기를 바라보며 오른손을 왼쪽 가슴에 얹고 암송하되, 제복 아닌 모자는 벗어 왼쪽 옆구리에 끼며, 제복 차림인 때는 침묵으로 거수경례를 한다."

고 규정한다.

이 맹세는 학생들의 '애국심' 교육 차원에서 비롯되어, 대학교를 제외한 각급 공립학교가 주(state) 법에 의해 교실에 국기를 비치하고 학생들이 아침마다 암송하도록 하며, 사립학교는 주에 따라 선택 또는 정부 보조를 받는 경우에 하도록 하고 있다.

그 기원은 1892년 침례교 목사 벨라미(F. Bellamy)가 국가교육협의회(National Educational Association)의 교육 감독위원회 의장으로서 최초로 작성, 공립학교의 콜럼버스 400주년 기념행사 국기게양 시에 사용하도록 한 것이 처음이다.

아이젠하워 대통령 시절인 1954년 연방의회가 법으로 규정한 이래, 현재까지 공식적인 애국서약 및 공공기도문이 되고 있다. 그 당시 가톨릭 보수 단체인 콜럼버스기사회(Knights of Columbus)의 요구로 "under God" 문구가 추가되었다. 이 때문에 아직도 종교적인 이유 등과 관련하여 합헌성 논란이 있다.

또 초기에는 교사 지휘로 했으나 일부 종교적인 반대 및 판결(US Supreme Court, 1943)로 법적인 강제가 금지된 이래 현재는 교실 스피커에 따라 각자 자율적으로 서서 하는 것이 통례이다.

그리고 종래에는 25개 주만 실시했으나, 2001년 9·11 테러 이후에는 40개 주 이상이 실시하는 것으로 파악되고 있다.

정부에서는 연방기관과 주 및 지방정부가 국기관련 의식(flag ritual)을 할 때 이 '맹세'를 하느냐 여부도 선택사항이다.

연방의회(U.S. Congress)와 상당수의 주의회 및 지방정부 의회(councils) 등 주로 입법기관이 하며, 집행부 기관은 논란사항을 고려하여 실시하는 사례가 드물다. 그리고 사회 보수단체들은 대부분 실시하고 있다.

미국의 국기 존경은 남다르다. 그 훼손 등에 대한 벌칙도 물론 있다. 나라 장례인 국장(國葬) 때의 조기 게양을 한국처럼 기폭만큼이 아니라 깃대 중간 아래에 내려 달며, 게양 기간도 한국보다 훨씬 길어 고인이 전·현직 대통령인 경우는 한 달간이다. 국가장(state funeral) 업무 소관도 한국이 행정안전부인 것과 달리 미국은 국방부(Defence Department)이다.

이처럼 군사대국 미국의 국기 존엄을 포함한 애국심 관리는 상당히 철저하다. 얼핏 개인주의에 입각해 모두 제멋대로인 것처럼 보이지만 결코 그렇지 않다. 미군 유해의 송환에 그렇게 정성을 쏟는 것도 그 맥락이 있다. 근자에는 애국법(Patriot Act, 2001)이란 것도 생겼다가 최근에 폐지된 바도 있다.

미국 생활 첫 여름방학 때 가족이 나이아가라 폭포(Niagara falls) 관광을 갔다. 그 엄청난 장관을 체험하고 나오며 중학생 아들이 한 말이 생각난다.

"아 ××, 우리나라는 머리로 승부하는 수밖에 없네!"

놀랍기도 하고 기특하기도 했다. 그러나 이렇게 절로 우러난 아이의 애국심이 그 후에 삶의 동력으로 연결되지 못한 것 같아 아쉽다.

아이들의 국기에 대한 인식이나 태도를 보더라도 그렇다. 자생적인 애국심이 어떤 표상 앞에서 재정립되고 체화(體化)되도록 하는 일은 부모와 국가의 책임이다.

국가 상징에 대한 개인 차원의 양심적 · 종교적 입장은 자유이다. 그러나 국가 차원의 교육은 그 방향성이 뚜렷해야 하고 또한 지속적으로 관리되어야 한다.

90 보안과 소통 : 미국 관공서 보안 이야기

보안과 소통은 서로 상충적인가, 상합(相合)적인 관계인가? 1980년대 후반의 한국은 군사정권 시절이고 '보안'이 '소통'보다 더 강조되었다. 정부종합청사의 당직근무는 청사 입주기관 당직자들이 합동당직실에 모여 교대로 순찰하고 가수면(假睡眠) 휴식을 취하는 등 꽤 엄하게 운영되고 있었다.

이 합동당직실과 정부 당직 전체를 총지휘하는 당직 총사령은 평일 야간에는 국장급이, 주말이나 연휴 때에는 그 위의 직급인 실장급(차관보급)이 맡았으며, 야간 대통령이라고도 불렸다.

총사령에게는 과장급 및 사무관급 보좌관 각 1명과 순찰 차량에 운전자 1명이 배치되었다. 가끔 대통령도 불시에 들러 상황보고를 받기도 했기 때문에 총사령팀은 항상 긴장 속에 근무했다.

한 번은 주말 야간에 총사령 사무관 보좌관으로 당직을 하면서 여느 때처럼 지정된 사무실들에 대해 내부순찰을 실시했다. 각 사무실 서류 · 자료 등의 안전관리, 책상 · 캐비닛 등의 시건(施鍵) 장치 확인 및 선풍기 · 전열기 단속 등 비치된 순찰일지의 항목별 점검을 실시하고 서명하는 것이다.

순찰하다 보니 주말 · 휴일 당직의 경우 전체 사무실에 대한 중복점검이 비효율적이라는 생각이 들었다. 즉 최종 퇴근자 뒤에 출입조차 없는 사무실을 반복해서 살피는 것은 낭비이다. 그러므로 순찰은 첫 번 당직자만 하고 후번부터는 출입자가 있는 곳만 할 필요가 있어 보였다. 이를 과장급 보좌관과 총사령에게 보고하니 행정 능률성 차원에서 좋은 아이디어라고 하여 당직보고서 건의란에 약 한쪽 분량으로 정리해 제안했다.

월요일 아침, 당직업무를 총괄하는 청사관리소 제1부장이 호출했다. 그는 헌병장교 출신으로 유별난 간부였다. 좋은 소리 듣기는 기대하지 않았으나 '보안'의 개념조차 모른다고 욕먹을 줄은 몰랐다.

"새파란 놈이 보안을 뭐 안다고 이따위 제안을 하느냐, 사람 출입이 없더라도 항상 살피는 것이 보안이다. 고시 출신이 저러니 한심하다." 고 소리쳤다.

얼핏 일리가 있는 듯 했으나 반발심이 생겨 돌아서며 중얼거렸다.

"맘에 안 들면 채택하지 않으면 그만이지 바쁜데 불러서 소리치고 난리야, 군발이 출신은 할 수 없네!"

2007년 워싱턴(D.C.)에 있을 때 연방 국토안보부(DHS:Department of Homeland Security)를 방문한 적이 있다. 그 산하 연방 재난관리청(FEMA:Federal Emergency Management Agency)에 파견 근무 중이던 구소방방재청 K과장과 함께 갔다. 방문객 안내실에서 출입이 엄격히 통제되고 있었다.

K과장은 철저한 신원조사를 거쳐 발급된 다른 기관도 아닌 그 재난관리청의 출입증이, 필자는 외교관 신분증이 있었다. 또 미리 문서로 방문 예약이 되었으므로 각자 신분증을 맡기고 출입증을 교부받았다. 그러나 그것만으로는 들어갈 수 없었다. 내부 직원의 동반 안내(escort)를 받아야 했다. '보안'의 울타리가 첩첩인 것처럼 느껴졌다.

약속된 사무실에 전화하자 한 직원이 와이셔츠 차림으로 나왔다. 그가 우리 두 사람을 안내해 검색대를 통과하려는 순간 그도 출입이 저지되었다. 본인 출입증을 사무실에 두고 나왔기 때문이다.

뻔히 아는 직원이 1분 전에 나왔다가 바로 되돌아가는 순간 출입증이 없어 저지된 것이다. 그 직원도 전화해서 또 다른 직원이 나와 세 사람을 데리고 들어갔다.

미국 관공서의 보안 관리는 이처럼 철저하고 특히 9·11 이후 생긴 국토안보부와 같은 부서는 더욱 엄격하다. 다만 백악관은 삼엄한 통제를 하면서도 시민 개방 프로그램은 적극 운영하고 있다.

보안이라는 것은 그 옛날 군 헌병 출신 청사관리 부장의 말처럼 항상 반복해서 단속하는 것일 수도 있다. 그러나 이는 국민 소통과 접근성 가치와의 균형점에서 갈등이 발생할 소지가 있다.

한국 정부청사도 종래 신분증을 제시하고 방문증만 받으면 자유로이 출입했으나 외부인 잠입 추락사, 공직 수험생 침입사건 등을 계기로 이제는 방문증 외에 내부직원의 에스코트도 받아야 한다.

지방자치단체의 경우 시민소통 차원에서 대부분 상당히 출입이 자유롭다. U광역시 청사 옥상은 한때 시민의 휴게소이자 흡연 장소가 된 적도 있었다.

'보안'은 의식도 중요하나 먼저 물리적 장치가 필요하다. 그러나 '소통'은 철문을 연다고 되는 것이 아니다. 마음의 문, 인식의 문, 자세의 문을 열어야 비로소 가능해지는 것이다. 따라서 보안과 소통은 상충될 수 있지만 충분히 조화될 수도 있다.

91 월드컵 문화운동 : 한국 공중화장실 문화 개혁

세상의 청결은 가장 지저분해질 수 있는 곳부터 깨끗해야 가능해지는 법이다. 그러므로 집안의 청결은 화장실 청결이 관건이다. 마찬가지로 사회의 청결은 그 사회 공중화장실 청결에서부터 비롯된다.

거리나 공원 등이 아무리 깨끗해도 공중화장실이 깨끗하지 못하면 지역 전체 이미지가 불결해 보이게 된다.

필자는 오래전에 유럽 선진국들의 공중화장실을 가볼 때마다 '깨끗하다'는 느낌을 받았다. 그 후 점점 화장실 청결이 선진국을 향한 사회 청결의 기본 출발선이라는 생각이 신념으로 굳어졌다.

공직생활 31년여 동안 원조직을 떠나서 일한 파견 근무가 소위 위장전입[88]을 포함해 총 다섯 번 정도였다. 그중 지난 세기 말 종합조정기관인 국무총리실에 전출을 간 적이 있다. 거기서 약 3년간 재직하며 원소속에서 할 수 없었던 일 한 가지를 수행했다. 평소 마음속에 품고 있던 '공중화장실 문화'의 개선이다.

모든 일에는 '때'가 있다. 때를 놓치면 후에 또 올 수도 있고 안 올 수도

88] 타 기관에 근무하러 갈 때 외형은 완전히 적(籍)을 옮기는 전 · 출입 발령이지만 내면은 파견처럼 복귀할 것이 예정된 인사를 말한다(본서 "26.확장 인사 : 파견근무가 필요한 까닭" 참조).

있으나 대부분의 경우 다시 오지 아니한다.

무릇 정책이나 사회운동은 어떤 환경적 변화를 계기로 추진하는 것이 효과적이다. 2000년에 화장실 문화를 개선할 기회가 왔다. 월드컵 대회를 2년여 앞두고 '월드컵 문화시민 운동'의 일환으로 총리실 정책평가 '특정과제'의 하나로 추진했다.

처음에는 지저분한 분야 과제라고 하여 탈락되었다가 재심에서 채택되었다. 이에 따라 평가 총괄을 맡아 일단 전국의 공중화장실을 대상으로 잡았다.

우선 당시 소관 부처(문화관광부)로 하여금 전국 공중화장실 숫자를 파악하게 했다. 약 4만 7천 개라고 보고되었으나 여기에 각지의 상가나 재래시장 등에 있는 화장실은 포함되지 않은 것으로 기억된다.

한편 관련 공공기관(한국관광공사로 기억된다)으로 하여금 화장실 문화운동 협의회를 결성하도록 했다. 캠페인은 물론 공중화장실 관리지침도 수립 · 배포하도록 했다. 여기에는 화장실 관리책임자를 지정하고 약 20개 항목의 화장실 점검일지를 의무적으로 비치 · 작성하도록 하는 것 등이 포함되었다.

이리하여 악취나 바닥 물기는 엄금되고 세면기 급수, 휴지, 손 건조기(hand dryer)와 향수 살포, 음악 방송, 화분 비치 등도 필수 항목으로 관리하도록 했다. 특히 여성 화장실 입구 바닥에는 '한 줄로' 서는 대기선도 표시하도록 했다.

그리고 지방자치단체를 통해 주요 관광지 등에 '시범화장실' 보조 사업을 시행하도록 했다. 이는 위 필수 항목을 구비한 공중화장실의 표준 모델로서 한 개 건립하는 데 당시 약 1억 원이 들었고 전액 지원하도록 했다.

소관 부처가 총괄 추진하되 총리실에서는 정책평가 팀별로 공중화장실 운용 실태를 조사했다. 필자도 직접 설악산과 강릉 관광지 일대의 시범화장실 점검 출장을 간 적이 있다.

하계 휴가철에는 정책평가팀 전원이 이미 추진 중이던 '사회질서 확립대책' 과제와 병행하여 전국의 공중화장실 실태를 조사 · 보고하도록 했다. 필자는 부산 지역 버스정류장 등을 직접 점검했고 여성화장실에는 처와 딸을 시켜 체크했다.

추진 1년이 지나면서 공공기관을 중심으로 전국적인 문화운동으로 전개되어 공중화장실 전국 '베스트(best) 5, 워스트(worst) 5' 도 선정 · 공표되고, 공중화장실에서 미술 전시회가 개최되기도 했다.

그 과정에서 가장 먼저 눈에 띄게 개선된 곳은 한국도로공사가 관리하는 고속도로 휴게소 화장실이었다.

이리하여 월드컵 대회를 계기로 한국의 공중화장실 수준이 일약 한 단계 향상되어 그 후 전국적으로 어느 정도 수준이 되었다고 생각한다.

다만 아쉬운 것이 지금까지 문화시민 운동은 계속되고 있으나 청결 수준은 대체로 답보 상태이며 일부 퇴보하고 있는 것 같다는 점이다. 여기서 다시 한 번 분발하여 한 단계만 더 향상시킨다면 완전한 선진국형 공중화장실이 되리라고 확신한다.

확장 인사의 하나로서 파견 근무는 이처럼 원소속 조직에서 하기 어려운 일도 경험해 보거나 또 다른 분야에서 사회에 기여하는 기회가 되기도 한다. 만약 한 번 더 종합조정기관에서 일할 수 있다면 공중화장실 수준을 한 단계 더 올려 볼 수 있으련만 그럴 기회가 필자의 생에는 이제 없을 것이다.

2018 평창 동계 올림픽을 치렀으나 크게 나아지지는 않아 보였다. 앞으로 후배 중 누군가가 기회가 되면 이 일을 완성해주기를 간절히 바라는 마음이다. 파견을 가든지 소위 위장전입을 가든지 해서라도.

92 복무의 자율과 결단(1) : 출근부와 통금(通禁) 이야기

'출근부'가 없으면 출근 질서가 무너지고 '통행금지'(通禁)가 없으면 심야 무법천지가 된다고 했다. 한국 사회에 1980년대까지 이 출근부라는 것과 통금이라는 제도가 있었다. 없어지면 큰 일이 나는 줄 알았다. 이것이 그 시절 보편적 인식이었다.

아리스토텔레스는 인간 행복의 본질을 내면의 합리성에 기초한 자기결정성(自己決定性)에서 찾았다. 이 자기결정성을 '자율'(自律)의 근본으로 보았다.

칸트는 '도덕'과 '자율'을 배타적 · 택일적 관계가 아니라 전자에 이미 후자가 내포되고 후자는 전자가 성립되게 하는 즉 상호 내재적인 관계로 파악하였다.

조직사회의 복무(服務)를 생각하면 '규율'과 '자율'이 떠오른다. 이들은 본래 서로 병존하기 어려운 상쇄적 관계인가, 조화될 수 있는 동반적 관계인가?

출근부는 공 · 사 조직에서 직장인들이 아침에 출근하여 신고하는 장부로서 학생들의 출석부에 해당되며, 직원의 근태 상황을 관리하는 부서(주로 '총무과')에 비치되어 있었다. 날짜별로 개인 성명란에 날인 또는 서명하도록 되어 있었고, 종이에서 기계식으로 변천했다.

통상 이 출근부상으로 세 번 지각이나 조퇴하면 하루 결근으로 처리되었다. 출근이 늦을 경우 동료에게 부탁하여 대리 서명하게 하다가 총무과 직원에게 들켜 경고처분 등을 받는 일도 더러 있었다.

기업 중에는 1970년대에 이미 근로자 자율 도모 차원에서 출근부를 폐지하니 출근 성적이 더 좋아졌다는 사례도 있었다. 반대로 어떤 회사는 출근부 대신에 퇴근부를 만들어 더 옥죄더란 이야기도 있었다.

공직 초년이던 1987년에 「중장기 행정발전 계획」 작업팀에 참여할 때다. 자율 사회를 향한 공무원 출근부 폐지론이 제기되자 실무에서 단기과제로 1~3년 내에 모두 폐지하는 안을 제시했다.

위로 보고하는 과정에서 "출근부를 폐지하자는 게 말이 되느냐?"며 반대가 심했다. 그래서 5년 이내 4급 이상, 10년 이내 5급 이하의 출근부를 폐지하는 단계별 안으로 후퇴되어 겨우 채택되었다.

그러나 바로 이듬해 1988년 5월에 전면 폐지되었다. 그런데도 그 후 출근 불량 증가 현상은 전혀 없었다. 나이가 많거나 직위가 높을수록 인간 자율 통제에 대한 불신이 더 강한 법인가! 당시 그 보고 시의 고루한 반대 정서는 지성의 한계였으며 비겁하기까지 했다.

통금은 더 큰 범위의 국민생활 근간에 대한 규율체계로서 야간에 일반인의 통행을 금지하는 제도이이다. 여느 나라 역사에도 치안관리 등 목적으로 존재했고, 일제 강점기에는 억압 수단으로 시행되었다. 광복 후 미군정 때와 그 후 이승만 정부 등에서도 유지했다.

보통 밤 12시부터 새벽 4시까지 통행을 금지했으므로 정확히는 '야간 통행금지'이며 줄여서 '야통'이라고도 했다. 위반 시는 경찰서에 잡혀 있다가 새벽에 해제되면서 과태료를 물고 방면되었다. 1960년대에 제주도와 충북도 지역, 경주 등 관광지 일원은 폐지되었다. 전국적으로도 크리스마스나 연말연시 등에는 일시적으로 해제됐다.

그러다가 1980년대에 와서 통금 폐지론이 대두되자 이 또한 반대가 대단했다. 사회 지도층에서 심야 범죄를 심히 걱정했다.

그러나 1982년 1월에 결단적으로 전면 폐지되었다. 그리고 그 후 그로 인한 범죄 증가 등의 기록은 없었던 것으로 기억된다. 그 반대의 목소리도 비겁했던 것이다.

모든 제도가 그렇듯이 복무나 사회질서 관련 제도도 그 탄생 동기는 충분하더라도 그 수명이 있다. 그러나 우리 사회에는 내구연한이 다한 제도에 대해서도 '현재 상태'(status quo)를 유지하려는 기류도 강하다.

출근부나 통금제도의 추억을 돌아보면 그 폐지에 대해 완고 무성하던 반대론들이 일순간 자취 없이 사라졌고 지금은 어디에도 없다.

칸트의 도덕과 자율의 관계처럼 복무에서 규율도 그 본질은 '자율'임이 분명하다. 그리고 이 자율을 실현하기 위해서는, 출근부와 통금의 역사에서 보듯, '결단'이 필요하다.

이제 복무와 관련한 원시적 규제는 자율적으로 풀어볼 때가 되지 않았는가? 최근에 점심시간 폭도 확대(11시~2시)되는 등 유연근무 체제로 진일보하고 있으나, 출퇴근 시간을 비롯해 그야말로 본격적인 탄력 시간(flexible time) 복무체제로 일대(一大) 전환을 시도할 때가 되지 않았을까!

진보적 사고를 표방하고자 하는 것이 아니다. 어쭙잖은 복무란 이름의 제도, 그 본질이 '자율'임을 논하고자 하는 것이다.

93 복무의 자율과 결단(2) : 점심시간을 없애자

점심시간을 늘리자고 제안했다. 낮에 운동시간을 주자는 취지였다. 단번에 기각됐다. 그 시간에 고스톱을 친다는 이유였다.

이제 조직생활에서 점심시간을 없애버리면 어떻게 될까? 직장인에게 점심밥 먹을 시간을 주지 말자는 이야기가 아니다.

그 시간을 현재처럼 고정하지 말고 '자율'에 맡기면 조직 생산성이나 구성원 개인 또는 고객 서비스 측면에서 어떤 변화가 올 것인지에 관한 논의다.

점심시간은 직장인에게 주요 휴식시간의 하나이다. 근로기준법은 8근로 시간에 대해 1시간 이상의 휴게시간을 근로자에게 부여하도록 하고 있다. 이 휴게시간은 근로의 피로를 다소라도 회복하고 업무의욕과 활력을 재생산하도록 해주기 위한 것이라 할 수 있다.

1990년경 공무원의 조직 · 인사 · 복무 등 관련 제도를 소관하던 구총무처에 몸담고 있을 때 일이다. 오늘날뿐만 아니라 당시에도 공무원들의 다양한 창안(創案)이 장려되고 있었다. 그에 따라 필자는 점심시간을 1시간 30분으로 늘리고 점점 2시간으로 확대하는 것을 골자로 한 정책 건의를 한 바 있다.

그 취지는 낮에 충분하지는 못해도 어느 정도라도 운동을 통한 스트레스 해소 기회를 안정적으로 부여하자는 데 있었다. 물론 채택되지 않았다.

당시 의료보험공단 자료에는 한국 성인 남자의 성인병 유병률(prevalence rate)이 다른 나라에 비해 매우 높고 그 원인이 주로 스트레스와 운동 부족으로 분석된 바도 있었다. 그러나 직장 현실은 바쁜 아침이나 저녁에는 규칙적으로 운동하기가 쉽지 않았기 때문에 근로환경 차원에서 검토된 것이었다. 그로 인해 줄어드는 근무 시간은 퇴근 시간을 늦추어 보완하도록 하는 방안이었다.

어차피 정시에 칼 퇴근이 되지 않는 문화에서 개인들로서 크게 반대할 이유가 없다는 논리도 깔려 있었다. 그러나 심의에서 채택되지 않은 이유는 그 늘어난 시간에 운동하는 게 아니라 고스톱을 하는 등 논다는 것이었다.

한편 행정기관은 근본적으로 '대민 서비스' 제공을 위해 존재한다. 이 대민 서비스의 '계속성'을 위해서 꼭 민원 창구뿐만 아니라 대부분의 부서가 교대로라도 시중은행처럼 점심때에도 업무하는 것이 옳다.

미국 연방공무원에게는 정해진 점심시간이 없다. 물론 그들과 점심 약속은 여느 나라처럼 주로 12시쯤에 하게 되지만 그 외에 개인별로는 알아서 식사한다.

2007년쯤으로 기억된다. 워싱턴디시(D.C.) 정부의 교육감 인사청문회에 갔을 때의 일이다. 오후 1시가 넘어도 정회 없이 계속되었다. 청문회 참여자는 개인별로 잠시 나갔다 오거나 샌드위치 등을 먹으며 청문회가 진행되는 것을 보았다.

물어보니 시민들에 대한 서비스가 중단되지 않도록 하기 위해서라고 했다. 중간에 쉬어버리면 그만큼 종료시간이 늦어질 수 있다. 그럴 경우 참여 · 관찰하는 시민들의 저녁 휴면시간도 단축된다는 것이었다. 일리가 있어 보였다.

이제 복무의 '자율성 차원의 점심시간 활용'과 '대민서비스의 계속성'도 도모해 볼 때가 되었지 않았을까! 우리 사회에서 직장의 고스톱 문화가 사라진 지도 이미 오래이다.

복무규율의 본질은 '자율'이다. 이 자율성 시대에 그동안 전가(傳家)의 보도(寶刀)처럼 활용되어 온 고루(固陋)한 이름의 복무감찰은 재정립할 때가 되지 않았나!

과거 출근부나 통금 폐지 등의 추억을 생각해 보더라도 무슨 계기가 있을 때마다 복무시간 준수 여부 따위를 점검해 온 작금의 원시적인 관행도 이제는 청산할 때가 되었다!

또한 점심시간에 대한 고정관념을 타파할 때도 되었다. 조직이나 부서의 성격에 따라 융통성을 부여해 보자. 규정화된 점심시간을 없애버리고 부서별 또는 개인별로 알아서 활용하도록 하면 된다.

단위부서 구성원의 행태에 대한 일상적 관리는 계통적 · 획일적 지휘체계보다 그 단위부서 관리자의 리더십 영역에 속한다.

조직생활에서 소중한 중식시간, 그 시간에 운동을 하든 자기 발전적으로 활용하든 아니면 계속 근무하고 좀 일찍 퇴근하든 개인의 자율 통제에 맡겨보자! 분명히 조직의 '생산성'과 '창조성'이 증진될 수 있을 것이다.

94 외무고시와 기능직 : 폐지되고 사라지다

외무(고등)고시는 1968년에 시작된 한국 5급 외무공무원 공채 시험으로 숱한 직업 외교관들이 이를 통해 임용됐다. 그러다가 이 고시는 45년 만인 2013년에 폐지되고 '외교관후보자' 선발시험으로 대체되었다.

과거 외무고시는 외교관 '채용'시험으로서 그에 합격하면 시보 공무원이 되어 연수와 실무수습을 거쳐 1년 후 정규 발령을 받았다.

그러나 이 외교관후보자 선발시험은 합격해도 이름 그대로 '후보자'로서 '국립외교원'(KNDA:Korea National Diplomatic Academy)[89] 에 입교한다. 국립외교원 입학시험인 셈이다. 그리고 1년간 연수 후 평가에 통과되어야 공무원인 외교관이 된다.

이 개편은 2011년 12월 외무공무원법의 개정으로 이루어졌으며 필자는 그 입법추진의 실무책임자였다. 국립외교원 명칭은 공모를 통해 채택됐다. 왜 한글 명칭이 '…아카데미'가 아닌가? 한국 법제 원칙상 외래어는 적합한 한글 용어가 없는 경우(예: 인터넷) 외에는 한글로 표기하도록 했기 때문이다.

89] 외교부 소속기관으로서, 외무고시가 폐지되고 그 대신에 외교관 후보자 선발시험 제도가 도입됨에 따라 과거의 외교안보연구원이 국립외교원으로 이름이 바뀌고 그 기능도 보강되었다.

반 세기 전통의 외무고시를 폐지하고 이 외교관 '후보자' 선발시험을 도입한 것은 과연 잘 한 일인가?

원래 외교 역량을 강화하자는 취지로 관료적 채용 방식인 외무고시 대신에 창의력 위주 학위 과정인 외교 아카데미를 도입하려고 했었다. 그러나 러시아 등 외국 아카데미 모델의 성공 사례가 없다는 논의와 함께 실효성에 의문을 제기하는 반대 등에 부딪쳐 변형된 형태의 선발시험이 되어버렸다.

국회 법심의 과정에서도 합격자 중 임용자 비율 문제 등에 대해 많은 논란 끝에 1년 연수 후 극소수(2명 이내)가 탈락되는 괴이한 체계로 되었다. 국내 공무원과 연계는 외무고시보다 더 약해졌다. 영문 이름 '아카데미' 하나 붙이려고 외무고시만 폐지한 게 아닌가 하는 생각도 들었다.

외교는 국내 가치의 대외적 실현이다. 특히 행정 융합 시대에 국내부서와 외교부서, 국내 관료와 외교관 간의 협업이 중요하다. 그런데도 구행정고시 등과 더 멀어진 것은 시대 흐름에 맞는 것인가?

섣불리 판단하기 이르지만 과연 구외무고시 출신보다 더 창발적인 외교관이 육성될 것인가? 이 점도 의문이다. 개정 법안이 국회 통과된 날 당시 K장관 모시고 돌아오는 차 안에는 젖은 안개처럼 무거운 침묵이 흘렀다.

기능직 공무원은 2012년 12월 국가공무원법이 개정되어 1년 뒤인 2013년 12월에 역사에서 사라졌다. 개정 당시 현직자는 원칙적으로 일반직에 편입되도록 했다.

이 개편은 2008년 당시 행정안전부 W장관의 지시에 따라 검토가 시작됐다. 과거 타이핑 직원이나 기술보조 위주의 기능직이 21세기에는 필요없다는 취지였다. 그때 필자는 그 인사정책 담당 국장직에 있었다.

국가공무원법에서 공무원 종류 중 기능직만 삭제한다고 될 일이 아니었다. 일반직과는 공존해 왔으나, 직군 · 직렬 · 직급(등급) · 채용방식 등 여러 속성에서 달랐다. 일반직으로 전환편성 시의 직렬 · 직급 부여와 잔류자 관리방안, 기존 일반직과의 조화 문제 등 섬세한 연구가 필요했다. 이런 일에는 항상 다양한 의견 수렴과 합의절차도 필수적이다.

지방자치 단체와 외교부서 근무를 거쳐 2012년 봄에 인사정책 실무책임자(인사실장)로 승진되어 돌아왔을 때는 그동안 작업 진도가 거의 막바지에 와 있었다.

당시 분위기는 법 개정안이 정기국회를 통과하지 않으면 안 된다는 절박감이 있었다. 만약 해를 넘겨 정부가 바뀌면 언제 개정될지도 모를 일이었다.

장관 이하 담당 부서 상 · 하 간 역할을 분담해 뛰어다녔다. 정치적 쟁점 사안이 쇄도하는 마지막 국회에서 공무원 노조의 협조도 주효했다. 결국 국회 마지막 날인 12월 12일에 통과되었다. 애써 왔던 직원들은 환호했고, 그날 저녁 기능직 공무원 노조원들은 눈물을 흘렸다.

그리하여 기능직은 없어지고 공무원의 종류는 종래 6개에서 30여 년 만에 4개로 융합 · 조정되었다. 이에 따라 정부 바깥의 모든 공공기관의 기능직(실무직)도 사라지지게 되었다.

이 '기능직의 일반직화'는 시대 흐름에 부합한 조치였다. 그 해 정기국회 마지막 날 기어코 통과되도록 혼신의 노력을 쏟은 일은 잘 했다고 생각한다.

95 2018 평창 반성 : 올림픽 메달은 하늘이 준다?

빙상에 몰아친 민심은 가혹했다. 여자 스피드 팀 추월에서 야기된 성난 민심으로 쇼트트랙 한국 남녀 선수 모두가 넘어져 버렸다.

제23회 동계 올림픽 대회가 대한민국 강원도 평창 · 강릉 일원에서 2018년 2월 9일부터 25일까지 17일간 개최되었다.

여기서 한국은 총 17개 메달(금5, 은8, 동4)을 획득해 7등을 했다. 미국식으로 메달 개수로만 따지면 6등이 된다. 직전 동계 올림픽인 2014년 소치에서는 8개(금3, 은3, 동2)로 13위, 2010년 밴쿠버에서는 14개(금6, 은6, 동2)로 5위를 했다.

대회 참가 95개국 중에 1등은 동계 종목의 강자 노르웨이로서 총 39개(금14, 은14, 동11)의 메달을 획득했다.

일본은 13개(금4, 은5, 동4)로 11위, 중국은 9개(금1, 은6, 동2)로 16위를 했다. 아시아권에서는 한국이 단연 1등이었다.

한국 입장에서 이 대회 결과의 중요한 의의는 입상한 동계 종목이 다양해졌다는 점이다. 지금까지 쇼트트랙과 스피드 등 빙상에 편중되던 것을 이번에는 동계 올림픽의 주종목 스키를 비롯해, 썰매 · 컬링 등에까지 확대되었다. 그뿐만 아니라 각 분야 신인 유망주들이 여럿 발굴된 점도 고무적이다.

이 올림픽 행사는 전반적으로 성공적인 것으로 평가되었다. 개회 며칠 전까지도 영하 15도를 넘나드는 혹한에다 초반에 겨울철 식중독 주범의 하나인 노로 바이러스(norovirus) 비상이 걸렸다.

처음에 올림픽 파크의 경비원 및 자원봉사자 사이에 발생해 모두 교체 · 격리 조치되었다. 그러다 한국 선수 한 명이 유사 증상을 보여 비상이 걸리고 눈앞이 캄캄해졌다. 그러나 정밀검사에서 다행히 음성으로 나와 고비를 넘겼다.

설상(雪上)도 미끄러웠지만 빙상(氷上)은 더 미끄러웠다. 스케이트의 날은 예리하였다. 넘어지면 끝이다. 승패도 영광도 찰나에 결정된다.

아차 한 순간에 4년 넘게 닦아 온 선수와 국가의 꿈이 날아가버린다. 선수 중 한 명은 올림픽 전년도에 결혼하고 신혼여행도 가지 않았다. 혼신의 정열을 기울여 훈련해온 것이다.

선수촌에서는 금주 · 금연은 물론 개별 취사도 금지된다. 외부인 출입도 통제된다. 선수들은 극도로 민감하다. 시합 전에는 아무나 만나서도 안 된다. 사회 고위 인사도 격려 기타 어떠한 명목으로도 함부로 만나지 못한다.

선수들은 응원의 함성 속에 감독 · 코치의 외침 소리도 잘 들리지 않는다고 한다. 대중의 반응이나 메시지 등도 선수 컨디션에는 상당한 영향을 미친다.

대중적 관심이 일기 시작하면 종종 도가 지나치는 측면이 있다. 이것이 강한 응원이 되어 긍정적일 때도 있지만 부정적일 때도 있다. 대 · 소의 사건이 발생하면 그 사실의 진위와는 상관없이 봇물처럼 몰아 붙여지는 일이 허다하다.

대회 기간 중 여자 스피드 스케이팅팀 추월 경기에서 선수들 간의 불화가 표출되는 일이 발생했다.

그 일로 모 선수의 국가대표 자격 박탈 청원이 하루 만에 40만 명에 이르자 다른 종목 선수들조차 걸음이 떼어지지를 않는다고 했다. 선수단 임원진은 이들을 달래는 데도 진땀을 뺐다.

그러던 중 빅 이벤트로 기대됐던 쇼트트랙 스피드 게임 3개가 있던 날 저녁 여자1000미터 결승, 남자 계주 결승에서 남 · 녀팀 모두 넘어져 버린 일이 벌어졌다.

여자팀 추월경기와 관련한 비난과 청원이 쇄도한 지 이틀 만의 경기였다. 눈앞이 다시 캄캄해졌다. 이 수준에서 한국의 성적은 마무리되어 가는가!

올림픽 성공 여부에 관한 개최국 차원의 평가에는 그 나라 팀의 경기력이 중요한 관건이 된다. 다음 날 빙상 스피드 등 후속 경기에서 다행히 좋은 결과가 나왔다.

올림픽을 개최한 자국(自國)의 설상 · 빙상은 더한층 미끄러웠다. 순간의 실수도 용납되지 아니한다. 해단식 때 어떤 인사가 말했듯이 '빠른 것보다 넘어지면 안 된다는 것, 그리고 균형을 잘 잡는 것'이 무엇보다 중요했다. 특히 짧은 트랙을 여러 선수가 엉켜 다투는 쇼트트랙 같은 경기에서는 순간적인 동작이나 운(運)이 크게 작용한다.

그러므로 선수 개인의 '멘탈'(mentality)이 또한 중요하다. 동시에 경기는 선수와 감독 · 코치가 혼연일체가 되어 수행하는 것이다.

올림픽 메달은 '하늘'이 준다고 한다. 다소 미심쩍은 일이 있더라도 대회가 끝난 후 따질 일이다. 대회 기간 중의 '성난 민심'은 되지 말아야 한다. '민심'이 '하늘' 되어 메달에 영향을 바로 미치기 때문이다.

96 일하다 끝나는 세월 : 시간, 그 허무하고 소중한

"연못가 봄 새싹 꿈이 깨기도 전에 뜰 앞 오동잎은 이미 가을을 알린다!(未覺池塘春草夢 階前梧葉已秋聲)." 주자(朱子)의 말씀이던가.

1980년대 초 공직생활을 막 시작하며 '산촌 촌놈이 관리가 되어 한 30년은 봉직하겠구나!' 생각했다. 그 후 31년 2개월을 근무하고 퇴직했다. 일 속에 파묻혀 제대로 한 것 없이 바람같이 지나간 세월이다.

시간은 이와 같음을 초년에 자각했어야 했을 아쉬운 생각이 한창 시절이 지난 이제야 비로소 드는 것이다.

재직 중 시간과 날짜에 관련된 업무를 두 번 수행했다. 1987년에 일광절약시간제(日光節約時間制) 실시를 담당했고, 2002년에는 토요 휴무제를 도입하는 실무 책임을 맡았다.

일광절약시간제는 서양에서 서머타임(summer time)이라고 하는 것으로, 나라 시간을 봄철에 해가 길어지면 앞당겼다가 가을에 다시 뒤로 되돌리는 제도다.

그 요령은 앞당길 때는 통상 사람들의 활동이 가장 적은 시간에 한 시간을 빠르게 하고(예:새벽 2시에 3시로 시계를 조정) 되돌릴 때도 활동이 가장 적은 시간에 한 시간을 늦추는(예:새벽 3시에 2시로 시계를 조정) 방식이다. 위도 등에 따라 이중 서머타임(해가 더 길어지면 추가로 한 시간 조정하는 것)을 실시하는 나라도 있다.

법률적으로는 영국 그리니치 표준시(Greenwich Mean Time : GMT)를 기준한 그 나라의 표준 자오선(子午線)을 변경하는 것이 된다.

한국의 표준 자오선은 「표준시에 관한 법률」에 의해 동경 135도선으로 일본과 같고, 서머타임 때는 동경 150도가 되어 호주의 평소와 같게 된다. 중국은 동경 120도선으로 하고 과거 한국도 127.5도를 표준으로 지금보다 30분 늦은 시간을 정한 적이 있다.

한국의 서머타임은 정부 수립 후 1960년까지와 '88 서울 올림픽에 맞춰 2년간 실시된 적이 있다. 일출 변화에 따라 생활주기도 조정하여 여름철 오후 여가시간과 생산 활동 기간을 증대시키고 에너지를 절약할 수 있다는 장점이 있다. 그러나 생활리듬이 깨지거나 혼란이 생길 수 있다는 단점도 있다.

또 개인과 가정뿐만 아니라 모든 공공장소의 시계도 조정해야 하고 사회 제반 활동의 스케줄도 재점검해야 하는 등 그 실시 준비가 복잡하다. 그렇지만 시계 산업에는 도움이 된다.

재미있는 것은 봄에 앞당길 때 한 시간이 사라지고 가을에 되돌림으로써 한 시간이 겹친다는 점이다. 그러므로 사라지는 한 시간과 두 번 있게 되는 시간대에 관한 기록과 표기 관리를 공적기준으로 정확히 해야 한다. 그렇게 하지 않으면 공·사의 법률관계 등에서 심각한 착오와 혼란이 야기될 수 있다.

예컨대, 가을에 한 시간을 되돌렸을 때 그 시간대가 두 번 있게 되는데 이에 대한 공적기록을 해주지 않으면 그 시간대에 태어난 쌍둥이 형제가 바뀔 수도 있다.

또한 인간 생시(生時)가 달라져 사주팔자에 기초한 명리학상의 각종 지표 등이 달라진다는 점도 있다.

한국의 토요 휴무제는 2002년 5월부터 꽤 조심스럽게 '시험실시'를 거쳐 도입되었다. 공휴일이 늘어남에 따른 노동 생산성과 임금의 변화 등 경제 산업적 영향, 여가 · 관광 및 문화에 미치는 파급과 그 인프라의 뒷받침 문제, 조직인들의 복무행태 등 점검 · 보완해야 할 사항이 한두 가지가 아니었다.

그냥 쉬어버리면 되는 게 아니다. 토요 휴무제가 도입되던 그해 1년여 동안 그 담당 실무자들은 휴무한 날이 거의 없었다.

휴일의 패턴 변화에 대비한 사회적인 준비를 감안하여, 제도가 연착륙되도록 실시 초기에는 한 달에 한 번만 휴무를 하다가 그 후 격주 휴무를 해본 뒤에 완전한 매주 휴무체제로 정착시켰다.

정부 조직 내 · 외 시간 속에서 시간 가는 줄 모르고 일하다가 한숨 돌리려 하니 이미 30년 세월이 지나갔다. 누가 쓴 책 제목이던가 '남은 것은 달랑 USB 하나'라고. 필자에게 남은 것은 보고서 쓰는 아니 보고서 '만드는' 기술 하나 정도일 뿐이다. 한 것도 얻은 것도 없이, 날아가는 살처럼 빨리 지나간 시간이었다.

불가에서 가장 짧은 시간 단위는 찰나(刹那)이고 가장 긴 것은 겁(劫)이라고 한다. 지질학에서는 수천만 년 전에 알래스카 쪽과 극동지역이 붙어 있었다고 한다. 지구의 나이는 50억 년이다. 물리학에서는 137억 년 전 빅뱅 직후 현재 우주의 위상이 $1/10^{12}$초 만에 형성되었다고 한다.

모든 생명은 태양의 자식이다. 태양들은 극히 짧은 시간에 태어나서 영속되는 우주의 시 · 공 속에서 생멸한다.

가혹한 시간이다! 시간에 관한 세상 제도를 어떻게 변용하더라도 근저에 스며 있는 허무와 영속성, 그리고 잔혹성은 변함이 없다. 그리고 이것은 또한 빠르기 때문에 소중한 것이다.

제 7 장
변화와 혁신

**"호마새는 아득한 허공에서 알을 낳는다... 알은 떨어지면서
땅에 닿기 전에 부화를 마쳐야 새끼로 태어날 수 있다.
알이 땅에 닿기 전에 부화하지 못하거나 부화하더라도
날개 짓을 하지 못하면 떨어져 죽는다...
시작은 마침이요 마침은 곧 또 다른 시작이다.**

[108. 시작과 마침의 법칙 : 호마새 이야기]

97 혁신의 출발 : 문제의 진단이 우선

유명한 '지네의 우화'가 있다. 발이 70개인 지네가 평소에 자유자재로 잘 돌아다녔다. 누군가로부터 그 많은 발을 어떻게 그리 잘 다루느냐는 질문을 받고 나자 발이 꼬여 제대로 걷지 못하더라는 이야기이다.

혁신은 짐승의 원가죽(피:皮)을 아주 다른 형태(혁:革)로 바꾸는 것(신:新)처럼 낡거나 효용성이 떨어진 것을 새롭게 바꾸는 것이다.

여기서 그 출발은 바꿔야 할 '필요성'이다. 즉 과연 낡거나 효용성이 떨어졌는지, '무슨 문제가 있는지' 등에 대한 분석이다. 문제가 있다면 어떻게 바꿔야 할지를 생각해야 한다. 잘 되고 있는 것은 고치지 말아야 한다.

지네 비유의 시사처럼 효용성이 좋은데도 문제시한다면 혼란과 파행을 초래할 뿐이다. 혁신 또는 개혁[90]은 철저히 '문제점'에 대한 '진단'이 선행되어야 한다.

일찍이 하늘의 뜻(天志)을 강조한 묵자(墨子)는 세상을 바로잡으려면, 마치 의사가 질병을 치료하기 위해 그 원인을 먼저 알아야 하듯이, 문제

90] 혁신과 개혁의 개념 차이는 둘 다 바꾸는 것이지만 전자는 완전히 새 것을 추구하는 전향적 · 창조적 의미가 있다. 후자는 기존의 것에 응징적 의미가 있는 것으로 이해되기도 한다. 그러나 실제 혼용되고 있으므로 여기서도 유사어로 사용한다.

의 원인을 먼저 규명해야 함을 강조했다.[91]

우리 사회의 인문분야 특히 정부 조직이나 인사 분야에서 혁신의 이름으로 작금에 시도되어 왔던 변화들을 보면, 잦은 '축소'와 '확대', '개방'과 '보호', '분리'와 '융합', '과거 회귀' 등으로 '혁신을 위한 혁신', '개혁을 위한 개혁'이 많았음을 부인하기 어렵다.

물론 그 처방이 잘못되어 그리 된 경우도 있었다. 하지만 대부분이 문제점에 대한 정확한 '진단'이나 필요성에 대한 점검 없이, 일부에서 들리거나 보이는 사례를 전체적인 현상으로 간주하는 '일반화의 오류'(generalization error)[92]를 범했기 때문이다.

예컨대 공공분야 성과급 제도의 보급 열풍은 1980년대 이후 세계적인 '신공공관리'(NPM:New Public Management)[93] 이론의 바람에 기인한 바가 크다.

이 영향으로 한국의 경우도 지난 몇 년간 공공기관 성과급 문제로 몸살을 앓다가 2017년 5월 새 정부 들어 원칙적으로 과거로의 회귀 방침이 취해진 바 있다.

공공기관의 생산성이 낮다는 것은 관료제 이론의 아버지 막스 베버(M.Weber) 이래 '이념형(ideal) 관료제'의 가설일 수가 있다. 현실 관료제의 효율성이 실로 낮은지에 대한 '진단'을 제대로 했어야 했다. 또 그렇다면 그 원인이 무엇인지부터 먼저 정확히 밝혔어야 했다. 공공부문 성과에 대한 평가기법 자체의 한계도 있을 수 있기 때문이다.

91] 묵자학파는 세상 혼란을 바로 잡으려면 먼저 그 원인을 밝힌 다음에야 능히 그것을 고칠 수 있다고 했다(신영복, 2015 : 162–169). 묵자(墨子) 겸애편(兼愛篇)에서 "반드시 혼란의 까닭을 알아야만 천하를 다스릴 수 있다. 그를 알지 못하고 다스릴 수 없다. 비유로 의사가 사람의 질병을 고치기 전에 반드시 그 병의 원인을 알아야 고칠 수 있는 것과 같다."고 했다(必知亂之所自起 焉能治之 不知亂之所自起 則不能治 譬之如醫之攻人之疾者然 必知疾之所自起 焉能攻之).

92] 본서 "03.강한 조직 : 직언거사(直言居士)가 있다" 참조

93] 본서 "05.조직 생명력 : 순혈조직의 문제" 참조.

그러한 조사 · 분석이나 고찰 없이 순수 이론 또는 편견일 수도 있는 일부 이야기나 바람에 따라 제도를 바꾸는 것은 이 또한 포퓰리즘(populism)이다.

병을 치료하기 전에 '진단'부터 하는 것은 상식이다. 의사는 환자가 찾아와 어디가 아프다는 소리만 듣고 치료하지 않는다.

물론 문진(問診)도 필요하지만 예전에는 청진기를 들이대었다. 오늘날은 필요에 따라 정밀진단을 한 후에 처방한다. 병든 부위가 어디이며 무슨 병인지 또 그 원인이 무엇인지, 그리고 그 진행은 어느 정도인지 등을 먼저 밝힌 후 그에 맞는 치료를 하는 법이다.

조직이나 인사의 혁신도 이와 같아야 한다. 조직을 바꾸려면 현재 조직에서 병든 부위, 제 기능을 못하고 거의 사(死)조직화한 부분이 어디인지, 그리고 효율성이 떨어져 성과가 미흡한 원인이 무엇인지에 대한 진단이 먼저 있어야 한다.

나아가 새로운 환경 변화에 적응하지 못하고 시대에 뒤떨어진 영역이 어디인지 등에 대한 분석 · 평가도 병행되어야 한다.

근년에는 한국 정부에 더러 감성이 영향을 미친 조직개편도 솔직히 있었다. 공적인 업무에 감정이 개입되지 말아야 하는 것은 기본이다.

아무리 사회적으로 충격적인 사건이 있었다 하더라도 그에 대처하는 조직개편에 있어 일시적인 감성이나 분노 등이 작용되어서는 결코 아니된다.

이는 의사가 감정적인 진단이나 치료를 하지 않아야 하는 것과 같은 이치이다. 2017년 한국 새 정부에서, 그동안 시대나 정권이 바뀌면 으레 조직을 바꾸는 즉 '개편을 위한 개편'의 관행이 지양된 것은 이성적(理性的)으로 진일보한 것이다.

문제점 '진단' 없이 혁신을 하는 것은 눈 감고 발차기 하는 거나 표적지도 안 보고 사격하는 것과 같다. 또 사격을 잘 하려면 정조준만 한다고 되는 게 아니다. 그에 앞서 조준선 정렬이라는 것을 해야 함은 기초 교범이다.

이와 마찬가지로 문제에 대한 정확한 '진단'과 전략적 구도의 설정은, 설사 사정이 급하더라도, 혁신의 추진에 앞서 언제나 필수 절차가 되어야 한다.

그런데 이 '진단'도 명의가 병을 진단하듯 제대로 해야 한다. 의욕만 앞세워 온갖 검진을 다 한다고 되는 것이 아니다. 사심 없는 전문가가 맥락을 적확(的確)하게 짚어야 한다. 그리고 모범적인 환자처럼 조직도 능동적으로 받아들일 수 있도록 쉽게 접근 · 처치해야 한다.

20세기 말 정부 조직진단을 대대적으로 한 적이 있다. 체계적으로 문제 진단부터 해보자는 취지에서 근원적으로 접근했으나, 경영관리적 시각에 너무 치중하는 바람에 수십 억이 든 그 작업이 그 후 별로 쓸모없이 되어버린 것은 아쉬운 일이다.

98 혁신과 결단 : 감성적 접근은 없다

〈화가 났을 때는 여하한 결정이나 판단도 내리지 마라!〉 징기스칸이 삼은 평생의 좌우명이다.

그의 어깨 위 친구는 매였다. 말을 달리던 그가 목이 말라 골짜기의 물을 떠 마시려하자 머리 위를 돌던 매가 갑자기 물그릇을 쳐 엎질러버렸다. 다시 떠 마시려 하자 또 그렇게 했다. 서너 번 반복되자 화가 난 그는 칼로 매를 베어버렸다.

그러고 나서 물속을 다시 보니 그 안에 큰 뱀의 시체가 썩고 있었다. 크게 반성하여 이처럼 다짐했다고 한다.

혁신(innovation)의 의미를 사전적으로 보면 '묵은 풍속 · 관습 · 조직 · 방법 따위를 완전히 바꾸어서 새롭게 하는 것'이다. 이 혁신은 기존의 것의 철저한 변화, 즉 변혁(變革)을 전제로 한다.

그런데 이 혁신이 영구히 진행된다면 이는 일종의 감성적인 접근 등으로 인해 혁신 자체에 중독된 것이지 진정한 의미의 혁신은 아니다. 이러한 감성에 의한 혁신 중독은 결국 상당한 피로와 소모를 야기할 뿐이다.

이와 달리 자율적으로 무사안일을 벗어나 매일 발전 노력한다는 의미의 '일신우일신'(日新又日新)은 상시적이긴 하지만 이성적 · 창조적 과정이다. 이는 감성적 · 중독적 과정이 아니며 피로하고 소모적인, 즉 진정

혁신 아닌 혁신과는 다르다.

이런 맥락에서 볼 때 정부나 공공 부문 집행조직의 명칭에 '혁신'이란 글자가 들어가는 것도 이상하다. 원론적으로 '혁신' · '개혁'이란 말은 한시적 또는 경과적 임무 조직에 어울린다고 봐야 한다.

영구적 기능 수행을 전제로 하는 기구 이름에 '혁신'이 붙는 것은 적합하지 않고 유사한 외국 사례도 보이지 않는다.

실제 정부 내에 온통 혁신의 메아리가 가득하던 2000년대 초 한때 모 부처 이름을 '○○혁신부'로 바꾸어보자는 의견이 위로부터 제시되었다. 그러나 여러 논의 끝에 그렇게 변경되지 않았던 적이 있다.

그런데 한국의 각 지방에 조성된 '혁신도시'라는 것은 차원이 다른 개념이다. 종래 수도권에 집중되어 있던 공공기관들을 지방분권이라는 혁신사업의 일환으로 지역별 특성 등에 따라 이전해 조성된 신도시 구역의 '통칭'일 뿐이다.

분명, 민 · 관 부문을 막론하고 혁신 과정에 개인적 · 집단적 감정이 개입되는 경우는 실패하게 되어 있다. 특히 조직 · 인사 · 예산 등과 같은 기초 자원의 운용은 본래 보수적인 관리가 요구되는 분야이다. 그 소관 조직을 편성하거나 변경하는 과정은 더욱 신중해야 한다.

사실 2014년 4월 대형 해난사고 세월호 사고를 계기로 정부의 안전과 인사 관련 조직이 잠시 이상하게 바뀐 적이 있었다.

정부 내 · 외의 원론적인 자문조차 없었던지 기구 · 기능 편제가 혼돈스러웠다. 그것은 혁신이라기보다 정부조직의 일시적 퇴행적 변화였다. 당시 국정 최고 책임자가 눈물 어린 듯한 모습으로 정부조직 개편안을 발표하던 그 광경은 실로 처연(悽然)한 국정의 추억으로 남아 있다.

공 · 사의 판단에 감정 개입은 금물이다. 그리고 화(火)의 결단도 있어서는 안 되는 것이다.

한편 개별적인 경험만을 기준으로 국정을 판단하는 것도 위험하다.

그 경험이 비록 다수나 집단에 공유된 것이더라도 관통하는 원리적 검증 없이 어떤 공적인 결정을 해버리는 경우 또한 마찬가지다.

과거 재외공관에 구외무부 소속이 아닌 타 부처에서 파견되어 주재관으로 근무한 적이 있는 공무원들 상당수가 재외공관에서 당한 푸대접(?) 때문에 외무부에 반감이 있었다.

실제 2000년대 초까지만 해도 정권이 바뀌면 정부조직을 대폭으로 개편하는 일이 하나의 의례였다. 1998년에 '국민의 정부' 출범을 앞두고 대통령직 인수위원회에 참여한 공직자들 중 재외공관 근무 경력자들을 중심으로 외무부 폐지론이 제기되었다.

이때 정부 조직업무를 총괄하던 K국장이, 아무리 중한 의견이라 해도 사적(私的) 감정에 의해 조직을 논할 수 없는 것이라고 단호히 말린 적이 있다.

혁신 추진에 '일신우일신'은 있을지라도, 감성이나 개인적 경험에 지배된 혁신과 결단은 실패한다.

99 변화와 혁신 : 속도와 저항이 문제

예전에는 사람이 '변하면 죽는다.'고 했다. 특히 '갑자기' 변하거나 평소에 안 하던 짓을 하면 곧 죽는다고 했다.

그러나 요즘은 변하지 않으면 죽는다. '변해야 산다.'고 한다. 개인이든 조직이든 환경 변화에 잘 적응하는 것이 생존에 필수이다.

나아가 발전을 위해서는 능동적 · 자율적으로 변화해 가는 것이 중요하다. 즉 자율성에 기초한 변화를 해야 하는 것이다.

혁신의 본질은 변화이다. 그런데 급격한 변화, 자율성을 결여한 혁신은 결국 실패하는 것을 보아왔다. 몰아붙이는 것 즉 드라이브(drive)하는 것으로 일회적 과업 완수는 가능할지 몰라도 근본 시스템과 사고방식을 바꾸는 데는 성공을 거두지 못한다. 변화관리 내지 혁신 추진에서 핵심 마인드는 언제나 '저항'이 필수적이라는 것을 '인정'하는 것이다.

미국의 젤리슨(J.M.Jellison) 교수는 그의 저서 『변화경영』(Managing the Dynamics of Change)에서 변화 관리과정에 기본적으로 '리더'와 그 '구성원들' 간에는 '시각차'가 존재한다는 것을 강조했다.

즉 "리더는 높은 산꼭대기를 바라보지만 직원들은 낭떠러지를 바라볼 수 있다."고 했다. 그래서 구성원들이 무슨 생각을 어느 정도로 또 어떤 감정을 가지고 있는지와 같은 인간적 · 감정적 측면을 중시했다.

따라서 변화는 속도 조절이 필요하며 경우에 따라 충분한 시간을 주라고 했다. 설령 순조로울 때조차도 쉴 시간을 줘야 된다는 것이다.

참여정부 시절(2003~2008)의 혁신에 대한 추억이다. 국정 최고책임자의 지대한 관심 아래 급격한 방식으로 추진되었다. 청와대에 혁신수석비서관이 설치되고 정부혁신의 주무부처인 H부에는 혁신본부라는 조직도 생겼다.

균형성과 관리표(BSC: balanced score card)[94] 시스템에 입각하여 각 부처의 혁신 진도를 매일 성적 매기듯이 체크했다. 혁신의 시계를 설정하고 그 실적을 실시간으로 관리해나갔다.

또 정부 부처 조직에 팀(team)제가 도입되었다. 행정의 기동성을 확보하고 생산성을 증진하기 위해 팀제를 도입한 취지는 공감이 간다. 그러나 소위 혁신 전도사들도 생겨나고 지나치게 급격한 변화를 시도함에 따라 공직사회의 '혁신 피로'는 쌓여가고 외부의 학자들조차 냉소적이었다.

당시 철저한 혁신 추진으로 정부에 성과주의 마인드가 도입된 점은 긍정적으로 평가될 수도 있다. 그러나 운영 시스템에 남은 발전적 유산은 거의 없어 보인다.

그리고 팀제의 경우 그 짧은 세월이 지나자 그와 관련된 모든 것이 과거로 되돌아가 버렸다. 팀제만큼은 시간을 두고 소규모로 미리 실험을 해봤어야 했다.

필자도 당시 재외공관(워싱턴 대사관)에서 혁신담당관을 한 적이 있다. 공관혁신을 위해 사업의 여건분석 기법인 '스왓'(SWOT:Strength,

94] 균형성과표라고도 불리는 것으로 전략적 경영목표 달성 여부를 평가하기 위한 도구이다. 과거에는 재무적 수치만을 기준으로 목표 달성 여부를 평가했다. 그러나 BSC는 조직의 비전과 전략으로부터 도출된 평가지표들의 조합으로서 재무와 비재무, 장기와 단기, 선행지표와 후행지표, 내부와 외부 · 조직과 개인의 균형을 유지한다. '재무 · 고객 · 내부 프로세스 · 학습 및 성장'이라는 4가지 관점에 따라 종합적으로 측정 · 평가하는 것이다(이홍민, 2012)

Weakness, Opportunity, Threat)분석도 해봤다. 여기서도 일시적인 예산절감과 소통강화 외에 시스템적으로 남은 것은 없었다.

반(反)드라이브(drive) 이론이 있다.

미국의 동기부여 분야 학자 파울러(S. Fowler)는 돈 · 직위 · 수치 · 공포 등 유 · 무형적인 '동인'(動因)에 의한 통제 즉 드라이브에 의한 움직임은 자신도 모르게 자율성을 상실하게 만든다고 한다.

예컨대 배가 고프면 먹기 위해 드라이브 되지만 욕구가 만족되고 나면 다시 배가 고파질 때까지 더 이상 동인이 존재하지 않게 되는 것과 같다. 그래서 그는 자율성(autonomy)과 관계성(relatedness) 및 역량(competence)을 강조했다.

혁신에 저항하거나 수동적인 자들은 언제든지 손을 놓아 버릴 준비가 되어 있다. 그리고 '저항'은 도처에서 발생할 수 있다. 더욱이 전면적이고 급격한 혁신에 대한 저항은 그 혁신 주체 집단 내부에서도 발생할 수 있다. 이는 '혁신 피로'의 개념으로도 설명되기 어려운 속성이다.

조광조의 개혁에 대한 중종 자신의 반감도 이런 것이었다. 소현세자의 개혁 구상이 실패한 것도 왕실의 매우 가까운 내부의 힘 때문이 아니었던가!

변화와 혁신은 완급 조절이 중요하다. '갑자기 변하면 죽는다.'는 말은 '급히 변하면 죽는다.'는 뜻이었다. 그렇다면 여기에는 '급격한 혁신은 실패한다.'는 의미도 포함된 것임이 분명하다.

100 조직 천재의 함정 : 변신 안 되면 말아야

기업의 신화(神話)가 정부에서는 우화(寓話)일 수 있다. 정부에 신화는 없기 때문이다.

기업인으로서 뛰어난 업적을 이룩한 사람이 정치 · 행정 분야로 이동하여 공직자로서 성공하지 못하는 경우가 있다. 물론 반대의 경우도 있을 수 있다.

또한 중앙행정이나 기획 업무에 탁월한 사람이 지방행정이나 집행 업무에는 숙맥이거나 역으로 이와 반대인 예도 있다.

또 단위 조직 내부로 시야를 좁혀 보면 실무자일 때 뛰어난 역량을 보였으나 간부급이 되어서는 평가를 잘 받지 못하는 사람도 있다.

이런 현상은 물론 개인마다 소질과 성향 또는 전문성이 달라서 생긴다고 봐야 한다. 그러나 그보다 조직 환경과 본인 위치가 바뀌었는데도 인식이나 행동에서는 종전의 '패러다임'(paradigm)에서 벗어나지 못하기 때문이기도 하다.

사업가와 공직자 간, 이공계와 인문계 간처럼 전공 자체가 다른 분야 간의 횡적인 이동에서는 그 변화의 적응에 일정한 제약이 있을 수밖에 없다.

그러나 조직의 천재라고 불리던 사람도 직급 · 직렬(職列)[95] 또는 업무가 달라졌을 때 '문제인력'이 된다면 이는 곧 근본역량의 한계로 지적되는 것이다.

미국의 경제학자 크루그먼(P. Krugman)은『국가는 회사가 아니다』(A Country is not a Company)에서 "아무리 거대한 기업을 운영하더라도 비즈니스에서 얻은 경험은 국가경제를 운영하는 전체 측면에서 보면 지극히 작고 좁은 한 분야"라고 했다.

"국가를 회사처럼 경영하게 되면 필연코 국가경제뿐만 아니라 국민과도 난타전을 벌이게 된다. 성공한 기업가들의 그릇된 조언으로 국가 경제가 비참하게 파멸을 초래하기도 했다."는 것이다.

국무총리실에 근무할 때 모신 P총리는 국가 기간산업 분야에서 전설적인 성취를 보인 기업인 영웅이었다. 취임할 때 그룹 연구소 박사 연구원 두 사람도 데리고 왔다. 총리직을 수행해가면서 짜증이 늘어갔다. 간부회의 때뿐만 아니라 외부 위원들 앞에서조차 심하게 화내는 일도 자주 보였다.

"안 된다는 것이 왜 이리 많으냐? 예산 조치하는 데 무슨 시간이 그렇게 오래 걸리느냐?"는 것이었다.

사임하게 된 직접 원인은 따로 있었으나 결국 5개월 만에 총리직에서 물러났다. 성공한 기업가 출신이 국무총리로서는 단명이 되어버린 우울한 사례이다.

공 · 사 부문 간 조직 관리는 인간 욕구와 동기 요인, 리더십 원리 등과 같이 공통적인 요소도 있다. 그러나 조직 이념과 체계 등의 차원에서는 분명히 서로 다른 점이 있다. 기업은 '이윤과 생산성'이 최고지만 공조직은

95] 직무의 종류가 유사하고 그 책임과 곤란성의 정도가 서로 다른 직급의 군(群)을 말한다.

‘민주성’이 더 중요한 상위 이념이요, 본질적 가치이다. 그래서 효율성을 넘어 소수와 약자, 그리고 절차 자체를 포함한 ‘전체적 고려’를 해야 한다.

중앙행정과 지방행정을 비교하면, 기본적으로 중앙은 ‘기획’과 ‘인문지리’가 우선이고, 지방은 ‘소통’과 ‘자연지리’가 먼저이다. 그러므로 중앙에 있다가 지방 조직에 가면 무엇보다 주민과의 접촉을 위해 현장부터 가보고 자연지리를 익히는 것이 중요하다. 이를 잘 못하면 중앙–지방간의 적응불량이 생긴다. 지역은 국민 복지를 위한 행정의 시발점이요, 종착지인 것이다.

한편, 과장급 때까지는 소위 ‘날고 기던’ 사람이 국장급으로 승진되면서 이상하게 무능해지는 예를 볼 수 있다. 이는 원래 ‘한계 과장’이던 자가 운 좋게 승진했거나 과장에 맞는 시각 · 행태 등을 그대로 가지고 국장 자리에 올라갔기 때문이다.

예전에 P 모씨는 과장 때까지 후배들한테 멋있는 선배였다. 이른바 ‘가장 닮고 싶은’ 공직자 미래상이었다. 그러나 국장이 되자 매력이 떨어졌다. 그가 말하고 지적하는 것들이 잔소리로 들렸다. 그 후 별로 인기 없는 선배로 공직을 마감했다. 그는 필시 과장급 시절의 사고와 행동 패턴을 위로 가서도 그대로 유지했음이 분명하다.

한 분야의 천재가 꼭 다른 분야에도 천재일 수 없다. 그러나 자신이 이를 지각하지 못하는 일종의 ‘인지의 부조화’가 깃들면 결국 관리의 재앙으로 이어지게 된다. 천재도 ‘패러다임’ 변화 없이 아무데나 접근하면 그렇게 되어버린다. 실로 변신이 되지 않으면 하지 말아야 한다.

101 노욕과 다변 : 사람이 떠나게 하고 집안을 해한다

나이를 먹어 가면 경계할 것이 늘어난다. 포괄 개념으로 묶어 보면 단계적일 수도 있는 노욕(老慾) · 노추(老醜) · 노망(老妄)의 '3노'(老)로 정리될 수 있을 것이다.

'노욕'은 말 그대로 늙은이의 욕심이고 노추는 노욕으로 심해진 추한 모습이며 노망은 늙어서 부리는 망령(妄靈)이다. 인생 100세 시대에 조직인으로서 특히 주의해야 할 것은 노욕이 아닌가 싶다.

늙은 사람이라고 욕심도 없으란 법은 없으므로, 노욕의 의미는 '노인이 그 나이에 맞지 않게 과도하게 부리는 욕심'이라고 할 수 있다. 옛날의 명예나 이권(利權) 따위를 똑같이 취하려는 것이 '노욕'이요, 추억만을 움켜쥐고 있는 것도 다름 아닌 '노욕'에 해당한다.

일찍이 송나라 주익(朱翌)[96]이 정리했다는 인생 '오계'(五計)[97]가 있다. 그중 '노계'(老計)는 나이 들수록 긍정적으로 변하고 처세를 잘 하는, '변화적응'을 강조한 것이다.

96] 자는 신중(新仲)이며 주자(朱子)와 동시대의 철인이자 관리였다.

97] 첫째 생계(生計)는 심신을 건강하게 유지하는 것, 둘째 신계(身計)는 사회적 관계처신을 잘 하는 것, 셋째 가계(家計)는 가정과 자손을 잘 다스리는 것, 넷째 '노계'(老計)는 나이가 들수록 반성하고 잘 변화하여 너무 많은 일에 신경 쓰지 말며 탕탕(蕩蕩)한 경지가 되어야 한다는 것, 마지막 사계(死計)는 죽음을 자주적이고 초연하게 맞이하는 것이라 했다(김업 · 이문, 1992 : 60–64).

또 공자도 혈기와 관련한 군자삼계(君子三戒)[98]로 계색(戒色) · 계투(戒鬪) · 계득(戒得)을 가르쳤다. 이 중 계득이 노계에 해당하며 늙어서는 기운이 쇠퇴하므로 탐욕을 경계하라고 했다.

후인들이 주역이 된 사회에 계속 안주하는 것, 과거의 권익을 다시 잡으려는 것, 후손에게 폐를 끼치는 것 등은 '노계'를 그르치는 일이 된다.

미국 초대 대통령 워싱턴(J. Washington)은 독립전쟁 후 왕이 되어 달라는 국민 여망을 마다하고 세계 최초의 직선제 대통령이 되었다. 또한 3선 요청도 사양하고 재선으로 위대하게 마무리했다. 그의 솔선 권력이양은 미국의 후대뿐만 아니라 다른 나라에도 모범이 되었다.

그는 65세에 퇴임해 귀향했으나 다음 해 프랑스와 전운이 짙어지자 다시 총사령관에 임명되었다. "내 몸에 남은 모든 피를 조국에 바치겠다."라며 수락했지만 전쟁은 일어나지 않았다. 그의 아름다운 마무리는 죽은 뒤 사흘 되기 전에 묻어달라고 한 유언장에서도 한결 빛이 났다.

그런데 아이러니하게도 그 워싱턴 이름의 '조지 워싱턴대학'(George Washington University)을 졸업한 이승만 대통령은 4선까지 '노욕'을 부리다가 4 · 19로 쫓겨났다.

그런데 세상에는 노익장(老益壯)도 있다. 나이에 비해 건강하고 열정도 더한 현상을 말한다. 이를 보면 실제 어떤 것을 '노욕'이라 할 것인지는 개인과 상황에 따라 상대적으로 판단되어야 한다.

워싱턴 대통령이 퇴임했다가 프랑스와의 전쟁에 대비해 66세에 다시 총사령관이 된 것이 노욕인가?

98] 논어 계씨(季氏) 편 이야기로, '소년은 혈기가 안정되지 못하므로 색을 경계하고, 장년은 혈기가 강하므로 다툼을 경계하고, 노년은 혈기가 이미 쇠했으므로 탐욕에 빠지는 것을 경계해야 한다'(少之時 血氣未定 戒之在色, 及其壯也 血氣方剛 戒之在鬪, 及其老也 血氣旣衰 戒之在得).

한국전쟁 당시 이미 70세이던 맥아더가 인천 상륙작전의 승리에 취하고 독선에 빠져 중공군에 패했다고 한다면 이는 노욕 때문인가?

조선의 명재상 황희의 노년 20여 년간의 정승 행적은 노욕과는 무관한 것인가?

이처럼 노욕에 관한 판단과 평가는 쉽지 않겠지만 민심의 소리를 들어보면 알 수 있다. 노욕에 젖은 자는 말이 쓸데없이 많다. 이 무용(無用)의 '다변'(多辯)은 모임을 망치고 후배들이 멀어지게 한다. 그리하여 사람이 떠나고 고독은 깊어지게 된다. 그에 따라 서운함도 더해져 마침내 노욕은 늙은이의 성난 추태 '노욕'(怒辱)이 되어버린다.

실로 '노욕'은 그것이 노욕임을 스스로 인정하지 않는 데 문제가 있다. 그래서 집안이나 조직에서도 노욕은 불통의 뿌리가 되고 발전에도 해를 끼친다. 또한 그 동안의 개인적인 명예도 사라지게 한다.

조직은 영원하고 구성원은 유한하다. 조직에서 떠난 오비(OB:old boy)들은 오비(OB:out bounds)권 밖에 머무르는 자들이다. 오비는 자문은 할 수 있어도 필드에 들어와 직접 게임하면 아니 된다.

오비가 와이비(YB:young boy) 영역에 계속 공존할 경우 차원이 다른 존재들이 뒤섞이는 것과 같은 혼란이 생기게 될 것이다. 이승을 떠나면 저승으로 간다. 저승은 차원이 다른 세계이다. 아무리 가까운 조상이더라도 다른 차원에 가면 그 차원에 머물러야 한다.

조병화의 시 「의자」 중 한 구절이 생각난다.

"아침을 몰고 오는 어린 분이 계시옵니다. 그분을 위하여 묵은 이 의자를 비워드리겠습니다."

102 선진 시민문화 : 상대방 입장을 생각한다

그날 33명이 죽고 수십 명이 부상당했다. 2007년 4월 미국 수도 워싱턴(D.C.)에 인접한 버지니아(Virginia) 주에서 희대의 총기난사 사건이 발생했다.

미국 사회는 전쟁보다 참혹한 9·11 테러 상처로 인해 전반적으로 불안하고 삭막해져 있던 터였다. 이에 그 사건으로 다시 경악했고 순간의 민심도 전역에 걸쳐 흉흉해졌다.

'선진'(先進)에 관련된 이야기이다. 이는 선진국 · 선진화 등으로 우리가 일상에서 자주 사용해오고 있는 말이다.

이 선진의 의미는 국민 총생산(GDP)이나 총소득(GNI) 등과 같은 경제적 · 양적 요소에 한정되지 않는다. 문화적 · 질적 요인을 포함하는 개념이라는 점에 이의를 제기하는 사람은 없을 것이다.

구체적으로 선진사회는 어떤 상태를 말하는가? 어떤 수준이 되어야 선진 시민문화라고 할 수 있는지의 판단 기준은 있는가?

그동안 그 기준이나 지표들이 제시되긴 했지만 보편적 · 일률적 적용은 어려울 것이다. 분야와 사안에 따라 상대적으로 보는 것이 현실적이지 않을까 생각된다.

한 예로 영국의 경우에 주(州)의 수도 즉 주도(state capital)가 되기 위해서는 그 도시에 '대성당'(cathedral)이 있고 '명문대학교'(prestigious university)가 있어야 한다. 한국의 경우는 '인구수'가 일차적 기준이 되어왔다. 질적인 차원의 영국과 양적인 차원의 한국의 기준 중 어느 것이 선진적이라고 해야 하나?

다른 예로 공중화장실이 청결하고 편의시설이 완비되어야 선진적이라고 한다면 이에 대해 논란의 여지가 없다. 또 길거리에 침을 뱉지 않아야 선진적이라고 하는 데도 마찬가지일 것이다. 이 점에서 한국 사회는 아직 후진국 수준을 졸업하지 못했다고 봐야한다.

그러면 거리에 휴지를 버리는 것은 어떠한가? 휴지를 버리는 사회는 무조건 후진적인가? 폭발물 위험이나 안전 등을 고려해 거리에 휴지통 설치를 금지했기 때문에 그러하다면 또 어떻게 봐야 할까?

다시 돌아와서, 2007년 4월의 그 총기난사 사건은 명문 버지니아 공대(Virginia Tech)에서 일어났다. 한국 국적을 가진 그 학교 4학년 학생 한 명이 계획하고 저지른 참극이었다.

학교 기숙사에서 출발해 강의실로 가면서 두 명을 사살하고 수업 중인 강의실에 들어가서 앞뒤 문을 잠근 후 교수, 학생 가리지 않고 무차별 난사를 했다. 그리고 최후로 자살해버린 사건이었다.

그 사건의 동기나 수습과정 등에 대한 얘기는 접어두자. 기억하기도 끔찍한 그 사건 당시 한국과 미국, 그리고 한국인과 미국인이 보여준 태도는 달랐다.

당시는 워싱턴 대사관에 재직 중일 때였다. 사건의 직접 관할인 대사관뿐만 아니라 미국 내 전 한국공관이 비상체제가 되었다. 영사들은 현지에 급파되고 대사 이하 전 공관원이 수습에 임했다.

우선 취한 조치 중 하나가 교민 신상안전이었다. 공관 직원의 가족을 포함하여 교민사회에 공문을 보내 전 교민들이 언행에 주의하도록 했다.

특히 보복성 테러 등에 조심하라는 점도 강조했다.

공포 분위기에다 한국 사람, 한국 공직자라는 것이 미안하기도 했다. 미국 일각에서는 분노의 눈으로 보고 있는 듯해서 어디에다 말도 못할 지경이었다.

사건 후 이틀 정도 지났을 때였다. 평소 연락하던 협력조직(counter-part) 버지니아 주 정부의 국무장관 비서실장으로부터 이메일이 왔다. 요지는 이러했다.

"사건 수습에 힘들다. 우리도 이렇게 어려운데 당신네들은 얼마나 더 힘이 들겠느냐. 무엇이든 도와주겠다. 같이 극복해나가자."

순간 부끄럽다는 생각이 들었다. 우리는 가족과 교민들만 우선 생각했고 보복을 걱정했다. 그리고 움츠려 말도 제대로 못하고 있었다.

미국 언론은 차분히 사실관계(facts)만 보도했다. 우려했던 한국인에 대한 미국 일반인이나 학생들의 보복 같은 일은 발생하지 않았다. 필자는 오히려 거리와 공원에서 위로의 말을 두어 번 듣기도 했다.

선진문화는 문화 주체인 시민들이 보다 '넓은 사고'(思考)를 하는 것이라는 생각을 했다. 소득수준이 높은 것, 공중화장실이 깨끗한 것, 거리에 침 뱉지 않는 것도 좋다. 그러나 이보다 더 중요한 것 중 하나가 '상대방 입장을 생각'하는 문화가 아닐까!

103 대국(大國)의 문화 : 인류 보편 영역에서는 무차별이다

사람이 '몸집이 크면 거인(巨人)이지만 대인(大人)이라고 하지 않는다.' 마찬가지로 국가도 땅덩어리가 큰 것만으로 대국(大國)이라고 할 수 없다. '문화적 포섭력'이 있어야 대국이라 할 수 있다.

영국에서 공부하고 한국으로 복귀하던 해에 두 아이는 초등학생이었다. 복귀 서너 달 남은 어느 날 지역 보건센터에서 연락이 왔다. 아이들 치과 검진을 하라는 것이었다. 보건소가 아동 신상과 연락처를 어떻게 알았을까? 알고 보니 학교와 보건센터 간에 협조체계가 되어 있었다. 치과 검진은 의무적이었다. 물론 검진과 치료비 일체는 무료이다.

애들을 데리고 가서 1차 검진을 하고 둘 다 충치를 치료하는 데 두 시간가량 걸렸다. 보호자를 옆에 앉히고 흰 가운의 의료진 두 명이 설명을 해가면서 정성껏 치료해주었다.

충치가 심해 앞으로 두 번은 더 와야 한다고 했다. 그런데 공공의료 서비스는 예약제이고 대기 환자가 많아 빨라야 몇 달 만에 진료기일이 돌아오곤 한다.

그 후 각자 한 번씩 더 치료했으나 그 다음 진료일은 복귀 일정이 촉박한 관계로 잡을 수 없었다. 귀국을 늦출 수도 없었다. 어린이 충치 치료는 그리 대수롭지 않게 생각하여 한국에 가서 마무리하겠다고 했다. 그동안 치료에 감사를 표한 뒤 집으로 왔다.

그러던 이삼일 후 보건소에서 다시 전화가 왔다. 한국으로 돌아가기 전에 치료를 마칠 수 있도록 다른 대기자의 예약을 조정해 한 번 더 잡았으니 오라는 것이었다.

자기 나라 사람도 아니며 요청하지도 않았는데도 자상한 조치를 취해준 것이다. 한국 의료체계를 후진적으로 보아 의료원조 차원에서 취해준 배려였는지도 모르나 작은 감동을 받았다.

영국 의료 보장체계는 거의 완벽하며 예약 관리는 엄격하다. 속행처리(fast-track)는 비용을 더 지불하고 예외적으로 있는 것이다. 자국민뿐만 아니라 체류 외국인에 대해서도 똑같다.

의료 보호를 비롯한 사회보장은 '국민'을 위한 일이 아니라 '인류적' 소명으로 인식되고 있는 듯했다. 20년 전 다른 예약자의 일정과 바꿔서라도 아이들 치과 치료를 마쳐준 데 지금도 고마운 마음이다.

미국 워싱턴(Washington D.C.)에 살 때였다. 당시 아이들은 둘 다 고등학생(high school은 4년제로 9~12학년이다)이었다. 그들이 다닌 학교는 워싱턴에 바로 인접한 매릴랜드(Maryland) 주 베데스다(Bethesda) 지역의 명문 공립학교였다. 물론 학비는 없다. 학생과 교직원의 약 80퍼센트가 유태계이며 교육은 꽤 짜임새 있게 운영되고 있다는 느낌을 받았다.

어느 날 학교에서 학부모 출석 통지서가 왔다. 큰 아이의 학교생활과 관련하여 학생 및 학부모가 동반 출두하는 개별 교무회의였다. 수업 일탈이 잦다는 게 이유였다. 자라면서 영국 · 인도 등을 오간 관계로 언어 외의 과목에 부진한 점은 알았으나 이 사실은 매우 당황스러웠다.

학교에 아버지인 필자는 외교관 자존심 때문에 공무에 바쁘다는 핑계를 대고 가지 않고 어머니만 가서 모녀가 두 시간여 동안 호된 질책과 훈육을 받고 왔다.

이 또한 자국 학생도 아니고 학비를 내는 것도 아닌데 자국민에 대한 것과 똑같은 관심으로 훈육하고 지도해주어 세월이 흘렀어도 고맙게 생각한다.

개인이나 조직, 나라 차원에서도 피아(彼我)를 구분할 일은 분명히 따로 있다. 그러나 교육 · 의료 등 '인류 보편' 영역에서는 '차별 없음'이 대국문화의 기본이다.

영국 · 미국과 같은 선진국 생활에 대한 추억이나 일종의 사대적 사고를 표명하려는 것이 아니다. 이제 우리도 긴 숨으로 한 번 돌아볼 때가 되었다. 텔레비전을 필두로 한 생활 전파의 세계화(globalization)를 비롯해 환경도 금융도 세계화된 지 오래이다. 인종도 다민족 · 다문화 시대이다.

국가 차원의 공적 개발원조(ODA)란 것도 있지만 이는 다른 얘기다. 인류 보편적 가치의 실천은 중앙정부만의 몫일 수는 없다. 지방자치단체나 기업들에서도 이미 시대적 사명이라고 봐야 한다.

104 제도 수명의 예 : 정년은 곧 없어져야 한다

연령에 의한 고용 차별은 원칙적으로 위헌이다. 그러므로 채용 시의 연령 설정이 위헌이라면 퇴직 시의 연령 설정도 위헌이라야 한다. 이치상으로 그렇다.

정년제도에도 양(陽)과 음(陰)이 있다. 무능한 자도 정년까지 갈 수 있고 유능한 자도 정년이 되면 떠나야 한다. 정년제도의 어둠이다.

함무라비 법전(the Code of Hammurabi, B.C. 18세기) 등에 나온다는 "눈에는 눈, 이에는 이"로 알려진 '탈리오 법칙'(Lex Talionis)이 그 본래 취지는 현재 일반적으로 이해되고 있는 바와 사뭇 달랐다.

그때까지 자행되어 오던 무차별적이고 가혹한 사적(私的) 복수를 방지하고, 당한 만큼만 응징한다는 '동해보복'(同害報復)의 원칙을 천명하여 징벌의 정의를 실현하기 위한 것이었다. 이것이 오늘날 과거 잔인한 보복 기준의 유산으로 오인되고 있다.

인간사회의 모든 제도나 원칙 등은 그 수명이 있다. 세월이 가면 제도의 수명 주기를 점검하여 리모델링하거나 존속 여부 등을 검토해야 한다.

'정년'(停年)은 다른 퇴직 사유가 없더라도 퇴직해야 하는 나이이다. 즉 퇴직의 여러 사유 중 연령에 의한 퇴직의 경우 그 연령을 말한다.

정년제도는 본래 공무원 사회에서는 신분 보장을 위한 한 요소였다. 신분 보장은 능력과 실적에 의해 평생토록 공직에 봉직할 것을 골자로 하는 '직업공무원제도'의 확립을 위한 근간이 되어 온 것이다.

동시에 이 정년제도가 또 다른 의미를 가지고 있다. 즉 위법행위나 큰 잘못이 없더라도 정년이 되면 퇴직되므로 조직의 신진대사와 능률성을 도모하는 데도 기여한다는 점이다.

그러나 이 제도는 오늘날 100세 시대에, 무한경쟁 시대에 그 존재의 의미를 심각하게 재검토하고 개선방안을 생각해야 필요가 있다.

기본적으로 이 제도가 신분을 안정시켜 직무에 전념하게 하는 것은 좋다. 그러나 이로써 문제인력조차도 범법행위 등만 없으면 정년까지 안일하게 직장생활하는 소위 '철밥통' 차고 밥(녹봉)만 축내게 하는 부작용도 있다.

반대로 아직 건강 · 성실한 우수 인력도 정년으로 직장을 떠나야 하며 이로 인해 그 능력과 전문성이 사장(死藏)된다는 안타까운 문제점도 있는 것이다.

미국은 1967년에 "연령에 의한 고용차별 금지법"(the Age Discrimination in Employment Act)이 시행된 이래 정년이 없어졌다.

영국의 경우도 "연령차별 금지법"(Employment Equality (Age) Regulations 2006)에 따라 근로자에게 65세 미만 정년을 설정하지 못하도록 하고 있다. 다른 서구 제국의 경우도 공무원 정년을 70세 정도로 하거나 없애려 하고 있다. 일본의 경우도 공무원 정년 65세 연장을 강력히 추진하고 있는 중이다.

한국의 경우는 1990년대에 (약칭)고령자고용법을 시행했으나 주로 권고사항에 그치고 있다. 조선시대 관리 정년은 치사(致仕) 또는 퇴로(退老)라 하여 70세였다. 당시의 평균수명을 고려하면 정년이 없었던 거나 마

찬가지라 할 수 있다.[99]

연령에 의한 고용 차별은 대략 두 가지의 경우로 나뉜다. '채용' 시 차별과 '해고'(퇴직)시 차별이다.

한국에서는 연령에 의한 채용의 차별은 위헌(헌법 불합치)이라 하여 일반 공무원 등을 채용할 때 나이 제한(상한)이 폐지된 지 벌써 몇 년이 지났다. 그런데 연령에 의한 해고 즉 정년퇴직은 아직 합법적으로 남아 있는 까닭은 무엇인가?

물론 조직의 세대교체와 청년실업 문제 등 사회 · 경제 · 정치적인 제반 여건이 고려되어 아직 정년이 존재하고 있다. 모든 사회제도가 그러하듯 정년도 이처럼 논리적 차원을 넘어 현실 환경적 요소도 고려되는 측면이 있다.

미국의 정년은 연령에 의한 해고의 차별도 위헌이라 하여 위에서 보듯 이미 지난 세기에 없어진 지 오래이다. 미국의 전후 베이비부머 세대는 1947년생부터다. 베이비부머의 은퇴와 함께 고용인구 부족현상이 2000년 초반부터 심각해지기 시작했다.

그래서 공직사회에 소위 베이비부머랭어(babyboomeranger)[100] 라는 신조어까지 생기게 되었다. 이는 퇴직한 베이비부머들 중 다시 고용되어 마치 부메랑처럼 직장으로 되돌아온 사람이라는 말이다.

한국의 베이비부머(1955~1963년생)들도 그 제도적 퇴장이 시작된 지도 이미 몇 년이 지나고 있다.

99] 나라 현안 등으로 고위직을 70세 이상 계속 근무하게 할 수 있었고, 이 경우 왕이 내리는 하사품이 궤장(几杖) 즉 노인용 안석의자와 지팡이다.

100] 미 연방 정부 인사관리처(OPM)의 처장이 미 의회에 공직 인력의 부족과 전문성 약화 등에 대한 대책을 보고하는 과정에서 생겨난 신조어이다.

그런데 정년을 연장할 경우 청년 일자리에 미치는 대체효과 즉 이른바 '세대 간의 밥그릇 싸움'이 과연 어느 정도일까?

이에 관해 경제협력개발기구(OECD)는 그 영향이 별로 없을 뿐만 아니라, 점차 노인 부양을 위한 재정 부담만 더 심각해지고 있는 것으로 2005년에 정리했다.

한편 한국에서도 2019년 2월 대법원은 보험금 산정 시의 일실소득(逸失所得)을 계산하는 데 노동가동 연한을 65세로 판결했다.

이제는 일정한 조건하에 정년을 연장하거나 아예 폐지하는 방안이 진지하게 강구되어야 한다. 다만 제반 요소를 감안하여 그 방법과 시기를 잘 검토해야 할 뿐이다.

105 민주적 가치의 버팀목 : 견제와 균형

겨울 올림픽에서 설상 · 빙상 경기는 빠르기보다 균형이 중요했다. 자고로 흙담은 한 켜씩 굳혀가며 느리게 짜 올려야 견고해지는 법이다. 민주체제도 속도보다 조화와 균형, 그리고 인내를 요구한다.

나라든 고을이든 그 다스림이 지향하는 최고의 이념은 '민주적 가치' 즉 '민주성'(民主性)이어야 한다. 이 민주성은 행정이 추구하는 목표가 국민 또는 주민 전체의 행복에 있다는 의미다. 그 밖에 효율성 혹은 생산성 · 법치주의 등은 모두 하위 수단적 이념들이다.

이러한 행정 이념들을 달성하고 신장하도록 하기 위한 공식적인 장치가 바로 '제도'(制度)이다. 이 제도는 분야별로 도출된 사회적 약속이나 합의를 항구적인 규범의 형태로 제정한 것이다.

한편 '정책'(policy)이란 공적문제의 해결이나 공공목표의 달성을 위한 정부의 행동방침으로, 이에 따라 '제도'가 생기기도 하고 변경 또는 폐지되기도 한다. '시책'(policy measure)이란 것도 유사하나 보다 집행성이 짙은 개념이며 '중앙 – 정책'에 대응하여 '지방–시책'으로 사용되고 있다. 이들의 하위에서 그 집행을 위한 구체적이고 개별적인 수단으로 '사업'(program), '과제'(project) 등이 있다.

이 개념들은 그 적용대상 범위나 집행의 직접성 정도에서 서로 차이가 있다. 그러나 정책에서부터 개별 과제에 이르기까지 이해관계의 '다면성'을 '철저히 고려해야 하는 점'은 같다. 왜냐하면 이들의 최고 지도정신은 어디까지나 '민주성'이기 때문이다.

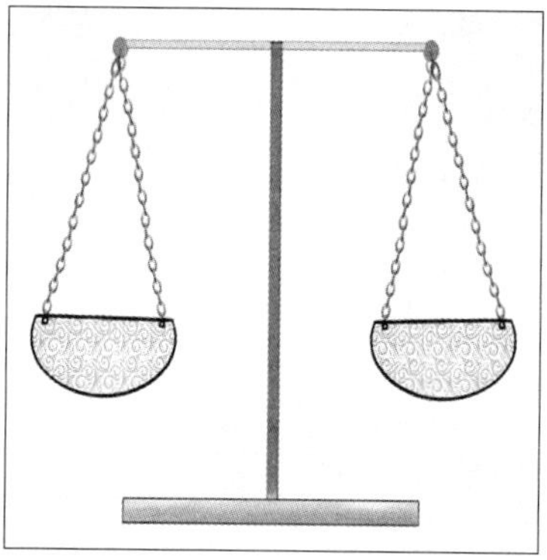

굳이 헌법론까지 거론하지 않더라도 나라의 권력구조는 힘(power)들 간에 '견제와 균형'(check and balance)이 유지되도록 설계하는 것이 기본이다. 힘의 '견제 · 균형'은 '민주성' 이념을 지켜주는 주요 버팀목의 하나이기 때문이다.

이는 중앙의 행정부와 입법부 간 또는 중앙행정기관 상호간이나 지방자치단체에서도 마찬가지이다.

이러한 '견제 · 균형'은 헌법 아래 각종 제도를 만들거나 조직을 운용하는 데도 중요한 원리가 된다. 이 원리가 깨어질 경우 생태계에서 먹이사슬이 파괴되어 부작용이 생기는 것과 유사한 문제가 생긴다. 어느 일방의 독주는 필연적으로 남용과 부패를 낳아 '민주적 가치'를 손상하기 마련이다.

공 · 사 영역 할 것 없이 인력이나 예산 등 자원을 관리하는 부서는 대개 보수적이서 수요자로부터 좋은 평을 잘 듣지 못한다.

예전에 정부의 구총무처는 정부 조직과 인적자원을 배분 · 관리하던 부처였다. 여기에 대통령 직할 기구 ○○○ 출신의 H씨가 장관으로 부임했다. 그 기구는 권력기관이지만 조직 · 인사 등에 대해서는 총무처에 아쉬운 입장이었다.

그는 부임하자마자 종전에 총무처에 대해 가졌던 시각으로 일을 했다. 그 예가 그 ○○○의 조직 · 정원을 총무처 심의대상에서 제외하여 독립시킨 일이다. 즉 그는 소위 친정의 '기관 이익'에 반하는 제도를 없앤 것이다. 그 이후 그 기구의 규모가 점차 비대해지고 부분적이긴 했지만 힘의 견제 · 균형도 깨져버리게 되었다.

무릇 제도나 정책 등에 대해서는 처한 위치나 입장에 따라 이해가 다를 수 있고 각자 일리도 있는 법이다. 그래서 한 편의 시각이 이유 있으면 다른 한 편의 관점도 이치에 닿을 수 있다.

'로마에 가면 로마 사람이 되는 것'은 범부의 상식에 속한다. 한편의 입장에서 제도를 바꿔버림으로써 견제 · 균형 원리의 가치를 훼손한 H씨. 그를 공인으로 평가해주는 사람은 아무도 없었다.

정책이든 시책이든 개별 사업이든 전체의 다양한 이해를 고려하는 민주성 이념을 추구하는 길에 신속성은 그리 중요한 게 아니다.

언제나 '민주적 가치'는 정치 · 행정의 여러 변수들이 상호 견제 · 균형을 이루며 나아가는 '과정' 자체에서 이미 성취될 수 있어야 한다.

106 청렴의 실천 : 선물과 뇌물 구분

미국에서는 공무를 사칭해서 가는 여행을 '정킷'(junket)이라고 불렀다.

미국에 살 때 아이들이 학교에서 '선물'(present)과 '뇌물'(bribe)을 구별하는 방법을 배웠다고 했다. 타인으로부터 무엇을 받았을 때 기분이 좋으면 '선물'이고, '찜찜'(uncomfortable)하면 '뇌물'이라는 것이었다. 그리고 뇌물은 즉시 돌려줘야 한다고 했다.

이것은 받는 사람 입장에서 '선물'인지 '뇌물'인지를 구분하기 위한 쉽고 명료한 기준으로 보인다.

그러나 실제에서는 당사자의 인식에 따라 달리 처리될 수 있다. 윤리의식이 희박한 사람에게는 일반적으로 '뇌물'로 보이는 것도 '선물'로 간주될 것이다. 반대로 결벽증이 심한 경우는 '선물'이 '뇌물'로 취급되기도 할 것이다. 이때 선의의 선물이 거부당한다면 자칫 성의를 무시한다는 비난도 듣기 십상이다.

그러므로 마음이 '찜찜'한지의 여부는 사회의 통념적인 정서를 눈높이로 해서 판단되어야 합리적이다.

2018년 10월 보도에 의하면 임대사업자 등록 통계로서 같은 해 7월 현재 한국에서 집을 제일 많이 가진 사람은 혼자서 604채를 보유하고 있었다. 상위 10명의 1인당 평균이 460가구였고, 집 한 채를 소유한 두 살짜리 유아도 있었다.

재산이 많다는 것 그 자체만으로 문제 삼을 수는 없다. 다만 이들과 달리 와침좌식(臥寢坐食)[101] 할 기본 공간조차 부족한 사람들 간에는 재물 외에 '선물' · '뇌물' 등에 대한 인식 기준도 다양할 수 있다.

한국 정부의 청백리 제도는 국가에서 청백리를 선발하여 상을 주던 국가서훈(敍勳) 제도로서 1990년경까지 잠시 시행된 적이 있다. 현재는 정부 부처와 언론사가 공동 운영하거나 지방자치 단체별로 시행하는 유사 사례가 있긴 하다.

예전에 청백리라고 하면 깨끗하면서도 너무 융통성이 없어 극히 고지식한 공직자 모습으로 인식되었다. 그래서 거의 비정상적인 인간만이 그 상을 받을 수 있다는 비판도 있었다.

청백리상을 수상한 정부 A청의 구모 씨는 근무시간 중에 잠시 신문을 보다가 지나가던 부서장의 눈에 띄었다. 그는 스스로 근무 중 신문 보는 것은 용납할 수 없다며 사직서를 제출한 적이 있었다.

나중에 그가 청백리 수상자로 결정되어 시상식에 갈 때 입고 갈 양복이 없었다. 청장이 한 벌 맞춰주었으나 그는 수상 후 양복 값을 청장에게 갖다주었다. 당시로서는 직속상관의 배려인 '선물'을 거절한 결과가 되어 버렸다.

2000년대 초 B청 소속으로 아파트 14채를 보유하고 있다가 간부직급 승진 검증에 걸려 좌절된 공무원이 있었다. 부인이 관리하여 본인은 그 내역조차 몰랐으며 업무에 영향을 주지 않았다고 변명했지만 그는 겉만 공

101] 누워서 잠자고 앉아서 식사를 할 수 있는 최소한의 형편을 의미하는 말이다.

무원이었지 속은 장사꾼이었다.

주식투자에 빠진 공무원도 상당수 있었다. 각자 정도의 차이는 있으나 주식에 몰입되면 직무에 충실하기는 사실상 어려운 법이다. 공직자가 직무에 전념하지 않는 것은 곧 녹(祿)을 훔치는 짓과 같다.

공무출장 일정에 관광을 끼워 넣어 유람을 하는 일도 있었고 아예 처음부터 외형만 공무로 포장을 한 경우도 가끔 있었다. 이는 예산 도둑질이나 다름없다. 이들에게는 모든 것이 '선물'로 보일 것이다.

언제나 공직자 제1의 불멸의 가치는 '청렴'이다. 공무원법에 공무원 청렴의무가 명시되어 있다. 청렴의 '실천'은 '직무에 전력'을 다하되 '뇌물'이라면 단 한 조각도 수수하지 않는 결기에서 비롯된다.

그러나 현실에는 융통성도 필요하고 소통도 중요하다. 그래서 정확한 판단의 기준이 중요하다. '평상심'(平常心)에서 양심을 관조했을 때 한 점 껄끄러움도 없이 '개운'하면 '선물'이고 그렇지 않다면 '뇌물'임이 분명하다.

모 교수가 분석했다는 기준이다. 일상에서 어떤 행사 등에 갈까, 말까? 고민될 때는 가는 것이, 물건을 살까, 말까? 망설여질 때는 사지 않는 것이 낫다고 한다.

이와 유사하게 어떤 판단으로도 '선물'인지 '뇌물'인지 그 자체가 헷갈리면 어떻게 해야 하나? 이때는 '정중히 거절'하는 것이 맞다.

107 청렴의 정착 : 선진으로 가는 힘든 길목

연어가 강에서 태어나 바다로 나갈 때 민물과 바닷물이 만나는 곳에 머물며 몸에 은색이 짙어지는 '은화'(smoltification)라는 변화 적응과정을 거친다고 한다.

2012년 가을 카스피 해 연안의 '불의 나라' 아제르바이잔(Azcrbaijan) 공화국을 다녀왔다. 천연가스 등 자원이 풍부하고 여기저기 땅에서 불이 솟기도 한다. 그 수도는 '바람의 도시' 바쿠(Baku)이다.

구소련에서 독립한 대통령제 국가로서 1인당 국민소득(GDP)은 7천 달러 수준이었고 행정의 선진화 노력이 한창 진행되고 있었다.

아름다운 바쿠의 치안질서는 양호하고 시민들의 생활도 평온해 보였다. 얼굴들은 동북아 사람들에 비해 반듯하여 대부분 영화배우 같았다.

그 나라 인사부가 주관한 성과주의 인사 세미나 참석 차 간 것이었으나 부가적으로 공직사회에 대한 묘한 평판을 접한 바 있다. 예컨대 바쿠 시내 40층 높이의 찬란한 '불꽃타워'(Flame Towers)는 당시 대통령과 그 부인 소유라고 했다. 교통부 장관의 친동생이 전국 버스사업자 연합회장이라는 이야기도 있었다.

또 간부급 공무원 대부분이 오후에는 어디 가는지 사무실에 없다고 했다. 대학 교수는 학생들이 갖다주는 돈 액수에 따라 학점을 준다는 말도 들었다.

인사부장관 미팅에서 공무원 보수에 대해 물어 보았다. 국장급의 월급이 한화 60~70만 원 수준이었다. 그런데 혼사 축의금은 6만 원 정도라고 했다. 보수에 비해 부조금 액수가 많아 보여 물어봤으나 그에 대한 설명은 듣지 못했다.

국제투명성기구(TI:Transparency International)가 매년 발표하는 '부패지수' 또는 '부패인식지수'(CPI:Corruption Perceptions Index)라는 것이 있다. 100점 만점에 점수가 높을수록 깨끗한 나라이며 50점을 넘으면 절대부패는 벗어난 것이라고 한다.

180여 국가 중 핀란드, 덴마크, 싱가포르, 영국 등이 상위권이고 미국과 일본은 15~20위권, 한국은 이제 갓 50점대로 50위권에 있으며 아제르바이잔은 120위권에, 북한은 거의 후미에 있다.

깨끗해서 선진국인지 선진국이라서 깨끗한지는 모르나 점수가 대체로 선진국일수록 높으며 후진국일수록 낮은 경향이다. 부패지수가 높은 즉 청렴한 나라일수록 경쟁력이 있다는 얘기가 된다.

한국에서 1990년대까지만 해도 정부부처 과(課)의 주무(서무)계장은 동일 계급 중 노련한 선임자가 맡았다. 그 이유는 평소 회식비 등 자금을 조성해 과장을 잘 모시며 휴가나 명절 때 과원들에게 교통비 정도는 마련해줘야 하는데 이런 일들을 새내기가 하기는 어려웠기 때문이다. 더 옛날에는 명절에 쌀을 조달해주기도 했다. 이러려면 회계에 통달하고 다양한 네트워킹으로 원고료 · 강의료 등 기회도 잘 잡아야 했다.

지난 세기 말까지도 수도권의 S자치단체에서는 20년 정도 공직생활을 하고 시내에 집 한 채 없으면 '병신'이라는 말도 있었다.

이제, 한국도 '청렴'을 정착시키지 않으면 결코 선진사회로 나아갈 수 없다. 청탁금지법과 같은 제도는 윤리실천을 위한 부득이한 가이드라인이다. 미국 워싱턴(D.C.)의 공직자들도 외부 식사대접 상한액이 1인당 25달러였던 것으로 기억된다.

그러나 법규보다 문화적 · 거버넌스적 노력이 없으면 실로 이루지 못한다. 또한 어떤 방안이든 급격한 추진은 늘 부작용을 낳고 '풍선효과'로 인해 효과 자체가 무위가 될 수도 있다.

그러므로 제도를 만들거나 바꿀 때 항상 기성의 질서나 이득을 어떻게 다스리느냐 하는 문제는 매우 중요한 논점이다.

어린 연어가 거치는 '은화'의 적응과정처럼, 사회 여타 영역과 마찬가지로 청렴 분야에서도 그 본질적 절대성과 현실적 상대성 간의 경과적 타협이 긴요하다.

아예 부조리 행태를 제도로 양성화하는 방법도 있다. 서구의 공식적인 '급행료'(express charge)나, 미국의 경우처럼 공무원에게, 예컨대 경찰이 비번 시에 정복으로 학교 앞이나 행사장에서 유급 교통정리를 하는 것과 같은, 일정한 요건하에 '부업'(moonlight job)을 허용하는 등의 방안이다.

윗물이 맑아야 아랫물이 맑다는 말은 어린이가 처음 배우는 격언이다. 조직의 위가 청렴해야 아래가 청렴하고 그래서 전체가 청렴해진다. 그리해야 생명력이 살아서 강하고 탄력적인 조직이 될 수 있다.

108 시작과 마침의 법칙 : 호마새 이야기

'호마새'는 아득한 허공에서 알을 낳는다. 탄생의 애절함에 관한 비유로 인도 고대 우파니샤드에 나온다는 전설의 새 '호마새' 이야기이다. 알은 낳아지자마자 아래로 떨어지기 시작한다. 그리고 떨어지면서 땅에 닿기 전에 부화를 마쳐야 새끼로 태어날 수 있다.

알이 땅에 닿기 전에 부화하지 못하거나 부화하더라도 날개 짓을 하지 못하면 떨어져 죽는다. 그래서 땅에 닿기 전에 부화된 호마새 새끼는 전력을 다해 어미 새가 있는 하늘로 다시 날아오른다고 한다.

끝을 향한 질주, 그 끝에 도달하기 전에 알을 깨지 못하면 태어나지조차도 못하고 죽는다. 그리고 바로 날지 못하면 또한 죽는 것이다.

모든 현상에는 타이밍이 있다. 뭇 생명도 그 삼엄한 순간의 타이밍에 맞춰 '변신'하지 못하면 태어나지 못한다.

시작은 '변신'(變身)이다. 변신의 절박함을 넘어야 탄생이 있다. 그러나 동시에 생(生)은 바로 멸(滅)을 향한 시발이다. 올 때가 있으면 갈 때가 있고 시작은 곧 마침에 이른다. 우리의 삶도 태어나는 순간부터 죽음을 향해 가는 과정이다.

조직생활에서도, 조직인 누구라도 언젠가는 그 조직을 떠나는 일은 필연이다. 한 조직의 일원으로 입직(入職)하는 때부터 조직을 떠날 그 순간

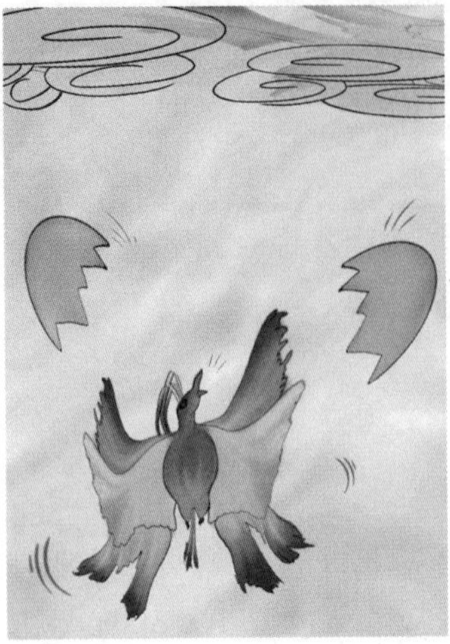

을 향해 달려가게 되어 있다.

마쳐야 할 때, 떠나야 할 때는 언제인가?

주역에 일의 '기미'(幾微)를 알아야 천하의 일을 완성할 수 있다(唯幾也 故能成天下之務)고 했다. 이 '기미'는 있는 것과 없는 것의 중간에 있다고 하며 그 움직임은 아주 은밀하다고 한다. 이는 가장 마땅한 '결정적인 때'를 말한다.

이를 어떻게 알 것인가? 하늘을 경외(敬畏)하고 땅과 사람을 돌보며 겸허한 자세로 덕 쌓기를 자강불식(自彊不息)히면 가능해진다고 한다(박정기, 2016 : 236-237).

그래서 예부터 마음이 맑으면 하늘의 이치가 보인다(心淸即見天理)고 했던가!

한 마리 제비가 봄을 알리지는 않더라도 몇 마리 제비가 보이면 봄이 온 것이다. '마음을 비웠다'고 말하는 자는 마음 비운 자가 아니다. 진정 비울 때 보이는 법이며, 신앙이 있으면 그에 물어봐도 된다.

그러나 사물을 생산하기만큼이나 폐기하기도 어렵다. 우리 생명도 태어날 때 산통이 있듯이 죽을 때도 '고뇌'가 있다. 다만 현상적으로 생육(生育)은 거의 부모에 의해 진행되지만 노사(老死)의 과정은 대부분 본인 책임으로 감내해야 한다.

실로 잘 마치기가 어려운 것이다. 이는 떠남은 회귀를 위한 준비 과정이요, 끝남은 새로운 시작을 낳는 씨앗이기 때문이리라.

호마새 알이 고공에서 산란되지만 땅에 닿기 전에 부화되어야 한다. 한 과정의 마침은 새로운 또 하나의 시작이 되며, 그것은 주어진 상황이 종료되기 전에 이루어져야 하는 엄중한 과정이다.

정부 조직에서 장 · 차관급과 같은 정무직은 직업공무원과 달리 정년(停年)이 없다. 그러므로 나이가 많아도 재직할 수 있지만 동시에 언제 퇴직될지도 모른다. 설사 임기가 정해진 직위이더라도 크게 다르지 않다. 우리 생이 마칠 때가 언제인지 잘 모르듯 조직에서 떠날 시점도 어느새 다가오는 법이다.

2015년 5월 31여 년간의 공직생활을 마감하고 떠날 때는 정년과 상관없는 정무직이었다. 임기가 있었으나 언제 그만두게 될지는 알 수 없었다.

찬바람이 불던 12월 어느 날 감지되었다. 이른바 '후진을 위한 용퇴'를 할 때가 되었다는 생각을 굳혔다. 그러던 어느 봄날에 떠나야 할 시간이 왔다. 그리고 그냥 떠났어도 길은 있었다.

누구나 가야할 때가 있다. 시작할 때 절박함이 있지만 마칠 때는 '결단'이 필요하다. 갈 때가 보이면 머뭇거리지 말아야 한다.

떠나는 자는 깔끔하게 나서야 하고 떠나보내는 자는 따뜻하게 보내야 한다. 떠남은 마무리이다. 마무리는 아름다워야 한다.

법정(法頂)이 말한 아름다운 마무리는 초심으로 돌아가는 것이다. 그리고 아름다운 마무리는 비움이다. 그래서 이 마무리는 새로운 시작의 출발점이 된다.

하늘에 오른 호마새는 어디에 살고 있을까? 시작은 마침이요, 마침은 곧 또 다른 시작이다. 조직에서의 작별도 재회를 향한 진지한 끝맺음이 되어야 한다.

참고문헌

강성철 외. (2014), 「새인사행정론」, 도서출판 대영문화사.

공자(김원중 역). (2019), 「논어」, 휴머니스트.

공자(김형찬 역). (2019), 「논어」, 홍익출판사.

관중(김필수 외 역). (2016), 「관자」, 소나무.

김경탁(역). (2017), 「주역」, 명문당.

김 구(도진순 탈초 교감). (2016), 「정본 백범일지」, 돌베개.

김명식. (2019), 「국가와 공직」, 법우사.

김범준. (2013), 「약이 되는 칭찬 독이 되는 칭찬」, 현문미디어.

김용섭. (2010), 「생각의 씨앗」, 생각의 나무.

김 업 · 이 문. (1992), 「오계(五計)」, 일조각.

니콜스(Nichols, R.G.) 외(심영우 역). (2004), 「강한 회사는 회의시간이 짧다」, 21세기북스.

대한민국 청와대 홈페이지. (2019).

대한민국 헌법. (1987)

듀이커(Duiker, W. J.)(정영목 역). (2000), 「호치민 평전」, 푸른숲.

리비키(Rybicki, E.). (2019), "Senate Confirmation of Presidential Nominations : Committee and Floor Procedure", 「CRS Report」 RL31980.

리수시(김영수 편역). (2008), 「용인(用人)」, 랜덤하우스.

맹자(동양고전연구회 편). (2019), 「맹자」, 민음사.

맹자(박일봉 편저). (2013), 「맹자」, 육문사.

메이(May, T.)(신우철 역). (2009), 「칭기즈칸의 세계화 전략 몽골병법」, 대성닷컴.

묵자(김학주 역). (2003), 「묵자(신완역)」, 명문당.

미 연방 백악관 홈페이지. (2019).

박정기. (2016), 「어느 할아버지의 리더십 이야기」, 지혜의 가람.

배정애. (2017), 「리더의 승패는 청렴이다」, 가나북스.

백범흠. (2011), 「중국(외교관의 눈으로 보다)」, 늘품플러스.

법구경

블랜차드(Blanchard, K.) 외(조천제 역). (2014), 「칭찬은 고래도 춤추게 한다」, 21세기북스.

사마천(김창 편역). (2011), 「한권으로 보는 사기」, 서해문집.

소준섭. (2018), 「중국사 인물열전」, 현대지성.

스미스(Smith,L.B.)(김주영 역). (2016), 「칭찬은 바보도 천재로 만든다」, 백만문화사.

신동준. (2012), 「장자」, 도서출판 인간사랑.

신동준. (2015),「관자 경제학」, 도서출판 인간사랑.

신영복. (2015),「담론」, 돌베개.

외교통상부. (2011),「미국개황」.

요코야마 미쓰데루(채영호 옮김). (2002),「사기(19)」, 대현출판사.

울산광역시. (2011),「의전 실무편람」.

유안세. (송나라),「盡言集 卷13」, (欽定)四庫全書 史部 185(한국고전번역원 1985 영인본), 臺灣商務印書館.

이원종. (2014),「인생 네 멋대로 그려라」, 도서출판 행복에너지.

이홍민. (2012),「강한 조직 만들기」, 중앙경제.

이희철. (2015),「터키–신화와 성서의 무대, 이슬람이 숨 쉬는 땅–」, 도서출판 리수.

임창희 · 홍용기. (2015),「리더십 이론과 실제」, 비앤엠북스.

장경철. (2017), 특강「칭찬과 행복」.

장자(이시헌 역). (2016),「장자 쉽게 읽기(잡편)」, 문사철.

전영우. (2013),「회의를 잘하는 법」, 민지사.

전충렬. (2013),「인사청문의 이해와 평가」, 도사출판 에드민.

전충렬 · 김판석. (2014), "미국 연방정부의 고위직 임용체계와 인사청문제도에 대한 사례연구",「한국 인사행정학회보」제 13권 제2호.

젤리슨(Jellison,J.M.)(포엠아이컨설팅 역). (2008),「변화경영(Managing the Dynamics of Change)」, 가산북스.

주미 한국대사관 내부자료. (2008).

차병직 외. (2017.),「지금 다시, 헌법」, 로고폴리스.

켈러먼(Kellerman, B.)(이진원 역). (2014),「리더십의 종말」, 씨앤아이북스.

코치(Koch,R.) 외(박세연 역). (2012),「낯선 사람 효과(Superconnect)」, 흐름출판.

크루그먼(Krugman, P. R.)(유중 역). (2016),「국가는 회사가 아니다(A Country is Not a Company)」. 스마트비즈니스.

파울러(Fowler, S)(박영준 역). (2016),「최고의 리더는 사람에 집중한다」, 가나출판사.

패터슨(Patterson J, B. H.). (2008),「To Serve the President : Continuity and Innovation in the White House Staff」, Brookings Institution.

해리스(Harris, J. P). (1953),「The Advice and Consent of the Senate」, University of California.

허원순. (2012),「하이테크 시대의 로테크」, W미디어.

찾아보기

ㅇ

ㅈ